ハンターシート馬術

ジョージ・H・モリス 著

髙木伸二 訳

HUNTER SEAT EQUITATION

恒星社厚生閣

HUNTER SEAT EQUITATION, 3rd Edition by George H. Morris
Copyright © 1971, 1979, 1990
This translation published by arrangement with Doubleday, an imprint of The Knopf Doubleday Group, a division of Random House, Inc. through The English Agency (Japan) Ltd.

この本は，現在，彼ら自身の生徒をもっている世界中の私の教え子たちと友人たちのためのものである．

謝　辞

私を馬に引き合わせてくれたマーガレット・キャベル・セルフに……
私に自信を与えてくれたV・フェリシア・タウンセンドに……
私に"馬"というものを教えてくれたオットー・ヒューケロスに……
私に座ることを理解させてくれたリチャード・ワトジェンに……
インターナショナルショージャンピングによってもたらされた誘惑と脱線にも
　　かかわらず私を正しい道に導いてくれたベルタラン・ド・ネメシーに……
正しく乗れば馬とどれだけのことができるかを見せてくれた
　　グンナー・アンダーソンに……
そして感謝の大部分を，馬術というものを科学として考えるということ，芸術
　　として愛するということを私に教えてくれ，未だにいかに学ぶべきかを教
　　え続けてくれているゴードン・ライトに……

　　　　　　　　　　　　　　　　　——ジョージ・H・モリス

目　次

謝辞⋯⋯⋯⋯⋯⋯⋯⋯⋯⋯⋯⋯⋯⋯⋯⋯⋯⋯⋯⋯⋯⋯⋯⋯⋯⋯⋯⋯ iii
図版リスト⋯⋯⋯⋯⋯⋯⋯⋯⋯⋯⋯⋯⋯⋯⋯⋯⋯⋯⋯⋯⋯⋯⋯⋯ xi
口絵写真リスト⋯⋯⋯⋯⋯⋯⋯⋯⋯⋯⋯⋯⋯⋯⋯⋯⋯⋯⋯⋯⋯⋯ xiii
序文（コンラッド・ホムフェルド）⋯⋯⋯⋯⋯⋯⋯⋯⋯⋯⋯⋯ xix
序論⋯⋯⋯⋯⋯⋯⋯⋯⋯⋯⋯⋯⋯⋯⋯⋯⋯⋯⋯⋯⋯⋯⋯⋯⋯⋯⋯ xxi
第二版に向けての序論⋯⋯⋯⋯⋯⋯⋯⋯⋯⋯⋯⋯⋯⋯⋯⋯⋯⋯ xxiii
第三版に向けての序論⋯⋯⋯⋯⋯⋯⋯⋯⋯⋯⋯⋯⋯⋯⋯⋯⋯⋯ xxv

PART I／騎手

CHAPTER 1　騎手の姿勢⋯⋯⋯⋯⋯⋯⋯⋯⋯⋯⋯⋯⋯⋯⋯⋯ 3
　乗馬と下馬⋯⋯⋯⋯⋯⋯⋯⋯⋯⋯⋯⋯⋯⋯⋯⋯⋯⋯⋯⋯⋯ 3
　あぶみの長さ⋯⋯⋯⋯⋯⋯⋯⋯⋯⋯⋯⋯⋯⋯⋯⋯⋯⋯⋯⋯ 5
　基本姿勢の定義⋯⋯⋯⋯⋯⋯⋯⋯⋯⋯⋯⋯⋯⋯⋯⋯⋯⋯⋯ 7
　調節された基本姿勢⋯⋯⋯⋯⋯⋯⋯⋯⋯⋯⋯⋯⋯⋯⋯⋯⋯ 11
　2ポイントおよび3ポイントコンタクト⋯⋯⋯⋯⋯⋯⋯⋯ 13
　上半身の角度⋯⋯⋯⋯⋯⋯⋯⋯⋯⋯⋯⋯⋯⋯⋯⋯⋯⋯⋯⋯ 15
　あぶみなしでの乗馬⋯⋯⋯⋯⋯⋯⋯⋯⋯⋯⋯⋯⋯⋯⋯⋯⋯ 19
　馬と騎手の調馬索⋯⋯⋯⋯⋯⋯⋯⋯⋯⋯⋯⋯⋯⋯⋯⋯⋯⋯ 21

CHAPTER 2　騎手による扶助⋯⋯⋯⋯⋯⋯⋯⋯⋯⋯⋯⋯⋯ 23
　自然の扶助 VS 人工の扶助⋯⋯⋯⋯⋯⋯⋯⋯⋯⋯⋯⋯⋯⋯ 23
　扶助の衝突⋯⋯⋯⋯⋯⋯⋯⋯⋯⋯⋯⋯⋯⋯⋯⋯⋯⋯⋯⋯⋯ 24
　扶助の調整⋯⋯⋯⋯⋯⋯⋯⋯⋯⋯⋯⋯⋯⋯⋯⋯⋯⋯⋯⋯⋯ 26

目次

　内方 VS 外方·····27
　側面扶助 VS 対角扶助·····28
　騎手の目の使い方·····29
　脚の扶助·····31
　グッドハンド，バッドハンド，"ノー"ハンド，エデュケーテッドハンド·····32
　5通りの手綱による扶助·····34
　扶助としての体重·····37
　拍車·····38
　鞭·····39
　声を使う·····40
　まとめ·····41

PART Ⅱ／フラットワーク（平地での運動）

CHAPTER 3　一般的な運動の原理·····45
　調教馬場とその目的·····45
　軽速歩の手前—体を傾ける，見る，ちらりと見る，感じる·····48
　駈歩の手前·····50
　異なる歩様における速度·····50
　罰と報酬·····52
　不従順に対する罰·····54
　馬の口·····54
　馬が急に駆け出した時·····55
　両後肢を蹴り上げた時·····56
　馬が立ち上がった時·····57
　馬が何かに驚く時·····59
　まとめ·····62

CHAPTER 4　運動の際の馬と騎手—縦方向の運動·····65
　ペースコントロール·····66
　ペースの加速·····67

❖ 目　次

　　ペースの減速 ……………………………………………………… 68
　　停止 ………………………………………………………………… 69
　　後退 ………………………………………………………………… 71
　　駈歩の発進 ………………………………………………………… 73
　　駈歩から遅い歩様への変換 ……………………………………… 76
　　ギャロップと停止 ………………………………………………… 76
　　ストロングトロット ……………………………………………… 77
　　ストロングキャンター …………………………………………… 79
　　単純踏歩変換 ……………………………………………………… 80

CHAPTER 5　運動の際の馬と騎手─横方向の運動 ………………… 83
　　隅角で馬を湾曲させる …………………………………………… 83
　　輪乗り ……………………………………………………………… 84
　　八の字乗り ………………………………………………………… 86
　　巻乗り ……………………………………………………………… 88
　　蛇乗り ……………………………………………………………… 89
　　山型乗り …………………………………………………………… 91
　　半巻と反対半巻 …………………………………………………… 93
　　前肢旋回 …………………………………………………………… 96
　　後肢旋回 …………………………………………………………… 99
　　輪乗り中の手前変換 ……………………………………………… 101
　　踏歩変換 …………………………………………………………… 101
　　反対駈歩 …………………………………………………………… 104
　　運動の順序 ………………………………………………………… 107

PART Ⅲ／障害飛越

　　3つのレベルの障害飛越 ………………………………………… 111
CHAPTER 6　障害飛越ファーストレベル ………………………… 113
　　馬の動きに合わせて軽速歩をする ……………………………… 113
　　（たてがみを使って）リリースする …………………………… 114

❖ 目　次

　目を使う･･ 115
　かかとと脚･･ 116
　障害の順序･･ 117
　上半身のコントロール――2ポイントおよび3ポイントコンタクト ･･･ 118

CHAPTER 7　障害飛越セカンドレベル ･･･････････････････････ 123
　リリース（首筋に手を置く）･････････････････････････････････ 123
　リリースと脚を組み合わせる ････････････････････････････････ 125
　舌鼓を使う･･ 125
　鞭を使う ･･ 127
　ラインとターン･･ 129
　コンビネーション ･･ 131
　斜めに飛ぶ飛越･･ 133
　コースに取りかかる･･ 134

CHAPTER 8　障害飛越サードレベル ･････････････････････････ 139
　（"手の支えなしで"）リリースする ･･････････････････････････ 139
　全体的な姿勢･･ 141
　馬の動きに合致して乗るVS馬の動きに遅れて乗る･･････････････ 143
　ライン，ターン，コンビネーション，斜めに飛ぶ飛越 ･･････････ 145
　エクイテーション競技での演技･･････････････････････････････ 148
　ショーマンシップ ･･ 150
　野外のハンター競技での演技････････････････････････････････ 151
　ジャンパー競技での演技････････････････････････････････････ 152
　障害飛越の5要素･･ 154

PART Ⅳ／競技会に行く

　競技会――単なるテスト････････････････････････････････････ 159

❖ 目 次

CHAPTER 9　馬を競技に出す……………………………………… 163
　　適切な馬…………………………………………………… 163
　　正しく身じたくした馬……………………………………… 167
　　馬具………………………………………………………… 170

CHAPTER 10　騎手が知るべきこと………………………………… 175
　　正しく身じたくした騎手…………………………………… 175
　　一般的な参加条件とクラスの手順………………………… 177
　　マックレー，メダルおよびUSETクラス………………… 182
　　AHSA　ハンターシートテスト…………………………… 185

PART 5／乗馬を教える際のいくつかの提案

CHAPTER 11　乗馬を教える人達へ………………………………… 201
　　自信………………………………………………………… 201
　　乗りこなせない馬に乗せること…………………………… 203
　　一度にひとつのことを……………………………………… 204
　　説明―実践―観察………………………………………… 205
　　反復………………………………………………………… 208
　　習慣………………………………………………………… 209
　　無駄な動きを避ける………………………………………… 211
　　仕事を終える……………………………………………… 212
　　騎手の感情………………………………………………… 213
　　低い飛越…………………………………………………… 215
　　まとめ……………………………………………………… 217

CHAPTER 12　ティーチングプログラム…………………………… 219
　　インストラクターとアシスタント………………………… 219
　　スクールホース…………………………………………… 221
　　プログラムのバラエティー………………………………… 224

❖ 目 次

まとめ …………………………………………………………… 227
訳者あとがき………………………………………………………… 229

図版リスト

図 3-1	馬場における線および地点	47
図 3-2	急に駆け出す馬の滑車手綱による矯正	56
図 3-3	両後肢を蹴り上げる馬の矯正	58
図 3-4	立ち上がる馬の矯正	60
図 3-5	驚く馬の矯正	61
図 4-1	駈歩の発進	74
図 4-2	単純踏歩変換	80
図 5-1	輪乗り	86
図 5-2	八の字乗り	87
図 5-3	巻乗り	89
図 5-4	蛇乗り	90
図 5-5	山型乗り	92
図 5-6	半巻	94
図 5-7	反対半巻	95
図 5-8	前肢旋回	98
図 5-9	後肢旋回	100
図 5-10	輪乗り中手前変換	102
図 5-11	踏歩変換	103
図 5-12	反対駈歩	106
図 7-1	エクイテーション競技のコース	137

口絵写真リスト

8-9 ページ

1. エクイテーションクラスでの騎乗
2. ハンター競技での騎乗
3. ジャンパー競技での騎乗
4. オリンピック優勝者
5. これが乗馬の全てであり，どうやってそこにたどり着くかである
6. 地上からのあぶみ革の長さのテスト
7. 騎乗している時のあぶみ革の長さのテスト
8. 中くらいのあぶみの長さ
9. 短めのあぶみの長さ
10. 長めのあぶみの長さ
11. 停止している状態での正しい基本姿勢
12. 良い脚の位置
13. 脚を前方に置いてあぶみを深く履いた状態
14. 膝で締め付けてふくらはぎが馬体から離れた状態
15. 正しい上半身の姿勢
16. 丸く，肩が落ちた，鯉のような背中
17. 正しい手と腕
18. 手首を折り曲げて肘が外に出た状態
19. 下を見た状態
20. ツーポイント・コンタクト
21. 常歩の際の上半身
22. ゆっくりとした正反動の速歩での上半身

❖ 口絵写真リスト

23. 馬の動きに合わせた軽速歩での上半身
24. 駈歩での上半身
25. ハンドギャロップでの上半身
26. 馬の動きに先んじてしまっている軽速歩での上半身
27. 馬の動きに遅れてしまっている軽速歩での上半身
28. あぶみなしでの基本姿勢
29. 正しいあぶみの上げ方

56-57 ページ

30. あぶみ上げの矯正練習での姿勢
31. 手を腰に置く練習
32. 手を背中に置く練習
33. 手を回す練習
34. 爪先をさわる練習
35. 調馬索を付けた馬
36. 速歩で調馬索で乗る騎手
37. 前傾姿勢で調馬索で乗る騎手
38. 特定の焦点を決めて前を見る
39. 回転の際に目を使う騎手
40. 馬を前進させるまたは湾曲させるための脚
41. ずらした位置で使われる脚
42. 馬の肩の位置で使われる脚
43. 直接手綱
44. き甲の前で使われる間接手綱
45. き甲の後ろで使われる間接手綱
46. 誘導手綱または開き手綱
47. 滑車手綱
48. 圧迫または押し手綱
49. 馬の動きに遅れての駈歩
50. 拍車の不適切な着用方法

51. もうひとつの拍車の不適切な着用方法
52. 馬のわき腹への鞭の使用
53. 前屈みになる
54. 下を見る
55. ちらりと見る
56. 口角への罰
57. 馬の歯槽間縁への罰
58. 停止
59. 後退
60. ギャロップにおける滑車手綱の使用と停止

88-89ページ

61. ストロングトロット
62. ストロングキャンター
63. 隅角における湾曲
64. 想像上の障害上での馬の動きに合わせた軽速歩
65. 地上木をまたぐ際の初歩的なリリース（たてがみをつかむ）
66. 外方の手で手綱をつかみ，内方の手でたてがみをつかむ
67. 外方の手で誘導（開き）手綱を使い，内方の手でたてがみをつかむ
68. 頭を上げた状態での視線のコントロール
69. 横方向への視線のコントロール
70. かかとと脚の良い例
71. "ダッキング"
72. 脚が後ろに流れて"枝に止まる鳥"になってしまっている状態
73. 2ポイント姿勢でのアプローチ
74. 3ポイント姿勢でのアプローチ
75. 第二段階のリリース──首筋に手を置く
76. 停止した状態での鞭の使用
77. 離陸する際の鞭の使用
78. 良い障害に向かうターン

79. 空中での良い上半身
80. 角度を付けた飛越
81. 不十分なリリース
82. 下を見た状態
83. 背中に早く戻りすぎた状態
84. 下手な障害に向かうターン
85. "手の支えなしで"飛ぶ
86. 正しくたてがみに結ばれた手綱
87. 連続障害で手を横に伸ばす練習
88. 手を頭に置く練習

120-121 ページ
89. 良い古典的なフォーム
90. 良い古典的なフォーム
91. 良い古典的なフォーム
92. 良い古典的なフォーム
93. 良い古典的なフォーム
94. 良い古典的なフォーム
95. 馬の動きに合わせた野外コースでの騎乗
96. 馬の動きに遅れた野外コースでの騎乗
97. 空中における肘と拳と口の関係の現実
98. 職人のような表情
99. 試合場に入る前のよく身じたくした2人の選手
100. ハンター・ライディングの良い例
101. アポイントメントクラスでの騎乗
102. 威圧的な壁を乗り越える
103. ジャンパー競技における美しい姿勢での騎乗
104. ジャンパー競技における力強い姿勢での騎乗
105. 筆者による騎乗

❖ 口絵写真リスト

152–153 ページ

106. 知識を通じた強さ
107. 苦もなくやってのける力
108. 絵本のようなフォーム
109. 職人のような洗練
110. ジュニア・ジャンパー競技での良い姿勢での騎乗
111. ポジティブな騎乗
112. 優秀さを物語る
113. リラックスした状態での集中
114. グランプリへの階段
115. 自由
116. 滑らかでありながらの力強さ
117. 馬上での優雅さ
118. 勝つための意思
119. 美しい馬に乗る美しい少女
120. 絶妙なコンビネーション
121. リラックスした正確さ
122. 詩人としての資格
123. 動物への愛情
124. オリンピアン
125. 熟達した職人
126. タイムとの闘い
127. 馬の背中を邪魔しない
128. 男女平等

184–185 ページ

129. "巧妙な"騎乗
130. ギャロップでの馬術
131. "恐れ"知らず
132. 馬に"フィット"すること

❖ 口絵写真リスト

133. 仕事をやり遂げる
134. 勝利！
135. 美しい写真
136. やわらかくて滑らか
137. 小柄で完璧
138. 万能さ
139. 決断力
140. スターとしての資質
141. アスリート
142. 手際よさ
143. 小ぎれいさ
144. 完璧な適合
145. チャンピオン
146. 職人のような
147. ワールドカップ 1979
148. ワールドカップ 1980
149. ワールドカップ 1981
150. ワールドカップ 1982
151. ワールドカップ 1983
152. ワールドカップ 1985
153. ワールドカップ 1986
154. ワールドカップ 1987
155. ワールドカップ 1988 と 1989
156. パンアメリカンでのゴールドメダル
157. ロサンゼルス 1984
158. アーヘン 1986
159. ソウル 1988
160. オリンピックでのゴールドメダル
161. オリンピックでのシルバーメダル

序　文

　ジョージの最新の"ハンターシート馬術"改訂版の序文を依頼された時に，準備のためその過去の版を含めて文章を再読し，写真に目を通しました．この本がハウツー本であるという事実は置いておいて，私にとってこの本を読むことは家族のアルバムを見ているようなものでした．写真が出ているほとんどの人々は，私がジョージのもとで乗っていた際に一緒に育ってきた者たちだったからです．一枚一枚の写真が，騎手として，ホースマンとして，また人間としての私の成長を思い起こさせてくれました．さらに重要なことに，この本は私に，ジョージがいかにその全ての教え子たちに深い影響—乗馬というものを超越した影響—を与えてきたかを思い出させてくれました．彼が与えてくれるのは，努力，規律，成功，そして明快な原理に立脚した揺らぐことのない信念を要求する"人生の生き方"そのものです．

　もしビンス・ランバルディー（アメリカンフットボールの伝説的な名コーチ，1913-1970）が馬術のコーチだったなら，彼はおそらく壁に鋲で留められたブルーリボンの数によってトレーニングシステムの功績を評価したことでしょう．1980年代に，初代のジョージの教え子たちはライダーとしてのみならず，ホースマン・ホースウーマンとして円熟に達し，彼らは国際競技に溢れ出ていきました．その後の10年間は，歴史の中で初めてアメリカ合衆国がショージャンピングにおいてリーダーとなり，改革者となった時期と言えるでしょう．

　オリンピックや，ワールド・チャンピオンシップのメダルや，栄誉を称えるワールドカップタイトルをもつアメリカ人のライダーたちの多くは，最初の2冊の本では若い生徒として登場し，最新版では実績をあげたベテランとして登場しています．間違いなく，この事実がこのテキストの信頼性の証明なのです．しかしそれ以上に，このことはジョージの才能，愛，そして乗馬および教育へ

❖ 序　文

の熱意が，私のような現在天職としての情熱を楽しんでいる多くの野心的な騎手とコーチの出発点となってきたことを強調しています．ジョージが感じるに違いない誇りと満足感はそれらすべての父としてのものであろうと私は想像します．

　全ての人々の人生において，永遠に私たちを向上させ，変えてくれる能力をもっている人々が存在します．ジョージは私の人生においてそうした人々のひとりです．25年の間，彼は私のよき指導者であり，両親であり，友人でした．私は，私が彼のもとで学んだということのみならず，彼がその分野において若い青年から伝説へと成長していくのを見ることができたことをこのうえない名誉と思っています．

　種は蒔かれました．そして私は，彼の教え子であり未来である我々が，彼が設定してくれた基準に沿えることを心から願っています．

　　　　　　　　　　　　　　　　　　　——コンラッド・ホムフェルド

序　論

　私がこの本を書く意図は，システマチックで，実用的なハンターシート馬術の学習の方法を，それを望んでいる騎手達の利益のために書き記すことでした．この特有のシステムは，私と私の弟子たちによって特筆すべき成功とともに実践に適用されてきました．よって，このシステムが正しく用いられれば機能すると私は確信しています．実際のところ，それはトレーニングをしている大部分の騎手達と馬を悩ませている大部分の問題への解決策を包含していると信じています．

　次ページ以降に記載された方法は，数々の情報源から引用され，数年かけて現在の形につなぎ合わされた個人的なものです．それらは私が発見することができた最も効果的な方法を代表するものです．そして，それらの大半は，発明されたというよりは，"頼み込んで，借用して，盗んだ"ものであることを率直に認めます．しかし，私は私が見てきて試してきた数々のテクニックを，何が最も実践でうまくいくかを基準として整理してきたのにもかかわらず，私の基本的なアプローチは極めて古典的であることが証明されています．

　"古典的"という意味は"古典的な騎座"から始まります．私の考えでは，そのような騎座は万能なのです．その騎座は騎手が国中に乗り心地の良い馬をもって，狐狩りに行ったり，ショーハンター競技（馬の飛越姿勢や動きが審査される競技）に出たり，あるいはハンターシートエクイテーション競技（騎手の姿勢や，馬の運動の正確さなどにより騎手の騎乗能力が審査される競技）や，（長いあぶみでの）馬場馬術テストや，（短いあぶみでの）オープンジャンパー競技（一定時間内に過失なく障害のコースを飛越することが要求される競技）で乗ることを可能にしたりするものなのです．この騎座で乗ることにより，騎手は安全で，危険がなく，見た目が良く，─そして最も重要なことに─オール

❖ 序　論

マイティーとなるはずなのです．この騎座で乗る者はどんな種類の馬でも乗ることができ，必要な時には馬を助けることができ，その馬の最も得意な面を引き出すことができるはずなのです．このオールラウンドスタイルを探求することによってのみ，騎手は乗馬の楽しさを自分のものとすることができ，スポーツの多様性と多様な見方に近づくことができるのです．

　この本のほとんどの内容があなたにとって親しみやすいものでしょう．他の本から見ても，あなた自身の乗馬レッスンから見ても，あなた自身の観察から見てもそうであるはずです．もう一度繰り返しますが，私がこの本で述べる姿勢や，コントロールの方法や，練習方法のひとつとして私自身が発明したものはありません．それらは，長い年月の中で学んできた私が良いスタイルだと思ったものを変化させ，整理してきたもので，それは成功した仲間や彼らのメソッドを観察したことにより生まれたものです．

　本というものは，乗馬を教える方法としてはしばしば馬鹿にされることがありますが，こうした態度は私にはよくわかりません．学問の科目にかかわらず，本というものは他人の経験から得られる有益なものを効果的に与えてくれます．個人的な指導と全く同じように，本を通して他人の知識の有利な点を吸収することにより，学習能力を刺激し，より早く技術的な安定を強固にすることができるのです．

　ですから私はあなたにこの本を読むことをお勧めします．あなたは全くの初心者かもしれませんし，もう少し自分の技に磨きをかけたい試合に出る選手かもしれません．もしくは，一定の成功を成し遂げたプロのインストラクターで，古くさい課題に対する新しいアイディアとアプローチを探し求めることに飽きてきたのかもしれません．あなたがいかなるステータスであろうと，あなたを悩ませる問題に対して誰か他人の解決策を試すことは絶対に良い結果につながります．あなたは成功した方法，失敗した方法，いかにうまくいくかを自分で見たもの，とにかく機能するもの，これらのどれからも有益なものを得ることができます．それでは，この本を読み実際に試してみるプロセスが楽しいものであることを祈ります！

第二版に向けての序論

　この本は新しい本ではありません．実際に，ほとんど全ての内容は初版と変わりありません．というより，私の初版の"ハンターシート馬術"を手直ししただけだと言えるでしょう．何も新しいものはありません．私たちは単により上手に，より早く，そしてより効率的に馬に乗り，教えるだけなのです．基本は基本であり，私が30年前に習った理論を真っ先に支持するのは，単純にそれらが機能するからなのです．新しい流行は現われては消えていきますが，世の常として，それらは誤った解釈であり，欠点のあるテクニックであり，当たり前のテクニックを大げさに気取って書いたものなのです．教師がこうした流行によって使用する言葉を変えることは，それが取るに足らない言葉であろうと，とてもイライラするものです．例えば，手の位置を教える時に，"手は，き甲の上や前ではなく，むしろき甲の少し上で少し前に！"のようにです．クレストリリースは，長い間名前がなかっただけであって，正当な昔からのホースマンのテクニックなのです．その優位点は2つあります．それは馬に自由を与えるとともに，それが適切に行なわれれば，ライダーの上半身をサポートしてくれるのです．しかしそれは単に馬の首筋に向かって前に動くだけではなく，前に動いて，寄りかかって，そして首筋を押してやるものなのです．私たちは，今日よく見られるようにつま先の外の方であぶみを踏むのではなく，騎手の足の親指のつけ根の膨らみの部分であぶみを踏むことを支持しています．初心者を教える時や，基本ができていない騎手を再教育する際には，上半身の角度は厳格に基本に忠実でなければなりません．さもなければ，早晩その生徒は馬に先んじたり，遅れたりするようになるでしょう．ショルダーイン（肩を内へ）は単に首を内側に曲げた馬ではないのです．ショルダーインはショルダーインなのです！　私はこうしたことをいくつも言えます．それは理論と実践のひた

❖ 第二版に向けての序論

むきな徹底と理解の問題であり，そしてそれは，教師と生徒の両方において，私がトップスタンダードだと考えているものに達していないことの多いものなのです．

さて，私がこの本に対して新たに手を加えたこととしては，第一に，今の世代の読者たちに親しみのあるライダーたちの多くの新しい写真を掲載しました．これらはハンターシート馬術が現在どうなっているのかを知りたい読者の興味を引くことでしょう．第二に，初版の中の異なる部分にたまたまあった不整合な部分（ところで，あぶみはくるぶしの上でも下でもなく，くるぶしの最下点の部分に当たるべきです）について修正しました．第三に，初版からほんの少しの部分だけを削除すると同時に，本全体を通して言葉や文章や章全体を変えたり加えたりしました．これらの改訂は非常に目立たないので，読者はこの本を注意深く読まないと，その変更の要点がわからない可能性があります．言い換えると，原理および基本は不変なのですが，それらをよりわかりやすく，的確に，そして重要なポイントを前よりも写実的に，詳しく説明したのです．私の望みは，時々，この本に対しこうした改訂を続けていくことです．古典的でありながら，最新のハンターシートに関する"ハウツー本"を書くという私の元々の目的は変わっていないのです．そして更新していくことは単に部分的な手直しであり，新しいものではないのです！

第三版に向けての序論

　それはかつて"汚い言葉"でしたが，馬場馬術（dressage）はついに米国に受け入れられました．今日では，ハンター，ジャンパー，そしてエクイテーションの選手たちの誰もがそれを行なっています．なぜこうした動きはその手前の50年よりも，この10年間で目立って起きたのでしょうか？　それは，今日の馬が，試合で入賞リボンを獲るためには，さらにより良く調教されている必要があることによるものなのです．

　コーナーで体を曲げられないが，完璧な踏歩変換を行なうことができるハンター馬は賞を獲ることはできません．少しだけコントロールを失っている障害馬は予選（グランプリは言うまでもなく）を勝つには多くの幸運が必要でしょう．サードレベルの馬場馬術の課目が踏めないエクイテーション競技用の馬は単に調教不足です．それは，ハンター-ジャンパー競技会で過去10年に起きた，素晴らしい発展なのです（今日では，ポニーですらとても従順です）．

　今日の障害飛越のコースは，フェンスを越える単なる馬場馬術テストのようです．長い5間歩から短い4間歩へ，進路を曲げて，鋭角にハーフターン，などなどこれらの全ては馬に完璧に従順で，柔軟で，融通がきいて，そして最も重要なことにリラックスしていることを要求します．あらゆるショートカットや力ずくの行動は，通常裏目に出て負けてしまいます．なぜなら，時間をかけて正しく飛ぶ人があまりにも多いからです．こうした人たちは，平坦な馬場でどのように乗るかを心得ています．トランキライザー（馬の鎮静剤）の時代は過ぎ去りました．そして今日では精神的にも肉体的にも良質な馬，適切なトレーニングを受け入れて耐えられる馬を選ぶ必要が出てきたのです．

　今日ではほとんどの人が単語の意味を理解することができるようになった馬場馬術（dressage）という言葉は，裏表のあるコインなのです．かつて私が指

❖ 第三版に向けての序論

摘したように，注意深くないと"悪い面"が"良い面"よりも勝ってしまうことがあるのです．エクイテーション，ハンター，そしてジャンパー競技を目的とする場合，（四角い馬場で乗る）馬場馬術が必要な全てではないのです．むしろ重要なのは，どのように馬を動かすかなのです．過剰な馬場運動，スローワーク，そして収縮運動などは，ギャロップをする馬と騎手にダメージを与えてしまう可能性があります．それは自由とペースを抑制し，単にギャロップやジャンプをしたいだけの時に堅苦しさが勝ってしまうことがあるのです．気を付けてください！

私は，今日の馬場馬術の世界で姿勢について教えられていることにも猛反対しています．私はドイツ式馬術学校の規範や正確さや競争優位性などを尊敬していますが，騎手の姿勢や扶助の使用については必ずしもその価値を認めていません．締めた膝，内に曲げたつま先，上がったかかと，スイングする脚，重い騎座，垂直よりも後ろの上半身，丸い背中，上下に動く頭，前後に動く腰，折りたたまれた馬の口，ねじった手首，のこぎりを引く手，これらのいずれも私は魅力を感じません．私はライダーとしてこれらのいずれもコピーしたいとは思いません．ドイツ式馬術学校からは，もっと他に学ぶべき素晴らしいことがあるのです．不幸なことに，これらの姿勢の欠陥が今日教えられており，真似されているのです！それは全ての規律の中で，私が"美しい"乗馬（またはスタイル）と呼んでいるものの荒廃とも言えるかもしれません．

シンプルに，そしてクリアに（迷いなく）馬に乗ってください．何かがあまり魅力的に見えないとき，それはだいたい間違っているものです．それが，私がまず騎手の見た目を気にする理由です．通常，特に今日のハンター−ジャンパー競技の世界では見た目が良い人は上手に馬に乗ります．見た目の良いライディングスタイルでない人でコンスタントに競技会で勝つ人はほとんど，あるいは全くいません（それは世界で証明されつつあります）．馬場馬術（dressage）を使うのはよいですが，それにあなたを邪魔させたり，あなたを息苦しくさせてはいけません．馬場馬術（dressage）の良い点と悪い点を良く覚えておかなくてはいけません．我々の最初で最後のなすべきことは，単に駈歩をして障害を見つけることなのですから！

PART I

騎　手

CHAPTER

1

騎手の姿勢

乗馬と下馬

　乗馬にはたくさんのやり方があります．実際のところ，異なる乗馬の方法は昔から長い間議論されてきており，人気の乗馬雑誌の読者投稿欄で熱い論争になったこともありました．多くの人は，若さや，身長の不足や，力の不足や，身体的なハンディキャップによって，伝統的でない乗馬の方法を採用しています．しかしながら，オーソドックスでない乗馬の方法は，自分の馬や静かな馬の場合にはうまくいくかもしれませんが，それらの乗馬方法は，若く，反応が予測できない馬や，神経質な馬の場合には，かなり危険な事態を引き起こします．私が推奨している基本的な乗馬方法は，シンプルで，そして何より安全です．どんなタイプの馬に乗る場合であろうとも．

　乗馬の最初のステップは，左手を馬の首のたてがみのところに置き，左手で手綱を持って，騎手の体を馬の後ろ方向に向けることです．馬を真っ直ぐに固定できるよう左右の手綱を均等に，そして十分に短く持つよう注意してください．もし馬があなたの立っている方向に回転しようとしたら（多くの馬がその

❖ 騎手の姿勢

ようにします），外側（右側）の手綱をさらに短く持つようにしてください．こうすることによって，あなたはまだ地上にいながらにして，馬に対してかなりの統制力をもつことができます．そして馬の後ろ方向に体を向けていることによって，あなたは馬の行動を見ることができるポジションにあるので，馬に乗るタイミングを判断することができます．また，もし必要であれば馬が前に動かないように手綱を持って踏ん張ることもできます．私は，乗馬の際に馬の前方向や横方向を向く方法を主張する人には賛成しません．私が発見したところでは，これらの方法は乗る人の力を入れにくくし，すばやさを奪ってしまうため，うまく乗ることができなかったり，さらに悪い場合には馬を放してしまったりします．

　さて，地上における立ち位置と馬に対する統制が確立できたところで，2番目のステップは，左足をあぶみに乗せて，つま先を腹帯の方向に向けることです．敏感な馬の場合だと，つま先が馬のあばらに触れた場合に，それが脚による扶助と同じ働きをしたために前に動いてしまうかもしれません．多くのライダーがこのつま先と腹帯の配置関係を固定するのを難しいと感じるようですが，要は慣れの問題なのです．しかし，もし必要なようであれば，あぶみの革を伸ばしてください．3番目のステップでは，右手を鞍の後橋にもっていきます．左手で馬の首のたてがみをつかんで，右手は鞍の後橋の外側をつかみますが，騎手の体重は横ではなく真下の方向にかかりますので，ルーズに固定されている鞍であったとしても，鞍が馬の横に回転してしまったりはしません．しかしながら，鞍を両手でつかんで乗ろうとしてはいけません．例え腹帯をきつく締めていたとしても，その場合は鞍が横に回転してしまうでしょう．さて，最後のステップは，勢いをつけて乗馬し，右足をあぶみに入れて，ゆっくりとソフトに鞍に座り，両方の手綱を調節し，基本の乗馬姿勢を取ります．私は"そっと座る"ということを強調せずにはいられません．鞍にそっと座る騎手とドスンと座る騎手とでは大きな違いがあるのです．馬は（馬だけでなく繊細な動物であればいずれも），背中への乱暴な接触には耐えられません．騎手の体重は扶助なのです．そしてそれは，その他のあらゆる扶助と同様，注意と慎重さをもって使われなくてはならないのです．

　さて，それでは下馬の方法に移ります．下馬の方法にはあぶみをはいた状態

❖ 騎　　手

で下馬する方法と，あぶみを脱いだ状態ですべり降りる方法の2通りがあります．どちらの方法においても，最初に手綱を左手で持つことが必要です．あぶみをはいた状態で下馬する場合，右側のあぶみだけを脱いで，左側のあぶみを下馬するための階段として利用します．あぶみを脱いだ状態ですべり降りる場合，両側のあぶみを脱いで騎手は馬の側面をすべり降ります．騎手が右足で馬の尻をまたぐ前に両側の足がフリーになっている状態のため，下馬の途中で馬が物音に驚いて逃げ出したりしたとしても，馬に引きずられてしまう可能性が低くなるので，個人的には私は後者の方法を好んでいます．騎手が下馬した後，できるだけ早くあぶみを上げ，手綱を馬の首からはずします．繰り返しになりますが，これもまた安全と常識の問題なのです．ぶらさがったあぶみは馬を不愉快にさせたりびっくりさせたりするかもしれませんので，このように馬の突然の動きに備えておいて馬が動いた時にすぐさま捕まえるか，さもなければ馬を放してしまって，起こす必要のない深刻な事故を起こしてしまうかなのです．手綱を首にかけた状態ではなく首から外した状態で曳き馬をすることに関して言えば，手綱がひき手の役目をしてくれますので，馬が予期せぬ動きをした場合でも，馬に対してより強い統制力と影響力をもつことができるのです．

　馬に関することで何かをやろうとするほとんど全ての場合において，正しいやり方というのは，複雑に考えずにあなたの自然な知性を使うかどうかの問題なのです．そしてこれは騎手の馬上の基本姿勢においてもあてはまります．単純さと無駄のない動きは，古典的技術の目指してきたゴールであり，馬上の騎手の姿勢は最初の基盤となるものです．乗馬を学ぶ最初のところから，我々は本質的で必要な材料だけを使って，余計な部分は削り取っていきましょう！

あぶみの長さ

　騎手の姿勢について語る前に，あぶみの機能およびその調節に関して理解することを避けることはできません．基本的にあぶみというものがある理由は，それが快適な支えを提供してくれることにあります．"快適な"というのは騎手と馬の双方にとって言えることです．まず騎手にとってあぶみは足の支えと

❖ 騎手の姿勢

なり，騎座を持ち上げる時の支えとなります．また，馬にとって，それは騎手の体重移動を馬に受け入れさせ，背中への負担を軽減してくれます．

　さらに，騎手の安定性と，馬の動きの自由度と，あぶみの長さの関係について理解することは重要です．あぶみが長いほど，騎手の脚は長くなり，そして騎手の騎座は深くなります．ゆえに早いペースでの運動や障害飛越の際の馬への負担は重くなります．反対に，あぶみが短いほど，騎手の脚は短くなり，騎座は軽くなり，騎手は不安定になりますが，馬がギャロップをしたり障害を跳んだりする際の馬の自由度は高くなります．2つの大きく異なる乗馬による競技が，長いあぶみを使用する場合と短いあぶみを使用する場合との比較の良い実例になってくれます．その2つとは，馬場馬術（ウィーンにあるスペイン乗馬学校で行なわれているような）と競馬です．馬場馬術運動においては，重点が置かれているのは，騎手の安定性と馬のコントロールです．これに対し競馬では，騎手はできるだけ馬の邪魔をしたくないので，安定性を保つために脚をグリップするのではなくバランスに頼っています．平坦でない土地を猟のために馬に乗ったり，ハンター競技で演技をすることは，どちらも極端でなく（馬場馬術と競馬の）中間に位置するものであると言えます．どちらも馬に機敏にかつ従順に従うことを要求しますが，また同時に馬がそのやるべきことを簡単にできるよう，十分な馬の動きの自由さがなくてはなりません．正しい長さのあぶみなくして，正しくバランスの取れた騎座を作ることはできません．言い換えれば，騎手が安定性を保つために十分に長く，かつ馬の動きを妨げないために十分に短い長さということになります．しかしながら，異なるあぶみの長さで乗る騎手の例を比較していただければ，いかに全ての種類の馬術において，あぶみの長さが密接に関わっているかということを簡単に証明することができます．ほんの少しのあぶみの長さの違いは，それぞれの状況において求められるほんの少しのバランスの差によって発生したものなのです．私が考えるに，良い騎手というのは，状況に応じてあぶみ革の長さを変えて，あらゆる状況にも対応できるものではないかと感じます．

　しかし残念なことに，多くの人は短すぎるあぶみで乗ったり長すぎるあぶみで乗ったりしています．長すぎるあぶみで脚を伸ばして踏んでいたり，短すぎるあぶみにちょこんと座っていたりといった誤った脚の特徴を判別するには，

❖ 騎　　　手

経験豊かなインストラクターの目もしくは鋭敏な乗馬感覚を必要とします．あぶみの長さを判別するために，2つの大雑把ですが便利な方法があります．乗馬する前に，あぶみ革を鞍に止めているバックル部分に手の指先を置いて，手を伸ばした際に，脇の下の部分にあぶみの底が付くようにあぶみ革の長さを調節してやるのです．または，乗馬した後に，あぶみを外した状態のときにくるぶしの最下点にあぶみが当たるように調節してやる方法もあります．どちらの方法もやや暫定的であり，騎手の体格によっても異なるところがあります．いずれにせよ，間違いないことは，乗馬の基本姿勢に移る前に個々人のあぶみの調節は完了していなくてはなりません．

基本姿勢の定義

　簡略化するために，騎手の身体を4つの基本的なパーツに分けます．膝下の脚，騎手を支える基盤となる太ももと騎座，騎座よりも上の部分全てを含む上半身，そして拳および腕の4つです．騎手は，脚・騎座・上半身・拳および腕が正しく調和され，釣り合っている状態の時に，はじめてバランスが取れていると言うことができます．これら4つのパーツに分けることにより，個々の部分を独立させて特定の誤りを矯正する方がわかりやすいですし，また，それら個々の部分の他の部分への影響も明快に説明することができます．もちろん，それら主要部分は多くの構成要素をもっています．足の指の付け根は脚において重要ですし，座骨は騎座に関連して最も考慮すべき部分ですし，頭および肩は姿勢および上半身の機能に重大な影響を及ぼします．それら個々の構成要素は，統合された全体を創り出すために配置されなくてはならないのです．ゆえに，騎手の基本となる姿勢については相当詳細に説明する必要があります．
　騎手の基本姿勢を確立するのは，家を建てるのに似ています．家を建てる際にはまず土台となる基礎から作り始めますが，騎手の場合，これにあたるのが脚です．私は，生徒が乗馬した時に，足の指の付け根（つま先ではありません．つま先の場合，あぶみによって足を十分に支えられないため，安全性が損なわれます）をあぶみの中央に置き，かかとを下げて，かかとを内に絞り込み，か

❖ 騎手の姿勢

かとがちょうど腹帯の後ろあたりにくるように教えます。この足の配置によって与えられる安定性が大きいほど、かかとは深く沈みこんでいます。そして、そのかかとはよりフレキシブルになり、慎重に使うべき扶助となるのです。この方法は、ブーツのかかとがひっかかるまで足を全てあぶみに押し込むあぶみのはき方とは正反対の方法です。私は、"オフセットあぶみ"（offset stirrups：あぶみを踏みやすいように鉄が上方向と外方向に最初から湾曲して作られているもの）もおすすめしません。それらは人工的であり、足首を痛める傾向があります。しかし、私はゴムのあぶみパッドは好きです。ところで、あぶみ革は地面に対して垂直であるべきです。また、あぶみ金はほぼ腹帯に対して垂直に近いですが、あぶみ金の外側部分の方がわずかに内側部分よりも前に出るようにしてください。

　ほんの少しだけつま先を外に向けて、脚のふくらはぎと膝の内側の骨で馬とのコンタクトを確立します。つま先は15度以上外に向けないように注意してください。また、つま先を馬に向かって内に向けてはいけません。ふくらはぎよりも膝で強く締めたり、逆に膝よりもふくらはぎを強く締めたりしてはいけません。大げさなふくらはぎのコンタクトは扶助として作用してしまいますし、膝を締めすぎると膝が軸として作用してしまい、膝下の脚が揺れてしまう原因となります。正しい位置の脚は、身体を支える支柱となりますし、馬に対して最も影響力を与えることができる腹帯の後ろの部分で作用するのです。もし、かかとが後ろ過ぎると、上半身は前にのめってしまいます。また、もしかかとが前過ぎると上半身は脚よりも後ろに倒れてしまいます。先に進む前に、私は読者に、フラットワークをする時は障害を飛ぶ時よりもあぶみを少し長めにすることを覚えておいて欲しいと思います。そして、障害を飛ぶ時は、障害が1フィート（30.48cm）高くなるごとに、あぶみを少なくとも一穴は短くしてください。

　一般的に用いられる脚の位置とバランスを作るための練習に、私が"アップ練習"（up exercise）と呼んでいるものがあります。初級者の騎手に片手で両手綱をブリッジ状にして持たせ、もう一方の空いた手で馬の首筋の上半分部分のたてがみかマルタンガール（胸がい）をつかませます。これにより上半身は約30度前方に傾き、目線は上に、前方かつ一定のポイントを見つめます。そ

1. エクイテーションクラスでの騎乗　ジム・コーンの目と頭は上を向いて，真っ直ぐ前を見ています．彼の背中は馬の背中と平行になっており，一方で騎手の肘から口にかけての完璧なラインができています．脚も理想的で，馬体とのコンタクトは，太もも，膝の内側の骨，そしてふくらはぎの間で均等に配分されています．足の指の付け根は，あぶみの真ん中に置かれており，かかとを踏み下げることを可能にしています．騎手の爪先は彼自身の体型に応じてわずかに外を向いています． Photo by Budd

2. ハンター競技での騎乗 レイモンド・バーは,空中でわずかに脚の正しい姿勢を失っているものの,私は最も古典的な乗馬のプロとして彼を未だに尊敬しています.偉大なハンター馬であるキンバーリングに騎乗して,レイモンドは,ジャンパー競技においても同様にリラックスしており,見ている全ての者に対して,良い姿勢と良い騎乗は共存でき,そして共存すべきであるということを証明してみせています.Photo by Tarrance

3. ジャンパー競技での騎乗　この写真に見られる集中力，付き従う拳，そして美しく固定された脚は，常にビル・スタインクラウスが障害を飛ぶ時に見せるものです．個人的に，これほどまでに良いスタイルにこだわった選手は，オリンピックでゴールドメダルを獲るべきだと思い，ワクワクしてしまいます．Photo by Udo Schmidt

4. オリンピック優勝者　ゴールドメダルを勝ち獲ったり，クイーン・エリザベス自身からキングのカップをもらったりする人はほとんどいませんが，馬の頭を譲らせたり，準備段階のジャンパー馬が完全なコースにおいて初めて良い調教ができたりといった日常での勝利が，同じようにスリリングであるということにビル・スタインクラウスは，同意してくれるだろうと私は確信しています．

5. これが乗馬の全てであり，どうやってそこにたどり着くかである　もし乗馬において試合，まばゆいスポットライト，そしてブルーリボンが全てであったならば，私は遠い昔に乗馬をやめていたでしょう．この写真は，それが試合のためであろうと，楽しみのためであろうと，乗馬が私にとって何を意味するかを明快に語ってくれています．ここでは，野外の人里離れた場所で，彼女一人で一生懸命練習しています．彼女に観客は必要ありません．彼女の満足感は，彼女自身と彼女の馬を改善することからもたらされるのです．

6. 地上からのあぶみ革の長さのテスト　騎乗する前に正しいあぶみの長さにするための比較的間違いのない方法は，騎手が指先をあぶみ革を付ける金具のところに置いて，あぶみ革をぴんと張った状態で脇の下までの長さで計ることです．

7. 騎乗している時のあぶみ革の長さのテスト もうひとつのあぶみ革の長さをテストする方法は，脚を目一杯ぶらりと下げた時に，あぶみの底がくるぶしに当たる，もしくはくるぶしのすぐ下にくるかどうかです．

8. 中くらいのあぶみの長さ これは，本書で私が推薦しているあぶみの長さです．足首の屈曲を保つために十分に短く，鞍の前部で乗るために十分長いという，騎手にとっての安全性と馬にとっての自由な動きを実現できる良いコンビネーションと言えます．

9. 短めのあぶみの長さ これはおそらくは，私が障害を飛ぶ際のあぶみ革の短さの限界点です．これ以上短いものは競馬の際のあぶみ革くらいで，これ以上短くなると実際の安全性とコントロールを保つためには脚の長さが足りないと言えるでしょう．この写真は，ボディーコントロールにおける4つの基本的な角度について学ぶための機会を提供してくれています．尻，膝，足首，そして肘です．あぶみが短くなるにつれてこれらの角度がどのように閉じるかを注意して見てください．

10. 長めのあぶみの長さ 理想的にはもう少し鞍頭の近くに座って，膝から下の脚をもう少し後ろに引く方が私の好みなのですが，全体的な印象としては，深く座ることによる騎座の強さを表わしているでしょう．それは，本質的に馬と騎手との間で最大限のコントロールとコンタクトを得るためにデザインされた騎座と言えます．彼女の4つの主要な身体の角度がどのように開いたかを注意して見てください．

11. 停止している状態での正しい基本姿勢　騎手は、肩から真っ直ぐ下に、座骨を通じてかかとの後ろ部分までが直線となるように座っています。彼女は本当にバランスが取れた状態であり、馬の中心に位置しています。このおかげで、完全に落ち着いた状態で立っており、どんな困難な状況が起きたとしてもコントロールできる状態にあると言えます。

12. 良い脚の位置　我々が理想とする脚の位置の拡大版です。指の付け根の太い部分があぶみに乗せられており、騎手のかかとは下がり、腹帯の後ろの部分に位置しています。そしてコンタクトは膝の内側の骨とふくらはぎによって維持されます。もしこれ以上、爪先が外に向けられると、ふくらはぎによる締め付けが発生します。一方、爪先を内に向けるとふくらはぎの締め付けが弱まる傾向があります。あぶみを注意して見てください。あぶみは、腹帯とあぶみ革に対して垂直をなしていなくてはなりません。

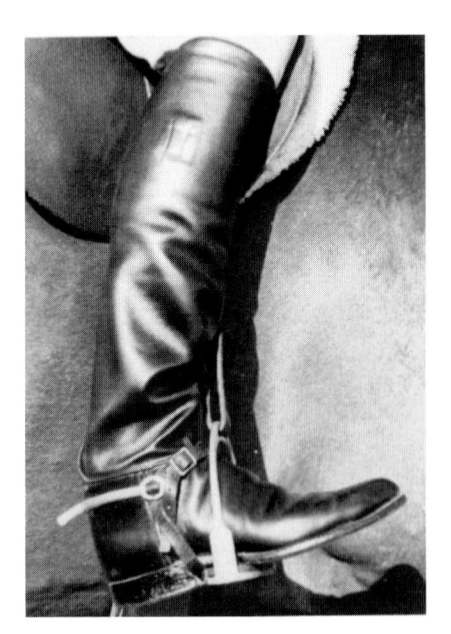

13. 脚を前方に置いてあぶみを深く履いた状態　脚が腹帯よりも前に出てしまうと，騎手の上半身が滑らかに"馬と一緒に"動くことが不可能となってしまうばかりか，あぶみを深く履くと，かかとの屈曲性が著しく減少してしまいます．

14. 膝で締め付けてふくらはぎが馬体から離れた状態　締め付けられた膝が軸となってしまうと，体重を十分にかかとに押し下げることが妨げられます．そして馬の腹との間のふくらはぎの安定したコンタクトは不可能となってしまいます．

16. 丸く，肩が落ちた，鯉のような背中　この特別な姿勢の誤りは，だらしなくて美しくないばかりか，正しい騎手による背中の使用を妨げてしまいます．騎手の体重による全ての動きを座骨を通じて下に伝え，馬に影響を与えられるよう，騎手の背中を真っ直ぐに伸ばすことを難しくしてしまうのです．

15. 正しい上半身の姿勢 真っ直ぐ前を見て，騎手の上半身は垂直に立っていますが，同時にリラックスしています．彼女の肩は堅苦しく前に出ることなく，後ろに引かれ過ぎてもいません．そして，彼女の耳から肩を通って，座骨にかけて，本当の直線ができています．

17. 正しい手と腕　騎手の前腕と手首は真っ直ぐとなっており、親指はちょうど垂直の状態よりも少し内側にあり、そして両親指は数インチ（5～8cm）ほど離れています。これによって、騎手の肘から馬の口にかけての弾力性を作り出すことができます。

18. 手首を折り曲げて肘が外に出た状態　多くのライダーに少なからず見られる共通した誤りの特に明らかな例です。手首を折り曲げて、肘を外に出してしまっています。これによって、ソフトな口と肘のラインは、不器用で硬いものとなってしまいます。

20. ツーポイント・コンタクト　この言葉は、単純に馬と騎手との間の身体的な関係を述べています。2ポイントとは、騎手の2本の脚と馬の腹との接点を指しています。このギャロップでの姿勢において、彼女の騎座から馬の背中に全く体重がかかっていない様子を注意して見てください。

19. 下を見た状態　これは，体重の分配とバランスが，騎手の視線によってどのように影響を受けるかを示す良い例です．視線が下に向くことによって，頭は前に出て下を向き，背中は丸くなります．この深刻な誤りによって，方向転換のための動きと，無意識の馬上における反応が著しく阻害されてしまいます．

21. 常歩の際の上半身　上半身が完全に垂直な状態となる停止の状態から，常歩に移行すると，騎手の上半身はいくらか前傾します．それはほんの少しの前傾であり，これがこの歩様においてあるべき全てです．

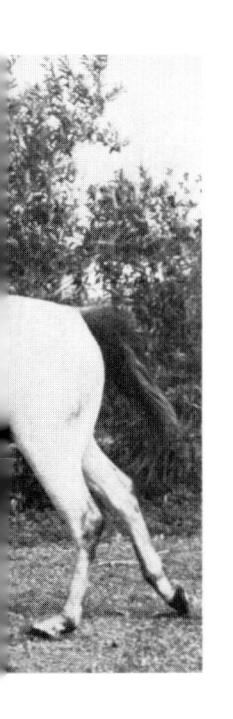

22. ゆっくりとした正反動の速歩での上半身　この写真で実演者は，胸を張り，しっかりと張った背中で深く鞍に座っています．これによって，遅れることなくすぐさま，馬を速くしたり遅くしたりすることができる強靭さをもっている様子が見てとれます．

24. 駈歩での上半身　垂直から少し前傾した状態で，騎手は常歩と正反動の速歩の場合に似た，重く密着した深い騎座で座っています．なお，写真で臀部が突き出ているのは，騎手の体型によるものであって，そうすべきだと言っているわけではありませんので注意してください．

23. 馬の動きに合わせた軽速歩での上半身　この写真では，騎手が，股と座骨の前部から明らかに前傾していることがわかります．この姿勢から軽速歩を行なうと，彼女は馬の反動によって前方および上方に押し出されます．したがって，騎手は自分自身でほんの少し動く必要があるだけです．

25. ハンドギャロップでの上半身 騎手の体重が、騎座からかかと、膝、および太ももに移行した2ポイント姿勢が、正しいギャロップの際の姿勢です。軽速歩、ハンドギャロップ、そして障害飛越の際には、上半身はおおよそ同様の前傾姿勢をとります。

26. 馬の動きに先んじてしまっている軽速歩での上半身 この騎手は、馬の重心よりも前に出てしまっており、軽速歩において騎手の体重を使用することを完全に放棄してしまっています。馬は、あらゆる方向に逃避できる可能性を感じて、どうすれば騎手に対して優位に立てるかをすぐに学んでしまうでしょう。

27. 馬の動きに遅れてしまっている軽速歩での上半身　前の写真とは対照的に，この騎手は尻を垂直に立てて軽速歩を行なっています．この姿勢は，しばしば伸長速歩で必要とされる推進力と強固さを生み出している一方で，馬の動きに一致して動く際の滑らかさがなく，洗練されたハンターライディングとは言えません．

28. あぶみなしでの基本姿勢　この姿勢は，あぶみを履いて停止している時の基本姿勢とほとんど同じです．唯一の違いは，あぶみを履いている場合は，それが留め具となるため，あぶみがない時は足首がより自由に動くことです．

29. 正しいあぶみの上げ方　あぶみをき甲の上をまたがせて上げる前に，あぶみ革のバックルを約18インチ（約45cm）引き出していることに注意してください．これを正しく行なえば，騎手のふとももに当たるイライラさせられる出っ張りがなくなります．

❖ 騎　　　手

して，鞍から少し腰を上げてあぶみの上に立ち（これをツーポイントコンタクトと言います），これによりかかとが下がり，常に脚が一定の位置に固定されるようになります．上級者の場合は，この練習を停止した状態だけではなく，常歩，速歩，駈歩，そしてギャロップで動いている中で行ないます．この練習を始める際は，両手に手綱を持って，単に身体を前に傾けるだけです．

　それでは，身体の上の方，身体の支えとなる基盤である太ももと騎座に移りましょう．太ももは，水平な状態にしておき，膝やふくらはぎよりもきつく締めないことが重要です．言い換えると，馬とのコンタクトはふくらはぎと膝の内側の骨と太ももとの間で均等に配分されているべきです．我々はこれをエデュケーテッド・グリップ（educated grip：直訳は"教育された締め"）と呼んでいます．騎座自体は鞍頭近くの鞍の前方部分に置かれます．騎手は，騎座の重さと深さを通じて，座骨が鞍から離れないことを感じられるように，あらゆる努力を尽くさなくてはいけません．身体の支えとなる基盤は，太ももの筋肉がしっかりと鍛えられ，騎座の重みが柔軟性とフィーリングによって常に馬の動きと完璧に調和している時に強くてゆるぎないものであると言えます．強引な騎手は通常，力を抜いて馬の動きに合わせることを学んでこなかった人です．こうした人は，動きが硬く，馬の歩様のリズムにさからう傾向があります．追って説明しますが，あぶみなしで乗ることは，身体の支えとなる独立した基盤を作るための唯一の確かな方法です．

　騎手の上半身は，完全に，身体の支えとなる基盤および脚に依存しています．身体の胴体部分は，肩の力を抜いて胸を開いた状態でまっすぐであるべきです．背中の上部のほんの少しの丸みは構いませんが，背中の下部分を丸くしないように注意しなくてはなりません．なぜなら背中の下部分を丸くすると鞍から騎座が離れてしまうからです．騎手がまっすぐ前を見るようにすれば，彼の視線は地上に対して平行になり，視線と頭は自然とこれから行く方向を向くはずです．よくある間違いは，頭を身体より前に突き出してしまうことです．あらゆる硬さと不自然さの現われであるこうした傾向は，すぐさまやめさせて，完璧に自然で優美で背をすっと伸ばした姿勢に直さなくてはいけません．その他2つのよくある姿勢の欠陥は，不自然に反り腰となった"湾曲した背中"（sway-back）と，だらしなく肩の丸まった"鯉のように丸まった背中"

❖ 騎手の姿勢

(roach-back) です。これらのどちらも扶助としての体重の効果を弱くしてしまいます。一般的に上半身は, 馬の背中および後肢に影響を及ぼすのに十分なようにしっかりと支えられていなければならず, かつ馬の動作とアクロバティックな動きについていくのに十分なように自由でなければなりません。これは, うまくできるようになるまでに時間と練習を要します。上手で強くて, かつ格好の良い騎手がいかに少ないかを考えてみてください。それこそが挑戦すべきことなのです！

　順に沿って, 次は拳と腕に進みます。"弾力性"（elasticity）という言葉は, 最も拳と結びつけて連想される言葉ですが, 本当にそうなのです。なぜなら, 拳の硬さは, 馬と騎手の両方の, 他の部位に瞬時に反映するからです。弾力性は, 騎手の肘から馬の口までが真っ直ぐになるよう保つことにより最もよく達成できます。それは単にペースコントロールをするためだけでなく, 馬の頭の位置の調節を行なうためでもあります。もし拳が馬の口と肘を結ぶ線よりも下にあれば, それは低すぎ, 線よりも上にあれば, それは高すぎます。馬の頭の位置を矯正する特定の場合を除いて, こうした拳の位置の極端な状態は, 何の成果もないばかりか, 拳と腕の柔軟性を著しく損なってしまいます。実際に, 頭の位置が高い馬に乗る時は, 少し拳を高めにして乗るべきなのです。

　直線の原則に則って, 拳は馬のき甲の上かつ少し前に置き, 左右の親指は2～3インチ（約5～7.5cm）離します。拳は, 水平な状態（拳を伏せた状態）にした時は弱く, 受動的になり, 逆に完全に垂直な状態（親指を上にした状態）にした時は硬く, 強すぎる傾向があります。これら水平と垂直の中間程度の拳の状態が, 強さと柔らかさの両方を兼ね備えた状態と言えます。手首も, ねじったり曲げたりせず, できるだけ真っ直ぐにするべきです。手首をねじったり曲げたりすると, 腕と肘が不自然な位置に置かれてしまい, 結果として, あらゆる不自然でイレギュラーな体の姿勢の原因となる硬さを生み出すことになってしまいます。最も有効な拳というのは, 馬をコントロールするのに十分な強さと, 逆に自由を与えるのに十分な柔らかさをもったものなのです。そして, これまで説明してきたように, 前腕と拳と手首を真っ直ぐな状態にすることが, その有効な拳を達成するための最も単純な方法なのです。手首と拳は, 前腕の真っ直ぐな延長であるということを覚えておいてください。

❖ 騎　　手

　手綱の握り方は自由です．本当に個人の好みの問題です．私の場合，1本手綱は親指と人差し指の間，そして薬指と小指の間に挟みます．また，小ろくと大ろくを使う2本手綱の場合は，それら2本の手綱の間に小指を挟みます．手綱を小指の外で握るのもポピュラーですが，これはひとつの挙の2ヵ所でグリップする長所を減じてしまいます．手綱とその周りの全ての指の上に，親指を平らに置いておくことは極めて重要です．これにより手綱が滑らなくなるからです．馬の口を通じてコントロールする場合，挙と腕を引き締める，もしくはリラックスさせるかによって行なうのです．決して，引っ張ったり，手首をねじったり，指を開いたりすることによって行なうものではないのです．もし指を開いてしまうと，単に手綱が滑ってしまい，馬のコントロールが失われるだけでなく，指の骨折さえ有り得るのです！

　さて，以上で騎手の基本姿勢が定義づけされました．今度は，馬の動きのバリエーションに対応するために，どのようにその基本姿勢を調節するかということについて考えてみましょう．この調節を行なうために簡単なテクニックがあります．そのテクニックは，習慣的に簡単にできるばかりでなく，手っ取り早くて，時間の節約となる便利さをもったものです．そして，緊急時にすばやく姿勢を立て直すことができるようになることは，控えめに言っても役に立つと言えるでしょう．

調節された基本姿勢

　良い騎乗姿勢を取るもしくは取り直すためにはいくつかの方法があります．私がここで推奨する方法は，騎手のかかとに体重を集中させるのと同時に，騎手に，脚による馬との接点，すなわちふくらはぎ，膝の内側の骨，そして太ももを連動させることができるようにする最も便利なもののひとつです．これから紹介する一例，"騎座の矯正"（seat correction）は，数分もしくは数秒でできる運動ですが，この運動を行なうことにより，あらゆる体勢や安定性のロスを取り戻すための瞬間的な構えを取ることができます．この構えは，"2ポイントコンタクト"と呼ばれています．

❖ 騎手の姿勢

　騎乗してすぐに，騎手はあぶみの上に立ち上がり，かかとを下に踏み込みます。かかとは腹帯のすぐ後ろのところに置き，ふくらはぎは常に馬に密着させます。騎手自身とその馬の双方の体型に応じて，騎手は馬の胴の広がりに対して，ふくらはぎとのコンタクトの位置をどの程度下げればよいかを感じます。騎手にとって彼自身の体型が馬の体型とどのように結びつくかを理解することが重要です。なぜなら，その関係性は個々の馬によって異なるからです。良い脚はコンタクトのポイントを間違えると簡単に悪い脚になってしまいます。背の高い騎手が，幅の狭い平板のような馬（slab-sided horse）に乗る場合，背の低い騎手がもっと幅の広い胴の馬に乗る場合よりも，ふくらはぎの接触する長さが短くなります。かかとを下げてふくらはぎを密着させるのは，馬の胸郭をリラックスした正しい位置におかれた脚で包んでやるためであって，騎手が脚や膝のグリップによって不自然にしがみつくためではありません。

　一度，脚の位置が固定したら，騎手は鞍の前の方に沈み込むように腰を下ろします（sinks down）。その時，騎手の背中は真っ直ぐ伸びていなければいけません。鞍頭のすぐ後ろの部分に沈み込むように腰を下ろす（sinking）のと，鞍の後ろの方にドスンと座る（sitting down）のでは全く違います。沈み込むように腰を下ろす（sinking）場合，それは単に座るよりも，馬の精神的かつ身体的な健康に対する影響を考えて，よりソフトでより慎重に腰を下ろすものなのです。この沈み込むように腰を下ろす時（sinking）に，騎手は，その脚の位置を前と後ろのどちらにもずらさないように，特に注意しなくてはいけません。初心者の場合，鞍に腰を下ろす時に脚が上半身よりも前に流れてしまい，あぶみに立ち上がることによってせっかく作った脚の位置を台無しにしてしまうことがよくあります。

　騎手のレベルにかかわらず，あらゆる種類の姿勢の調節の際には，騎手は真っ直ぐ前を見ているべきです。視線が前にあれば簡単にバランスを取り戻すことができますが，逆に視線が下にあると，同じくらい簡単にバランスを失ってしまいます。馬に乗っている時に自分の姿勢を見るのは，車を運転している時に，車内のハンドルやアクセルやブレーキを見るのと同じことです。これは，障害を飛ぶときにも当てはまります。姿勢の調節は，前方に集中した視線と，様々な身体のコントロールに集中した心によって行なわれるべきものなのです。

❖ 騎　　手

2ポイントおよび3ポイントコンタクト

　馬をコントロールするための重要なファクターに，騎手のバランスの影響力，特に前から後ろへの体重移動またはその逆の体重移動があります．手と脚の動きと連動した騎手の胴体は，運動中の馬のバランスの中心点を決定するうえで強い影響力をもっています．馬の演技には伸長と収縮という2つの異なる一般的な枠組みがあり，その際，騎手の体重配分はそれぞれに対して適切に調節されるべきです．一般的に，騎手が馬の動きに合わせて動こうとする時は，前肢（馬の前半分）に向けてバランスを移動する追加的な動きをしようとするものです．反対に，騎手の姿勢が馬のバランスを後ろ方向に移動させる傾向がある時は，その騎手は馬の動きに遅れていると考えられ，それはつまり，馬の自然な前に進む動きを妨げていると言えます．どんな条件下においても，バランスの取れた前傾姿勢と，騎手が馬の動きに先んじてしがみつくこととを混同してはいけません．

　こうした体重配分の異なる姿勢について言及する時に，私は"2"もしくは"3ポイントコンタクト"という言葉を使います．2ポイントコンタクトでは，腰を上げて騎手の体重を馬の背中から外してやり，かかととあぶみにその体重をかけます．胴体はほんの少し前に傾けて，いくぶん馬の背中の負担を軽減し，バランスを取るポイントを前方にシフトさせます．この瞬間に，馬と騎手との間の2つの接点は，騎手の両脚となります．馬との接点，そして体重または騎手の騎座の影響は極小となります．スムーズさと軽快さのために，速いペースでの運動もしくは障害飛越の時に，2ポイントコンタクトが必要となります．そしてこの姿勢は競馬，ハンティング，クロスカントリー，ショーハンター競技，そしてハンターシートエクイテーション競技で使用されます．しかしながら，この姿勢は直線でのみ使用され，回転時や障害物のすぐ手前では使用されません．2ポイントコンタクトは，すでに言ったように，姿勢を矯正する際の姿勢として特に価値があり，騎手にかかとを下げさせ，かかとに体重をかけさせます．常歩，速歩，そして駈歩において2ポイントコンタクトでとどまることができる騎手は，単にバランスが取れている点だけでなく，手，脚，そして

❖ 騎手の姿勢

　騎座の使用において独立性を獲得している点において優れていると言えます．この姿勢を学び，練習する際には，生徒に片手でたてがみを持たせ，もう一方の手で手綱を適切なブリッジを作った状態でつかませるのが最も良い方法です．この方法により，生徒に補助を与えることができ，バランスを取るために馬の口にしがみつくことを一切やめさせることができます．

　普通のペースにおけるほとんどの場面で使用される姿勢である3ポイントコンタクトは，両脚と併せて，騎座の体重を通じて馬と騎手の間のコンタクトを取る点において区別されるため，3ポイントコンタクトと呼ばれます．このコンタクトは，主に股，座骨，または臀部のいずれかと鞍との関係性においてさらに細かく分けることができます．実際のところ，3ポイントコンタクトは，臀部を使用した時に最も強い効果を発揮します．この際，騎手は馬のやや後方に位置し，特に緊急事態の時に最も効果があります．

　しかしながら，我々は今，基礎について述べているので，馬上のほとんどの時間において，臀部ではなく座骨が上半身を支えているということを強調しなくてはなりません．鞍に対して座骨を感じるためには，騎手は真っ直ぐに背筋を伸ばして座る，もしくは垂直よりわずかに，後ろのめりではなく前のめりに座らなくてはいけません．3ポイントコンタクトは慣例的には，駈歩の時とその他，特に収縮速歩もしくは障害運動の際に使用されます．より馬を推進したい場合や，手と脚のみで可能以上の抑制をしたい場合に，この3ポイントコンタクトが必要とされます．例えば，ほとんどのオープンジャンパー競技に出場する選手は，常習的に3ポイントコンタクトを使用します．なぜなら，彼らの成功は馬のコントロールと前肢の軽快さと全般的な体力と機敏さの集積にかかっているからです．また，若い馬や，言うことを聞かない馬や，蹴り馬や，立ち上がる馬や，逃げ走る馬に乗る場合も馬の後方に座って乗ることがあります．実際に，ひどい悪さを見せるあらゆる馬は，騎手の騎座と脚によっておとなしくさせることができます．その他，より体全体を使った騎乗を要求されるケースとしては，馬がひどく嫌がったり拒否したりしそうな，特に難しいもしくはおっかない障害物に向かう場合が挙げられます．しかしながら，覚えておいて欲しいのは，こうした例外を除いて，馬にとっての快適さと自由さ，そして騎手にとっての快適さとスムーズさのため，騎手は馬の動きにあわせてバラ

❖ 騎　　手

ンスをとりながら，スピードと歩様に応じて体を前に傾けるべきだと，私は強く思います．もちろん，軽速歩(けいはやあし)（posting trot）とギャロップ（gallop）の2つの歩様だけは相当な度合いの前傾が要求されます．その他のペースにおいては，垂直より少し前傾くらいがちょうど良いでしょう．

　これらを実践するのは難しく聞こえるでしょうが，これら2つのバランスの取れた騎座（2ポイントコンタクト，3ポイントコンタクト）は，たとえ並みの技能の騎手であっても，彼があらゆる種類の状況を経験できれば，ちょっとした気付きでできるようになるに違いありません．実際のところ，意識的に2ポイントもしくは3ポイントを使い分けられる能力がない全ての騎手の可能性は恐ろしいほどに限定され，固定的なものになってしまっていると感じます．乗馬において発生する可能性のある全ての状況は，これらのどちらかで対処できますので，これら両方に対して均等に注意が向けられなくてはなりません．これが，3ポイントコンタクトを上達させるのに良いあぶみなしの騎乗が，強い騎座と騎手の拳と脚の独立を作るのに大きく貢献できる理由です．要約すると，ハンター，ジャンパーあるいはエクイテーションの競技で，障害のコースを回っている際に，騎手は，常にその瞬間に何をやっているかに応じて，ギャロッピングスタンス（galloping stance：＝大幅な前傾姿勢の2ポイントコンタクト），クロッチシート（crotch seat：やや前傾姿勢の3ポイントコンタクト），バトックシート（buttock seat：後傾姿勢の3ポイントコンタクト）の全ての3つの姿勢を使い分ければよいのです．

上半身の角度

　異なる歩様における上半身の角度に進む前に，特別な存在である騎手の背中について話をしたいと思います．第一に，正しい背中の使用については，例えば騎手の脚などと比べ，学ぶことも教えることもとても難しい微妙なものです．騎手の胴体の重さは，全ての扶助を調整し明確にするものです．したがって，騎手が最も正しい背中の姿勢であるということは，効果的に騎乗するための重要な結果と言えます．身体の下の方から始めて，まず騎座について説明します．

❖ 騎手の姿勢

　騎手は，背骨を中心にして座れるように，臀部を鞍の後ろに押しつけるのでもなく，座骨をしまい込むのでもなく，2つの"隆起した"座骨の上に座らなくてはいけません．一度，この正しい座り方が感じられれば，背中について理解することは難しくありません．堅苦しくならないように，背中はできるだけ真っ直ぐ伸ばした状態であるべきです．騎手の肩やお尻が，曲がるときに内側に崩れないように注意しなくてはいけません．特に背中の下部分は，リラックスして柔軟でなくてはなりません．なぜなら，背中の下部分は，全ての座って行なう歩様において馬の動きについていかなくてはならない部分だからです．その際，背中の上部分は一定の姿勢に保たれ，やや丸くします．しかし，臀部が後ろに押し付けられるほどに丸くしてはいけません．

　もうひとつのよくある上半身の問題点は，頭とあごが前に突き出てしまうことです．この見苦しい癖は，常に胴体の上半分の姿勢が誤っていることから発生します．ふくらはぎやその他の扶助によるものではありません．矯正のための良い練習方法は，騎手に首の後ろ側を服の襟につけさせることです．さて，これらのポイントを頭に置いてもらって，はじめて我々は先に進む準備ができました．騎手が，異なる歩様においてスピードを速くしたり遅くしたりする時に，どのように上半身を調節するべきかを考察してみましょう．

　バランスを安定した状態に保つために，騎手は馬の重心と自分の重心とを調和させなくてはなりません．一般的には，馬の重心の真上に騎手の重心があれば十分ですが，決して馬の重心より前に重心を置いてはいけません．前述したように，馬を推進しようとしたり，抑えようとしたり，バランスを直そうとするために，上半身が馬の重心よりも後ろに置かれることがあるかもしれません．しかしながら，本当のスムーズさ，流動性，そして"目に見えないコントロール"を行なうために，騎手の体の全ての部分は馬の動きと連れ添っていなくてはいけません．

　原則的には，馬が速く動けば動くほど，馬の重心は前方に移行します．その際，騎手の上半身は，馬のスピードと比例して前に傾けられなければなりません．"ヒップ・アングルを閉じること"（closing of the hip angle：尻の部分から前に倒して前傾姿勢を取ること）もしくは"上半身の角度の形成"（upper body angulation）と呼ばれる動作により，騎手は常に馬の動きについていく

❖ 騎　　　手

ことができます．騎手が馬の動きに遅れている時，騎手の上半身は直立したままで，この際，騎手の重心は馬の重心よりも後ろにあります．もし騎手が，馬のスピードの増加にあわせてヒップ・アングルを閉じすぎると，彼は自身の重心が馬の重心よりも前にいっていることに気が付くでしょう．この姿勢は騎手のコントロールを著しく失わせてしまいます．ほんの数人の特別に才能のある騎手のみが，重心を前に置いた状態でも馬にバランスを保たせることができます．

　こうした上半身の角度について理解をすることは，乗馬においてスムーズさ，平衡，コントロールを得るために絶対に必要です．次に，それぞれの歩様において，いくらか異なる角度の前傾が必要になる点について触れましょう．馬が止まっている状態の時には，馬と騎手両方の重心は，馬の頭と尾の中間点にあり，騎手はその時，完璧に真っ直ぐに座っています．後退する時には，馬の体重はいくらか後ろに移行し，その時騎手は，前に倒れるのではなく，体を垂直に保つことによりこの移行についていかなくてはなりません．馬が前方に歩くと，同様の前への体重移行が起こります．常歩と後退はゆっくりとしたスピードなので，騎手の重心とヒップ・アングルの変化はとても小さなものになります．

　速歩で座る場合も，わずかな前方への重心移行が引き起こされます．その時の前傾は，最大でも垂直から数度前傾する程度で，軽速歩ではおそらく垂直から20度程度前傾するより小さなものです．軽速歩では，馬の"動きに合わせて乗る"のと"馬の動きに遅れて乗る"との違いが，最も明快に示されています．全ての騎手は，臀部で座りながら，真っ直ぐに腰を上げ下げした場合（馬の動きに遅れて乗る場合）と，太ももと股で挟みながら前傾姿勢で腰を上げ下げして軽速歩を行なう場合（馬の動きに合わせて乗る場合）とで特徴的に異なるバランスを感じ取るべきです．もし騎手が腰を上げる際に体重を前に移行しすぎると，騎手の体重は，馬に対してほんの少しもしくは全く影響を及ぼしません．その際，騎手は馬の動きに先んじていると考えられます．そしてそれは，背中の敏感な馬に乗る時や背中を痛めている馬に乗る時，あるいは習慣的に馬の動きに遅れてしまう騎手の練習として行なわれる場合など特定の状況においてのみ正しい乗り方と言えます．

❖ 騎手の姿勢

　全ての座って行なう歩様において，我々は優雅な姿勢でありながら，十分に深く馬に密着した騎手を育てたいと思っています．こうした特長は簡単に維持できるものではありません．なぜなら，騎座と背中の下部を使って馬の動きに正確についていくことを学ぶのは難しいからです．座骨が鞍にしっかりとくっついている時は，衝撃は，騎手の背中の下部分のほとんど感知できないくらいの波動によって吸収されるはずです．しばしば，この動きは騎手によって意識的に行なわれ，結果として大げさで誤った動きになることがあります．馬の動きについていくための良いルールは，脚を絞りながら使いつつ，上半身をできるだけ馬の動きにまかせることです．

　軽速歩の際の前傾姿勢は，ハンドギャロップ（レーシングギャロップよりもスピードの遅い歩様）の際の正しい姿勢でもあります．これらの２つの歩様が同じ上半身の角度を必要とする理由は，そのままの姿勢では鞍の外に出てしまうので少し前に移行しなくてはならない騎手の重心（バランス）を補うためです．駈歩（キャンター）は，収縮を伴う歩様です．なぜなら，馬の体重はより後肢の飛節（ひせつ）にかかるからです．しかしながら，その際の正しい上半身の姿勢は正反動での速歩と同じく，垂直から数度だけ前傾したものです．

　本質的には，軽速歩とハンドギャロップと基本的な障害飛越姿勢は同じです．そしてこのことにより，生徒は速歩を学びながらにして障害飛越のための騎座を手に入れることができるのです．体の角度の理解と正確なコントロールによって，騎手は，背中と体重の活動を最小限にすることができ，それは地上においても障害飛越においても，スムーズさを得るためにとても有益な技能です．例えば，我々は通常この動作によって，クロスカントリーやハンター競技や，ハンターシートエクイテーション競技を連想します．なぜなら，これらの競技では騎手と馬が一体になって動かなくてはならないからです．この姿勢における騎手の体の前傾は，長距離の運動や平坦でない地形での運動における馬の背中の負担を著しく軽減します．それは，とても敏感な背中をもっている馬に乗る場合には，絶対な必要なものでしょう．しかしながら，最大のコントロールと最大の安定性を第一に考えた場合には，我々はこれらの目標は深く安定した騎座によって馬の動きに遅れて乗ることによって達成できることを発見しました．実際のところ，この乗り方はいわば騎手が常に馬に追い付こうと努力する

❖ 騎　　手

ようなものなので，いくらか優雅さに欠けるところがあります．しかしながら，未成熟な馬や障害競技馬に乗る時や，馬場馬術においてなど，より収縮を求められる時はいつでも，我々はよりコントロールを必要とし，それゆえに，より深い3ポイントシートを必要とするのです．したがって，乗馬や，ハンティングや，試合におけるおびただしい数の問題点を解決するのは，上半身の固定した姿勢だけでは成し得ないということがよく見かけられるのです．多くの人が型にはめられた乗馬を怖がるのはこの理由によるもので，怖がるのももっともだと思います．柔軟性が指導の最初から強調され，忠実に練習されないかぎり，騎手はひとつの機械的に固定した騎座を作り上げてしまい，発生した新たな問題に適応できなくなってしまうのです．

あぶみなしでの乗馬

　本章の最初の部分では，基本姿勢について網羅され，騎手にとって，鞍の上で安定性を脅かすことなしに扶助を機能させることがいかに重要かを強調してきました．あぶみなしでの乗馬は，騎手にとってこのような確固とした安定性を達成するための最も自然で，効率的な方法です．このあぶみなしの乗馬で，異なる動作に対して緊張したり硬くなったりすることなく，背中の下の部分で馬の動きについていくことを教えることによって，騎手に強い支えとなる基盤と，拳と脚による独立したコントロールを獲得させることができます．
　あぶみなしで乗る際に，あぶみのバックルを止め金から50cmくらい引き下ろして，たてがみの上を交差させる前に，小あふり（flap）の下であぶみ革が平らになっているかどうかを確認してください．そこに交差した革によるこぶができていると，騎手が脚を通常の位置におくことを妨げてしまいます．騎手の位置は，あぶみありで乗るのと全く同じようであるべきです．くるぶしより下の足は，あぶみがあるかのようにつま先を上げた状態にしなくてはいけません．これは，かかとを下げることは脚の位置を堅固にするうえで極めて重要であり，その結果として生じた引き締まったふくらはぎの筋肉を作るためです．脚も腕もぶらぶらと垂れ下がることは許されません．

❖ 騎手の姿勢

　あぶみなしで乗る時には，体勢がわずかでも崩れたら，その度に姿勢を立て直さなくてはいけません．そうした調整は，最初は特に，頻繁に繰り返さなくてはならないでしょう．また，全ての補助的な練習（後述）の最後においても必要になります．基本姿勢を調整するあるいは矯正するため，騎手は鞍の鞍頭を内方の手でつかみ，太ももを押し下げて，脚の位置を保ったまま騎座を鞍頭に向けて引き寄せます．鞍頭は，騎手があぶみなしの乗馬を練習している時に，とても大きな安定性を与えてくれます．一般的な傾向では，膝と太ももが，ずり上がってきてしまい，座骨と臀部を鞍の後ろの方に追いやってしまいます．これは我々が最も防止したいことです．鞍頭を持つことにより，騎手は，股と，太ももと，騎座を鞍の前の方に向けて引っ張ることができます．そうすれば，膝および脚は下がるしかなくなります．もちろん，かかと（つま先ではなく）は下げられなくてはいけません．一度，騎座が前方にきて鞍に密着すれば，脚は正しい位置に伸びていき，それが鞍頭を持つことにより人為的に助けられたものであるにせよ，騎手は正しい座り方を感じることができます．この感覚を忘れてしまった場合は常に再調整を行なわなくてはいけません．後に，太ももと騎座がかなり強化された後に，全く鞍頭に頼ることなく騎座を再構築することができるようになるでしょう．

　あらゆる種類の補助的な練習および柔軟体操を，常歩もしくは遅めの速歩の時に，あぶみなしで丸馬場で乗っている時に練習した方が良いでしょう．次に挙げるものは最も有益なもののうちのいくつかです．
  ・片手をお尻の下に．
  ・片手を頭の上に．
  ・片手を背中の後ろに．
  ・手を伸ばして前から下へ，下から後ろへ，後ろから上へ回転させる．
  ・体をひねりながら片手を体の真っ直ぐ前に保つ．最初は馬の耳に触り，次に下に手を伸ばしてつま先に触る．次に後ろを向いて馬の尻尾を触る．
　障害を飛ぶ準備のために適している練習は，膝と太ももで支えて上半身を前に傾けるものです．これはバランスを取る練習のためにも良いですし，頭が馬のお尻に付きそうなくらいにのけぞって行なう逆向きの練習も可能です．その他には，頭を回す運動や，内と外に，上に下にというようにつま先を回す運動，

❖ 騎　　手

　ふくらはぎを馬の側面から離してまた元に戻す運動などがあります．ちょっとした想像力を使うことによって非常にたくさんのその他の練習が自然と思い浮かぶでしょう．あぶみなしの軽速歩は，太ってたるんだ太ももの筋肉を鍛えるのに有効でしょう．本当のところ，ほとんどのあぶみや手綱なしで行なう柔軟体操は強い騎座や独立したバランスを作る助けになります．
　こうした片手で手綱を持ってあぶみなしで行なう運動の長所は，騎手が個々に練習することができるため，グループレッスンにも向いていることです．しかしながら，理想的な練習は，手綱もあぶみもなしで行なうものです．これは調馬索を使った個人練習でのみ可能です．

馬と騎手の調馬索

　調馬索は，馬と，騎手と，教師にとって，一級品の騎座を作り出すために協働するうえで理想的な方法といえます．あぶみや手綱がないため，騎手は完全にバランスとリズムに頼らざるを得なくなります．馬の口にぶらさがることは不可能になりますし，脚でしがみつくのを助けるあぶみもありません．この方法が馬上の座り方を学ぶのに最も良い方法であることは間違いありませんが，時間と個々人に向けた相当な注意が必要です．
　生徒の進歩と安全性が保証されるために，調馬索の道具とその使い方に関する完全な知識が必要です．道具は，サイドレーン，追い鞭，調馬索から成り立っています．サイドレーンは馬の頭の形を作り，鞭は馬のペースと軌道をコントロールし，調馬索は馬が円の外に出ようとしたり，速くなりすぎたりすることを抑制します．
　調馬索は，しっかりと準備され，次のような方法で行なわれれば，単純な作業です．まず，サイドレーンを普通の手綱の下に，銜(はみ)から腹帯にかけて取り付けます．全ての調馬索は，馬が銜に向かって進み，そこから外れないよう仕向けるため，普通の頭絡(とうらく)で行なわれるべきです．コントロールのためサイドレーンを短くする前に，何度かたるんだサイドレーンで調馬索を行なっておきます．騎手を乗せる前に，馬が右回りでも左回りでもおとなしく調馬索ができるよう

❖ 騎手の姿勢

にしておくことが賢明です。サイドレーンに慣れていない馬は、時々、反抗して立ち上がったり、しばしば後ろに倒れたりします。調馬索をしている間、インストラクターは調馬索を内側の手（馬が左回りで回っている時は左手）で持っておき、鞭は反対の外側の手で持っておきます。馬は、円の内側に入ってきたり、円の外側に出て行ってしまったり、人間に寄って来てしまったり、速すぎてしまったりすることなく、理想的なペースで円に留まっていることを学ぶべきです。一旦、ペースと円の直径が確立してしまえば、騎手を乗せる準備ができたと言えます。その時、あぶみは鞍から外し、手綱は下に垂れ下がってしまわないようにたてがみの前の方で結び、サイドレーンを取り付けます。

騎乗した後、騎手は外側の手を鞍頭に置き、内側の手を鞍尾に置きます。これにより、騎手の肩はわずかに動作の方向に回転しますが、内側に向けて肩をねじるといった意識的な努力はいらないはずです。このように両手で鞍をつかんだ状態で、生徒は絶えず自分自身の体を引き下げ、鞍の前の方に体を引っ張り、つま先を上げるようにします。一旦、ある程度の自信と安定性が確立されたら、鞍から両方の手を離し、前述した柔軟体操を練習します。両手と両足が自由になった状態で、騎手は、常歩、速歩、駈歩のいずれにおいても、また2ポイントと3ポイントのいずれにおいても、柔軟体操を行なうことができるようになるべきです。

さて、基本姿勢はこれである程度カバーされましたので、実践で試す時です。あまりに多くの騎手は、馬の背で単にポーズを取っているあるいは姿勢を作っているように見えるだけで、本当に"馬に乗っている"ようには全くもって見えません。明らかに、こうした騎乗は馬と騎手の両方にとって意味がなく、価値のないものです。我々が興味があるのは、馬に影響を与え、"馬を機能させ"、そして馬に技術を教えることです。ゆえに、この目標を考慮に入れて、次章では扶助とコントロールを取り扱います。それらがどのように、なぜ機能し、またそれらが馬と騎手に与える変化について学びます。

CHAPTER 2

騎手による扶助

自然の扶助 VS 人工の扶助

　扶助とは，騎手にとって馬とのコミュニケーションの手段です．人間同士の場合，主として言葉でコミュニケーションをとりますが，人間と馬との場合は主として，自然および人工の両方の扶助の使用によってコミュニケーションをとります．

　自然の扶助とは，騎手の挙であり，脚であり，体重であり，声です．言い換えれば，騎手自身の身体の構成要素を言います．こうした自然の扶助の使用と改善が，しばしば人工の扶助と結びついて，良い経験としての騎手の苦しみを本当の強みに変えてくれます．そして，こうした扶助を賢く使用することによってのみ，全ての馬がその仕事を満足に成し遂げることを期待できるようになります．しかしながら，それらが独立して，そして効果的に使用できるようになるかどうかは，多分に，正しい姿勢と騎座の発達にかかっています．近道はないのです．

　本質的に，人工の扶助というのはアクセント（強調）です．それらは自然の

❖ 騎手による扶助

　扶助を強化し拡大します。鞭，拍車，マルタンガール（胸がい），銜（はみ），そして折り返し手綱は，人工の扶助の意味するところを表わす良い例です。鞭（stick，whip，crop）は，全ての人工の扶助のうち最も強いものです。それは最も痛みが強く，音が大きく，その痛みと音のどちらも馬の恐怖心を助長します。恐怖心は馬を前に走らせるので，鞭は，その他のより穏やかな推進扶助が失敗した時に前向きの反応を引き起こすために用いられます。拍車は，あばらに鋭く，ちくりとする痛みを与えます。この痛みは，通常の脚による圧迫よりも激しく，馬からもっと感度を引き出す必要がある場合の，脚へのアクセントとなります。もう一度言いますが，鞭と拍車は，脚が馬から満足に反応を引き出すのに失敗した場合に，脚に引き続いて使用されるものです。

　マルタンガールは馬の頭の形にとにかく機械的に影響を及ぼし，頭が高くなりすぎたり低くなりすぎたりすることを防ぎます。たくさんの種類の特別な銜と折り返し手綱も，頭と口の問題と格闘するために用いられます。それぞれの問題には異なる矯正方法が必要とされます。人工の扶助の使用には，経験と，何よりも節度と常識が必要です。人工の扶助は，"サルの手の中のナイフ"になり得るのです。これが，我々がスタンディングマルタンガールを好む理由です。それは馬の鼻梁（びりょう）に作用し，上級者にとってもその他すべてのライダーにとっても同様に機能するからです。ランニングマルタンガール，ジャーマンマルタンガール，折り返し手綱，シャンボンなどは，敏感な馬の口の中の銜に影響を与えるため，初心者や中級者は使用すべきではありません。

扶助の衝突

　扶助の対立もしくは衝突とは，押すのと引くのを同時に行なうように，騎手が同時に正反対の要求をすることを言います。ペースを上げるよう要求しながら，同時に引っ張って抑制したりする場合，騎手は扶助を衝突させています。これは単に馬を混乱させるものです。乗馬の上級段階において，調整のために使われる場合のみこの扶助の衝突は用いられます。しかし，調整というのは，単なる衝突の結果ということではなく，もっと洗練された推進扶助と抑制扶助

❖ 騎　　手

との調和により可能になるものです．2つの扶助が対立して用いられるのは，通常，騎手の騎座の独立性が発達していないことや，騎手の体のパーツにおける混乱や，もしくは単なる知識不足により起こります．

　こうした共通する失敗例は，しばしば経験の浅い騎手が，停止から速歩に移行しようとしたり，速歩から停止に移行しようとしたりする時に見られます．手はきつくしっかりと馬の口を押さえていながら，脚は速歩にするために推進扶助を行ない，そして停止する時には脚は引き続ききつく締められていながら，手は停止するためにペースを落とすよう引き締めるといった具合です．扶助の衝突の例は，よくハンティングでも見られます．馬が障害物をジャンプしているのに，騎手の手は馬の頭と首をリリースすることなく固定していたりします．新馬の調教の際には，扶助を分離するよう注意しなくてはいけません．それらを個々に，そして明快に使用し，次の扶助を使う前に今の扶助をやめなくてはいけません．

　自然の扶助も人工の扶助も，2つのカテゴリーに分離することができます．推進と抑制です．推進扶助は，脚，体重，声，鞭，そして拍車です．抑制扶助は挙，体重，声，そして折り返し手綱やマルタンガールなどの道具です．どちらのカテゴリーの扶助を使う場合も，もうひとつのカテゴリーの扶助を始める前に今の扶助をやめなくてはいけません．さもないと，扶助の対立が生じてしまいます．

　馬は扶助の対立に対して2通りの方法で反応を表わします．馬は片方の扶助を無視し，そしてもうひとつの扶助から逃れようとします．速歩と停止の例に戻ると，馬が敏感な馬か穏やかな馬かによって，2つの反応のうちひとつが結果として生じます．ものぐさな馬は，不機嫌になったり，頭にきたりして，固定された手に向かって前に進まなくなる傾向があります．脚で強く押せば押すほど，馬は，硬い手に向かって無理やり押し出そうとする推進扶助を無視するようになります．こうした種類の馬は，矯正しない限り，強情で立ち上がる馬になりやすいです．反対に敏感な馬は，固定された手を無視して，銜に向かって引っかかる馬になります．これらは"硬い口の馬"（hard mouthed horses）と呼ばれ，口の欠陥というよりも騎手の過失によるものです．馬は脚のグリップから逃げようとするのにつれて，さらに敏感で緊張した状態になっていき，

❖ 騎手による扶助

そして奔馬となったり，跳ね馬になったりします．これらは馬の防御メカニズムなのです．そして，こうした問題を最初から避けるために，騎手は扶助の調整を理解しなくてはなりません．それは初心者にとっても同じです．ゆっくりと注意深く，扶助の効果を学べば学ぶほど，滑らかにペースを上げたり下げたりできるようになり，問題馬を作ってしまうことはなくなるでしょう．

扶助の調整

　扶助の調整は，扶助の対立がそれを台無しにしてしまうのと同じくらい早く，適切な調教を促進してくれます．馬に要求されたあらゆる動作は，通常，いくつかの異なる扶助の組み合わされた努力と，騎手の身体のいくつかの部分の相互作用を通じてのみ得ることができます．馬を停止から常歩に移行させる時には，脚の圧力が増加され，その間，挙はその握りをいくらか緩めなくてはいけません．脚によって加えられる圧力の量は，挙によって緩められる圧力の量とマッチしていなくてはなりません．また，停止においては逆の手順の同様のことが言えます．そうした連続性は，マニュアルの車を運転するのにとてもよく似ています．円滑な運転をするためには，クラッチとアクセルとブレーキを順序よく使い，3つ全てが一緒に機能しなくてはなりません．

　馬に特定の運動を行なうよう命令する時は，その要求は完全に騎手によって理解されていなくてはなりません．そして騎手の扶助は，馬がその仕事を実施することを命令され，かつそれを実施することを許されるような方法で調整されなくてはなりません．例えば，馬を後退させる時，騎手は，あらかじめ定められたいくつもの後退のステップを馬から引き出せるような，後退のための命令の適切な順序を知っていなくてはなりません．言い換えれば，騎手は，最低限頭では，その運動がどのように行なわれるかを知っていなければなりません．そして騎手は，その扶助を順番に組み合わせていきます．それは，学習の最初の段階においてはゆっくりとしたものであり，かつ機械的なものですが，それは後に無意識にできるようになるでしょう．例えば，後退のための正しく組み合わされた扶助の順番は次のようなものです．最初に，騎手は挙を絞って固定

し，馬が前に歩くことを防ぎます．次に，拳，腕，そして必要であれば上半身の体重さえも使って，馬の口に対して圧力を加え，馬から後退の反応を引き出します．騎手の脚は，道筋をつくるためにわずかに後ろに動かします．脚は，馬の後肢と臀部を，馬の肩に沿って真っ直ぐに保つためにのみ使います．しかしながら，こうした順序は，騎手が，馬を静かにかつ滑らかに後退させるために必要な拳と脚と体重の正確な加減を感じることから結果として生じ，洗練された技術を身に付けていくにつれてほとんど目立たないようになります．

　もうひとつの扶助の調整の良い例は，輪乗り運動に見られます．この場合における調整は，前と後ろといった垂直方向の調整ではなく，右から左へといった横方向での調整です．輪乗りでは，内方の拳で，内方の手綱を引き圧力を強めると同時に，外方の拳を外側に動かし，内方の拳の圧力に釣り合う分だけ前に出してあげます．このように，馬が回転する方向に身体を曲げられるように，一方の拳がもう一方の拳を補うのです．脚も円上で同様に調整します．内方の脚は，腹帯のすぐ後ろのところに置かれ，馬を推進し，また馬の身体を曲げる力として働きます．外方の脚は，腹帯から手ひとつ分くらい（4インチ＝約10cm）後ろに置き，そこではその脚は扶助をサポートし，馬の臀部をコントロールし，臀部を円上に保つ役目を果たします．このような特定の動きを引き出す手段としての組み合わされた扶助の使用例は，馬の全てのコントロールにおいて特定の決まりをもっています．独立した形での扶助を理解することは重要ですが，他の扶助と組み合わせて用いられる時，それらはより効果的に機能するのです．

内方 VS 外方

　役に立つ扶助の役割分担と一緒に，騎手は"内方"対"外方"とは一体何を意味するのかを知っておくべきであり，それは早いうちに教えられるべきです．その言葉は，言葉通りの使い方を知っておくことも必要ですし，馬のコントロールにおける使い方についても理解する必要があります．内方とは馬場の中心に近い側を指し，外方とは壁もしくは馬場の縁に近い側を指します．馬は，犬

や人間と同じように，完璧に真っ直ぐなラインで動くわけではありません．彼らは少しだけどちらかに曲がっているのです．乗馬にとって究極の姿は，完璧にバランスが取れており，真っ直ぐな状態からどちらの方向にも軽快に曲がることができることです．馬の片側への生まれつきの湾曲は，克服されなくてはなりません．そしてそれは，特定の練習方法によって矯正できます．

たとえ馬場で運動していなかったとしても，内方と外方との違いの覚え方は簡単です．なぜなら，馬場の中心との関係よりも優先される要素があるからです．内方とは常に馬の身体が湾曲している側なのです．よって，例えば，馬が馬場を右回りで左姿勢の肩を内をしていたとすると，馬の内方と内方脚の影響はともに左側にあります．この決まりは全てのラテラルワーク（二蹄跡運動＝肩を内へ，腰を内へなど）において，どの動作かにかかわらず基準となるルールと言えます．その他の特別な例は，反対駈歩に関するものです．馬は常にその馬が取っている手前に対して無意識に湾曲しているため，手前は方向に優先します．右手前の駈歩で左回りで回転した場合，内方は右（手前を取っている側）ということになります．速歩においては，内方とは騎手が軽速歩(けいはやあし)で腰を上げている時の反対側を言います．

要約すると，どちらの側においても，内方というのは基本的には馬が回っている円の中心の側をいいます．直線においては，内側というのは馬が駈歩をしている手前の側もしくは騎手が軽速歩で腰を上げている時の反対の側になります．また，馬を湾曲させるあらゆる運動においては，馬が曲がっている側であり，また騎手が内方脚を使用している側のことを内方といいます．初心者にとってはこれだけ知っていれば十分でしょう．

側面扶助 VS 対角扶助

騎手にとって理解しておくと有益な概念に，側面扶助と対角扶助というものがあります．なぜなら，その区別はあらゆる運動における扶助の調整を明快にするのに役に立つからです．側面扶助とは，例えば右挙と右の脚といったように，主に同じ側だけで用いられる扶助のことをいいます．対角扶助とは，例え

ば左挙と右の脚といったように，主に対角線上の扶助が用いられる扶助のことをいいます．しかしながら，側面扶助と対角扶助のどちらも主な扶助という意味であり，通常，反対側の扶助によってもサポートされています．両方の手綱と両方の脚は，片方もしくはその反対の方が強く用いられたとしても，同時に機能しています．

　側面扶助の良い例は，馬の側面方向の柔軟性を高める調教運動である肩を内へ（shoulder-in）に見られます．肩を内へにおいては，馬の骨格は著しく曲がりますが，馬は真っ直ぐに進みます．側面扶助を説明するための運動として右姿勢の肩を内へを取り上げると，馬は右側の間接的に用いられる手綱と，腹帯の後ろ側の端の所で用いられる右の脚とによって身体を曲げられます．この時，左の手綱と脚は，ほとんどの時間において馬をサポートし，馬の姿勢を保ち，馬の姿勢を矯正してはいるのですが，右側の2つの扶助は，左の手綱と脚に比べると，より活発に用いられています．よって，肩を内へにおいては，側面扶助によって達成できているとみなされます．

　反対に，もうひとつの側面方向の柔軟性を高めるための運動である腰を内へ（haunches-in）では，それを行なうために対角扶助が要求されます．腰を内へにおいても，馬は動く方向を見ながら真っ直ぐに進みます．馬の後肢と臀部は蹄跡よりも内側に入っており，後肢と臀部による蹄跡は前肢による蹄跡と平衡になります．馬の身体は，騎手の内方の間接的に用いられる手綱によって，内方の脚を軸にして曲げられますが，馬の臀部の位置を決めているのは騎手の外方の脚なので，より活発に用いられている扶助は，対角扶助である内方の挙と外方の脚ということになります．

騎手の目の使い方

　騎手の目は直接的には馬に影響を与えないため，扶助とは言えません．しかしながら，それは意識的および無意識的の両方において扶助に影響を与えます．第一に，目は，またはそれが欠如していることは，直線と回転中の両方において騎手のバランスに影響を与えます．もし，目が正しく機能していれば，扶助

❖ 騎手による扶助

はより効果的で自動的に機能する傾向があります．騎手の目が動作の方向性を予期しない限り，その演技は継続性を欠き，またはその反動として起こる作用に苦しむことになるでしょう．自動車の運転手は，騎手がすべきこととほとんど同じ方法で目を有効活用しています．彼の行く方向の道筋をたどり，すぐ先の未来に求められる動作を予測するのです．運転手は曲がる時に，そのハンドルを見るのではなく曲がる方向を見ます．よって，それは扶助を使っている騎手についても同様のことが言えるのです．騎手がこれから進もうとする新しい方向に頭を回転させる時には，彼の身体と体重移動は，曲がるためのより直接的な扶助にほんの少し先んじて，馬に対してわずかな信号を送ります．そして馬は実際の扶助が使われた時により良く反応することができるのです．

同様に，もし騎手が手や足や馬の頭を見ようとして頭を落とした場合，何も意味しないわずかな体重の移動に馬は気が付きます．ゆえに，馬を見ないで景色を見ることを学ばなくてはいけません．もしくは，言い換えると，直線であろうと回転時であろうと，あなたが行こうとしている方向だけのための視線を確保しつつ，馬を見るための周辺的な視覚を使うことです．騎手は見ることによってではなく，フィーリングによって乗ることを学ばなくてはいけません．もし騎手がずっと下を向いていた場合，彼は感じることを学ぶことは永遠にできないでしょう．フィーリングというものは，他のものと同様に，練習しなくては得ることができません．そして騎手は，彼の目の独立性を維持するための視覚的な規律を発達させなくてはいけません．それは，乗っている馬と自分自身の身体が行なっていることを感じている間，ずっと前を見続けるということです．

手短に言うと，目は方向に関する情報とバランスを与えなくてはならず，その下で機能している残りの身体的な器官にあまり影響を与えるべきではありません．視線は高く保たれ，その仕事は外向きで，予測することであり，実際に見ることではなく感じることによって，騎手と馬の統合を助けてくれるものなのです．

❖ 騎　　手

脚の扶助

　扶助として機能する脚の配置には３通りあります．①腹帯の上，②手のひらの幅（約10cm）だけ腹帯よりも後ろ，③肩の方に向かって腹帯よりも前の３通りです．腹帯の後ろの端部分は，おおよそ馬の真ん中になります．そしてその場所は，脚が前進する動きのための最大の推進力を発揮できる場所であるため，馬全体が最も脚によって影響される場所と言えます．それゆえに，内方の脚はほとんどの時間において腹帯の後ろの端部分に置かれているのです．内方脚にとって常に馬を推進し，馬の体を曲げる影響力を維持することが必要だからです．脚を後ろに置きすぎたり，前に出しすぎたりする騎手は，単にバランスを危険にさらすだけでなく，馬の統制力をも大幅に弱めてしまいます．腹帯の後ろ端のすぐ後ろの部分こそが力を使える位置なのです．

　脚の位置が２番目の位置，手のひらの幅だけ腹帯よりも後ろ，になると同時に，その脚は馬から全く異なる反応を引き出します．１番目の脚の位置が馬全体に対して影響を与えるのに対して，２番目の脚の位置は，馬の臀部の横方向への移動のみコントロールします．それは，横方向へのシグナルだけであって，馬を前に動かしたり，弓のように身体を曲げさせたりするものでは全くありません．騎手の外方の脚は，普通，直線や円周上において馬の臀部を固定することに対して影響するものです．ゆえに，内方の脚が腹帯の上に置かれるのに対して，外方の脚は普通，腹帯の手のひらの幅ひとつ後ろに置かれるのです．これらの脚のそれぞれは，内方の脚は推進し曲げること，外方の脚は推進し真っ直ぐに保つことというように主要な機能を想定しているのです．これら２つの脚の位置が，平均的な騎手が有効活用すべき全てです．なぜなら，３番目の前方の脚は少しリスキーで上級者向けのトレーニングにおいてのみ必要だからです．

　脚を腹帯から肩に向けて前にもっていくという３番目の脚の位置は，バランスを危険にさらしてしまうため，疑問の余地のあるものでもあります．上半身よりもかなり前に出した脚は，騎手を馬の動きに遅れさせ，前傾姿勢を維持するために馬の口にしがみつくようにさせる傾向があります．しかしながら，経

験のある騎手が馬の肩に対して使った場合，この脚は，極端に馬を湾曲させたり輪乗り中の肩を内へなどの際に強力な統制力を及ぼします．これは，2番目の脚の位置が臀部において作用するのと全く同じように馬の前半分に対して作用するので，とても便利な扶助です．

こうした様々な脚の位置をマスターし，いつどの脚を使うべきかを理解することによってのみ，騎手は様々な上級の乗馬運動ができるようになり，そうした運動によって騎手はコントロールしやすく，信頼のおける柔らかい馬を作ることができます．

グッドハンド，バッドハンド，"ノー"ハンド，エデュケーテッドハンド

グッドハンド（良い拳）は，良い騎座からくるものです．なぜならそれらは残りの騎手の身体や馬の動きから完全に独立していなければならず，軽快で伸縮自在でなくてはならないからです．グッドハンドというのは，ペースを速くしたり遅くしたりするために自動的に調節されなくてはならず，また思いやりのあるコンタクトを常に保ちながら，思ったときに曲げたり，止めたり，回転したりできるように5つの基本的な手綱による扶助を使うことができなくてはいけません．

グッドハンドに対して明らかに反対のものはバッドハンド（悪い拳）です．それらは，騎手の上半身を支える基盤の代わりとして用いられるものです．いくらかにせよ拳がバランスを支えるために用いられるのは悪いものです．乱暴で，辛辣で，冷酷な拳は，騎手の中でも特に重大な欠陥です．なぜなら，馬の口はとても敏感な性質をもっているからです．バッドハンドは乗馬において許容されるものではありません．

"ノー"ハンド（無い拳）とは馬の口にとって全く感じられない拳のことを言い，これは欠陥として大げさに言われたりすることもありますが，乗馬において便利な使い道があります．いくつかのハッククラス（馬術競技の一種）や馬場馬術における自由常歩において，"ノー"ハンドは一定の時間必要になり

❖ 騎　　手

ます．馬は完全に拳から解放されて，手のサポートなしに馬自身のペースとバランスを取り戻すことができなくてはなりません．これは長い時間行なうのは単に難しいばかりでなく，事実上は不可能と言えます．歩様は，伸長した結果，急ぎすぎたり逆に緩慢になりすぎたりすることになります．そして，馬への指示を行なうことなく馬を長い時間真っ直ぐに保つことはできません．緩んだ手綱で乗ることは，馬にとって時折の休息となるものですが，騎手のバランスにとっても良い練習となるものです．しかしながら，この練習，そして全ての練習は，その乗馬学校の価値観に基づいて行なわれるべきでしょう．たるんだ手綱で乗る練習は，そんなには価値のあるものではありません．また，野外において完全に緩んだ手綱で乗る人たちがいますが，ぶら下がった手綱は単に危険なだけです！

　洗練された乗馬の究極の特徴は，エデュケーテッドハンド（教育された拳）にあります．そしてそれを作るためには何年もかかるものです．エデュケーテッドハンドは，"グッドハンド"のように単にペースと方向をスムーズに調整できるだけでなく，馬の誤った姿勢を矯正するために必要な，無限の微妙な差異と変化を表現することができます．実際に，エデュケーテッドハンドは馬の前半分に対して強い統制力をもっているので，馬の頭を騎手の望むいかなる形にも変えることができます．

　言うまでもなく，エデュケーテッドハンドは膨大な経験を通じてのみ発達させることができます．様々な馬の口の問題点および，それらの問題点が姿勢およびバランスの問題点と一般的にどのように関係しているかに精通することが，騎手に拳を調整要素として使うことを教えてくれます．そしてもちろん，エデュケーテッドハンドは常に，良い騎座，脚，そしてバランスによるサポートを必要とします．馬の体全体に影響を与えられなければ，馬の頭の形にも影響を与えられません．馬の臀部に反応させるためには，馬の前半分を矯正しなくてはならないのです．エデュケーテッドハンドというのは，馬の活発な気質により，もしくは騎手の脚と騎座によってもたらされた銜に向かう前進気勢に対する，瞬間的な罰と褒美による反応もしくは中和なのです．

5通りの手綱による扶助

　拳は脚よりも多目的に使うことができます．それらは無限のわずかな変化とコントロールの微妙な加減を反映させることができ，したがって，全ての扶助の中で最も洗練されたものなのです．それらの無限の微妙な差異は，異なる口をもった多くの馬に乗った経験と感覚によってのみ学ぶことができますが，手綱による一般的な扶助は5つグループに分けることができます．直接手綱，間接手綱，誘導または開き手綱，押し手綱，滑車手綱（pulley rein）の5つです．また，直接手綱の変化形として，振動させる拳（vibrating hand）があります．

　前に基本姿勢における拳および腕の位置の説明のところで述べた基本的な拳と手綱の関係が，直接手綱です．これは，習慣的に使用する馬を収縮させたりペースを落とさせたりする手段です．その最も重要な特徴は，馬の頭と首の真っ直ぐさにあります．どちらの側にもそれらが曲がることはありません．その最もシンプルな形では，この手綱によるコントロールは，馬の頭の位置にかかわらず，常に騎手の肘から馬の口にかけて真っ直ぐな線を保ちます．馬の頭の位置の問題は，首の屈曲により矯正されるべきであり，正しくない拳の位置により矯正すべきではありません．しかしながら，ハンターショーのような特定の特別な演技においては，馬が頭を上げて肘と馬の口を結ぶ線の下に拳が位置したとしても，拳の位置を低く保つことがあります．この例では，乗られる馬のゆったりした印象を伝えるために行なわれます．さらに有用なのは，少しの間，拳を高くするものです．これは，肘と馬の口を結ぶ線よりも拳を高く上げる方法で，前にのめってくる馬を矯正し，持ち上げるのにしばしば効果的です．

　2番目に重要な手綱による扶助で，直接手綱を補完するものである間接手綱は，馬を湾曲させたり，回転させたりする横方向の運動をコントロールするものです．直接手綱から間接手綱に移行する際に，内方の拳はき甲の前で上方向に，もしくはき甲の後ろで上方向に動きます．これにより，馬の頭と首は馬の目の端が騎手に見える程度まで内方に向かって曲がります．それ以上曲げてはいけません．また，この手綱の使い方は，馬の体重を内側の肩から外側の肩に移行させますので，直接手綱の場合のように馬の前半分から臀部に向けてのバ

❖ 騎　　手

ランスにではなく，側面から側面へのバランスに影響します．内方の拳，例えば右側の拳がき甲の頂上部分に動いたとしましょう．その際，左側の拳はそれに応じて左側に移動し，内方の拳が引っ張ったのと同じ分だけ譲ってやります．直接手綱で両方の拳にそれぞれ5オンスの圧力をかけていたとしましょう．もし騎手が右の間接手綱を使った場合，その騎手は右の拳に7オンスの圧力をかけ，左の拳に3オンスの圧力をかけているでしょう．間接手綱は全ての横方向の運動に用いられます．間接手綱を用いる時は，決して拳が反対側の首の方に横切ってしまわないよう注意しなくてはいけません．もし騎手がこのよくある誘惑にかられた時には，手綱による扶助を補助するため，もっと脚を使うべきなのです．き甲の前の間接手綱が，馬の体重を反対側の肩に移動させるのに対し，き甲の後ろの間接手綱は馬の体重を片側の肩から反対側の臀部に移動させます．この手綱による扶助の位置の正しさを判定する方法は，銜の内側から，き甲を通って，馬の反対側の尻にかけて結ぶ線が真っ直ぐかどうかによります．この扶助の一般的な用途について言うと，それは腰を内へのような二蹄跡運動，もしくは馬が動いていくのと同じ方向に湾曲しなくてはならないあらゆるその他の二蹄跡運動の際に最もよく用いられます．

　3番目に主要な手綱による扶助である開き手綱と誘導手綱は，同じカテゴリーに入ります．なぜならこの2つは同じ原理で機能するからです．誘導手綱では開き手綱よりもさらに横方向に手綱を開き，そして実際に馬を回転方向に誘導します．開き手綱では，後ろ方向ではなく横方向に手綱を開いてやるだけです．そして馬を導いてやるために用いられます．一方，誘導手綱はとても若い馬やとても強情な馬を回転させるために用いられます．これらそれぞれの扶助は，単に方向性を与えるための手綱であって，馬を湾曲させたり抑制したりするためのものではないと覚えておかなくてはなりません．感覚の優れた臨機応変な騎手はこの手綱による扶助を多用する傾向があります．なぜならこれらの扶助は馬に強いるのではなく，馬に指示し，仕向けることができるからです．

　4番目の手綱扶助である押し手綱の使い方はとても単純です．それは両方の拳を回転させる方向に動かしてやるだけです．これにより，外方の手綱で反対方向に圧力をかけ，さらに馬の首を横切って使うこともあります．この手綱扶助がウエスタン乗馬で一般的に使われていることは驚くべきことではありませ

❖ 騎手による扶助

ん．なぜなら，この手綱扶助は，その圧迫する動きにより馬の肩のすばやい回転を要求するからです．よってこれは"圧迫手綱"（bearing rein）とも呼ばれます．私は普通のハンター馬術や馬場馬術において，この手綱を教えたり主張したりすることはありませんが，技術に関わりなく即座の反応とスピードに重きを置く障害競技における急激な回転においては限定的にそれを使います．こうした競技においては，洗練された巧妙さなどに対してポイントが付くわけではなく，速いものが勝つので，こうしたケースにおいては押し手綱は便利なのです．

これに対し，5番目の滑車手綱（pulley rein）は，速いペースの際のみにおいて急激なコントロールのために使用される恐ろしく激しい扶助です．その使用においては（それをギャロップの際に意図的に使用するためにはちょっとした練習が必要となります），内方の拳の指関節をき甲のてっぺんの所に押し付け，外方の拳で後ろ向きおよび上向きへの活発なコントロールを行ないます．外方の拳を吊り上げるほど，内方の拳はより下に押し下げます．さらにそれは，急激な停止のコントロールを行なうために，き甲の反対側に拳を動かすこともあります．外方の拳ではなく内方の拳を固定するよう注意してください．なぜなら，手前によって拳を置き換えることが片側だけに反応する馬にならないようにするために有効だからです．さらに，馬場で乗っている時には，馬の頭を壁に向けると，壁が馬を止めるためのさらなる障害物となるので便利です．停止のための手綱の使用や滑車手綱の使用においては細心の注意と判断が必要です．なぜなら，それはとても辛辣なものであり，乱暴な手を使うその特徴により，試合における洗練された乗馬においては不適切だと通常考えられているからです．しかしながら，緊急停止が必要不可欠な野外でのハンティングにおいては，ハンターハッククラスにおいてハンドギャロップと停止が要求されるのと同じくらいのレベルで，それは間違いなく適切なものです．森の中や，ハンディーハンター（ハンティング場における障害物に似せた障害物のコースで馬の操縦性や飛越姿勢などが審査されるクラス）やジャンパークラスにおいて急激に回転する場合に，滑車手綱は便利なものです．こうした場合は回転するために，外の拳を固定し，内側の拳で馬を回転させます．しかしながら，それは一般的には非常事態の場合の手段であり，そうした用途に限定して使用するべ

❖ 騎　　手

きでしょう．

　それ自体は手綱による扶助ではないのですが，面白い変化形が，振動させる拳と持ち上げる拳です．これら両方とも直接手綱を強化するアクセントとして機能します．振動の効果で，拳はゆっくりとスムーズに，そして弾力的に後方向と前方向を繰り返し，それによって馬のあごの硬さや，固定した状態や，重さを和らげます．この動きが馬の口の中にゆとりと柔らかさを創り出すのです．持ち上げる拳は，口が柔らかすぎる馬や銜にもたれてくる馬を矯正してくれます．この持ち上げる動作は，上にぐいと持ち上げる動作を繰り返すことにより用いられます．そしてその強さは馬の抵抗の程度によります．馬がそうした抵抗をすることをやめて，柔らかくなり，騎手と馬がともに軽快なバランスになったら，直ちに拳を振動させたり持ち上げるのをやめて，通常の姿勢に戻します．このように抵抗に対する瞬間的な罰とその反応に対する瞬間的な褒美を与えることができるような，比較的教育された拳（エデュケーテッドハンド）を発達させた後においてのみ，騎手はこれらの強力だが効果的な手綱の使い方を用いるべきです．

　本質的に，5種類の主要な手綱によるコントロールは，拳の役目の基礎となるものをもたらしてくれます．それらは，2つ以上が一緒に使われたり，様々な特殊な効果のために異なる方法で組み合わされたりするかもしれませんが，前に述べたように，このグループだけで本書に含まれている全ての運動を行なうために必要なものを満たしているのです．

扶助としての体重

　扶助として考えた場合，騎手の体重の第一の特徴は，その拳と脚との近接な結合にあります．体重はそれ単独では使用することができません．それは必ず推進する脚もしくは抑制する拳とあわせて使用されます．実際には，拳や脚が体重から完全に独立して使用されることは不可能なのですが，体重による扶助は感知できないかもしれません．それは常にあるものだからです．

　騎手の体重の影響は座骨を通じて馬の背中へと伝わります．ゆえに，騎座は

❖ 騎手による扶助

支えの基盤になるものであるばかりでなく，馬の"原動機"である背中と後肢に対するコミュニケーションの中心となるものなのです．この"原動機"との関係におけるコントロールの中心点が非常に重要で，効果的な扶助を行なうために，なぜ手と脚が体重とパートナーシップを組むことが重要なのかは明らかです．よく見られる光景は騎手が馬にしがみついているものです．その騎手の脚は弱く，推進力として不十分で，手は抑止力として役に立っていません．いくらかの体重移動を行なうことなしに，発進したり，停止したり，回転したりすることは不可能です．馬の背中に最も負担のかからない前傾姿勢においては，膝と太ももが固定されることで，初めてそれを扶助として活用できます．

訓練されていない者の目から見ても，騎手の上半身が馬の動きから遅れている時には，体重の効果は特に明らかです．馬の動きと一緒に揺れ動いている時は，体重は推進力になりますが，騎手が馬の動きに対して背中を緊張させている時は，体重は抑止するための扶助になります．このように体重は全ての種類の乗馬において，主要な統制力なのです．なぜならそれはその他の全ての扶助に対して決定的な影響を及ぼすことができるからです．独立性とバランスを発達させるためには，最初の時期から，特別な練習を通じた念入りな注意が体重に対して向けられなくてはなりません．前に述べたように，あぶみなしの乗馬は，強い騎座と体重の配分の感覚を手に入れるための最も確かな方法です．

拍車（はくしゃ）

（知識の有無にかかわらず，しばしば乱用される）拍車というものは，単に脚の扶助を強調するものです．拍車の重大さに対する配慮を意図的に欠いている騎手は"残忍な殺し屋"以外の何者でもありません．それに比べると，無知もしくはバランスを欠いていることによって，かかとと拍車でしがみついている騎手はいくらかましです．拍車の唯一の仕事は，脚の活動に引き続いて使われ，脚をサポートすることなのです．特に，馬が緩やかな圧力に対してあまり敏感でない場合に，拍車で軽くつつくことにより，馬に脚の扶助を尊重するべきだということを教えることができます．拍車は，初心者や多くの中級の騎手

❖ 騎　　手

たちのためのものではないということを述べたいと思います．特に障害飛越においては，拍車は，心ならず馬を"突き刺す"ことのない，教育され，独立した脚をもっている騎手に対してのみ許されるべきものです．

　正しく着用した場合，拍車はかかとの上の部分に置かれます．ブーツのかかとの縫い目のすぐ下のところです．時々，特定の馬に対して拍車の効力を増加させたり減少させることを意図して，拍車を水平ではなく上向きや下向きなどの奇妙な角度で着用している人を見かけます．これは魅力的に見えないばかりでなく，あらゆる馬の試合の審判にとって強烈なおみやげになってしまいます．それは実際に，馬の脚の信号に対する怠惰な反応を宣伝しているようなものだからです．正しい答えはもちろんのこと，その馬に応じて短かったり，長かったり，尖っていなかったり，尖っていたりする異なる拍車を使うことです．騎乗している間中ずっと，それ自体が目を引くようなあらゆる扶助はやめるべきでしょう．なぜなら，その場合，馬に何らかの問題が残っていることは明らかだからです．これは，人工の扶助と同様に自然の扶助についても正しいと言えます．あらゆる扶助の過度の使用は，あらゆる乗馬の演技に対して粗野な要素を加えてしまうのです．

むち
鞭

　鞭（stick, whip, crop）は，自然の扶助・人工の扶助を含めて，全ての伝統的な扶助の中で最も強力なものです（言うまでもなく，私は電気や鎖や，それと似たような器具の使用のような野蛮な方法について取り扱うつもりはありません）．鞭それ自体は，十分な前進の反応を馬から引き出すための適切な罰を通じて，馬に騎手に対する恐れと尊敬を引き起こさせるものです．それは，そうした反応を単に痛みだけではなく，音によっても引き起こします．そしてこの組み合わさった効果が，ほとんどの状況下におけるあらゆる馬に対応する際の強力な手段を作り出すのです．

　拍車と同様に，正しい鞭の使い方について，正しく学ばなくてはなりません．それは愚かで野蛮に使用されることがあまりにも多すぎます．その最も基本的

❖ 騎手による扶助

な使用方法は，手綱を片手に持って，鞍の後ろの方に手を伸ばして，鞭を1回もしくは2回だけ使い（それ以上は使わない），そしてすぐに手綱に手を戻すというものです．初心者にとって，両手に手綱を持った状態で肩を鞭で叩くのは正しくありません．なぜなら，これはもし騎手が扶助の使用において各扶助の完全な独立性を達成できていない場合には，明確に扶助の衝突を発生させてしまうからです（この肩への鞭の使用は，上級レベルの乗馬において，馬を前方に推進するのと真っ直ぐにするのを同時に行なう場合に，とても効果的なものとなり得ます．しかしながら，これは初心者向きではありません）．

最近，ハンター馬術においては，より短い鞭を使用するのが流行っています．なぜならそれは目立たないからです．（特にそれが控え目な濃い茶色や黒の場合は）ジャンパー競技の選手にとっては，もっと長い標準的な鞭の方が良いでしょう．なぜならそちらの方がわずかに良い働きをするからです．

声を使う

馬に対する声もしくは"舌鼓（ぜっこ）"は，馬を前に推進する際の，最も成功し，広く使われている扶助です．それは単に繊細かつ穏やかなものであるだけでなく，より強いコントロールを補完し，馬に要求するというよりは励ますものなのです．舌鼓は，脚と併せて使用することによって，計り知れないほど貴重なものとなります．なぜならそれは，鞭や拍車なら引き起こすかもしれない馬の緊張や恐怖心を引き起こすことがないからです．それは脚と人工的な扶助との間に位置するちょうど良い加減の強さですが，賢い騎手はこの扶助を時と場合に応じて慎重に使用します．なぜなら，この扶助の乱用は，すぐさま馬による反応を鈍くさせ，騎手のその他の扶助に関する弱さや小心さを反映してしまうからです．

舌鼓は，鞭と一緒に使うことによって，馬に対し効果的で意義のあるものになります．馬を停止させている状態で舌鼓と同時に鞭を使うことにより条件反射が確立します．この条件づけが何度か繰り返されれば，馬は舌鼓の音に対して，鞭に対する反応と全く同じように反応するようになります．穏やかもしく

❖ 騎　　手

は無気力な気質の馬に対しては，この練習をいくらか多めに繰り返さなくてはいけません．さもなくば，馬はすぐにその条件反射を忘れてしまうでしょう．しかし，覚えておいてください．舌鼓は脚に取って代わるものではなく，脚を補強するものだということを．

　舌鼓と同じように，"オーラ"という声は，馬に対する要求というよりはお願いに近いものです．声には，それら自身に命令する力はありません．もしそれらが命令的な態度で使用された場合，それらは本来の目的を達成することはできません．なぜならそれらは恐怖心を引き起こすためのものではないからです（馬に対して"オーラ"と叫んでいる未熟な，もしくは怯えた騎手は，ペースを遅くするよりも速くさせている場合がほとんどです！）．したがって，"オーラ"という言葉は，馬から条件反射を引き出さなくてはならないものなのです．"オーラ"にとって，ペースを遅くすることが最も間違いのない条件づけの練習です．その言葉は，明快だがしっかりと，しかしうるさすぎることなく発音し，そして同時にペースを落とすべきです．そして声による扶助だけで馬がペースを落とすようになったら，目標を達成したと言えます．もちろん，条件づけの練習は，時々行なって馬に思い出させるべきです．

　言葉によるコントロールは主要な自然の扶助の補助的なものであり，それらに代わるものではないということを常に忘れてはなりません．声による扶助の乱用は，とても重大な過失であり，その騎手が無力で，弱く，自信がないことを表わすものです．

まとめ

　単独もしくは組み合わせての正確な扶助の使用は，強い騎座，正しい基本姿勢，そして自然な乗馬におけるバランス感覚に関連し，そして間違いなくそれらに左右されます．このゆるぎない姿勢なくして，騎手の身体のそれぞれの部分のコントロールと独立は達成できません．もしも，言葉通りつま先に至るまでの完全な身体のコントロールがなければ，無限のコントロールにおける微妙なニュアンスが要求される高等な馬術の遂行は言うまでもなく，正確に馬に指

❖ 騎手による扶助

示を伝えることは不可能です．能力のある馬術選手は，その身体をコミュニケーションの道具のように使い，パートナーである馬によるあらゆる意外な行動に影響を受けることなく，しかし，馬に対して最も正確な命令を下し，統制することができるので，馬と騎手の関係はまさにひとつに織り合わされるのです．

　そのようなコントロールができるようになるには，たくさんの練習時間を必要とします．正しく座る習慣を身に付けるには，非常な努力を要する，もしくは痛みを伴うことすらある訓練を必要とします．そしてそれらの訓練に対し，騎手は生涯を通じて注意を払わなくてはなりません．正しく，美しい模範的な騎座は，練習によってのみ生じるものなのです．そして，それを達成した時に初めて，騎手は身体の姿勢を忘れ，乗馬における職務に集中することが許されるのです．馬術選手は，やるべき仕事をやり，それを優美に行なう場合においてのみ模範的とみなされるかもしれません．大げさでなく，見た目にはわからないことが重要なのです！馬上において，多くが単なる"騎手"であり，多くが"職人"であり，"芸術家"と呼べる者は一握りしかいません．イアン・ミラーや，コンラッド・ホムフェルドや，ケイティー・モナハンが騎乗しているのを見るのは，なんとワクワクすることでしょうか．その騎乗は，細部へのこだわりの長年の積み重ねと言えるでしょう．理にかなった，基礎的な，技術的な基盤が確立した後の乗馬の経験は，意識的にしろ無意識的にしろ，実験的なものとなるでしょう．基礎的な技術を獲得した後の期間は，馬術選手にとって，最もエキサイティングな期間と言えるでしょう．なぜならこの期間は，このスポーツの全ての視野がついに手に入るようになるからです．しかしながら，このための準備として，次章で述べられている平地における一連の運動をマスターする必要があります．

　次のセクションでは，平地における騎手と馬のトレーニングのみを取り扱いますが，それは主な興味の対象が障害である騎手にとっても，障害を飛ぶつもりのない騎手にとっても同様に，活用可能なものです．驚かれるかもしれませんが，障害馬術で直面する問題の中で，平地における運動によって，その大部分を矯正することのできないものはほとんどありません．そして，最も深刻な障害における欠陥は，扶助の使用に関する騎手の理解不足もしくは誤った基本姿勢に直接的に起因するものなのです．

PART II

フラットワーク（平地での運動）

CHAPTER 3

一般的な運動の原理

　さて，騎手の基本姿勢と扶助の使用について，一般的な観点から説明してきましたが，次はフラットワーク（平地での運動）において馬に乗る際のそれらの実践的な活用方法について考え，そして典型的な調教運動とそれらが行なわれる運動場について論じたいと思います．

調教馬場とその目的

　馬と騎手両方にとって，通常の全ての運動は調教馬場の枠組みの中で完遂されるべきです．その調教馬場が実在のものであろうと，想像上のものであろうとです．実際問題として，特有の走路と英字が表記された地点のある馬場馬術形式の馬場は，おそらく使用するのに最も便利な形状でしょう．たくさんの文字が記載された馬場は，フラットワーク中の機敏で正確なコントロールを促進してくれます．そして，もし騎手が限られたスペースの中で正確に運動することに慣れてきたら，その騎手は広い場所の想像上の範囲において運動しようと

❖ 一般的な運動の原理

　する時にはもっと多くのコントロールが必要になることに気が付くでしょう．
　運動する馬場は，常に長方形もしくは最低でも２つの距離の長い側と２つの距離の短い側のある楕円形の土地であるべきです．そして，長方形の場合には，４つの直角な隅角（ぐうかく）があるべきでしょう．使用においては，距離の長い側と，長い対角線は，直線運動と伸長運動を行なうのに使われます．また，距離の短い側は，収縮運動を行なうのに使われます．隅角は，運動を開始するのに良い場所であると同時に，馬に身体を湾曲および収縮させるので，直線においてスピードが速くなる傾向のある馬に対する抑止となります．対角線とは隣り合わない向かい側の２つの隅角を結んだ線で，実際には隅角から12フィート（約3m66cm）離れたところからスタートします．その線は馬場を横切って反対側の隅角から同じ距離のところで終わります．この隅角からの距離によって，正しい姿勢で馬を隅角に連れて行く時間ができます．その他の重要な線は，中央線です．それは，馬場の縦線と横線を二等分する線です．馬場の四等分線は，馬場馬術競技場においてよく使われます．
　馬が運動する基本的な蹄跡に沿って主要な地点があります．馬場馬術の競技場においてはこれらの地点にはＡ，Ｘ，Ｃなどが表示されています．ハンター競技や障害競技の調教においては，こうした厳密な定義づけは不要ですが，こうした文字が貼ってあると便利ではあります．それらは，規律を奨励し，騎手に特定の運動を正確に行なう癖をつけてくれます．それは，ハンター乗馬においてあまりに軽視されている部分でもあります．もちろん，ほとんどの馬場においては，文字が貼ってあることはないので，記憶しておくべき地点を設けることが必要です．それらを挙げると，長辺と短辺両方の中央の点であり，そしてＸというのが長方形の正確な中心点に付ける印として広く認知されています．対角線の地点も覚えておく必要があります．馬場馬術を専門にしたいと思っている騎手は，馬場馬術競技場の正確な広さ，２つの地点を結んだ線，そして文字を記憶する必要があります．馬場馬術の運動は，その他の運動と比べて非常に厳しく統制されているものです．そして，競技会においては，文字が全ての運動を統治しています．しかしながら，本書の主題は，こうした馬場馬術を志す人たちに向けたものではありません．すでに馬場馬術のトレーニングを取り扱っているたくさんの良い本があるからです．

❖ フラットワーク（平地での運動）

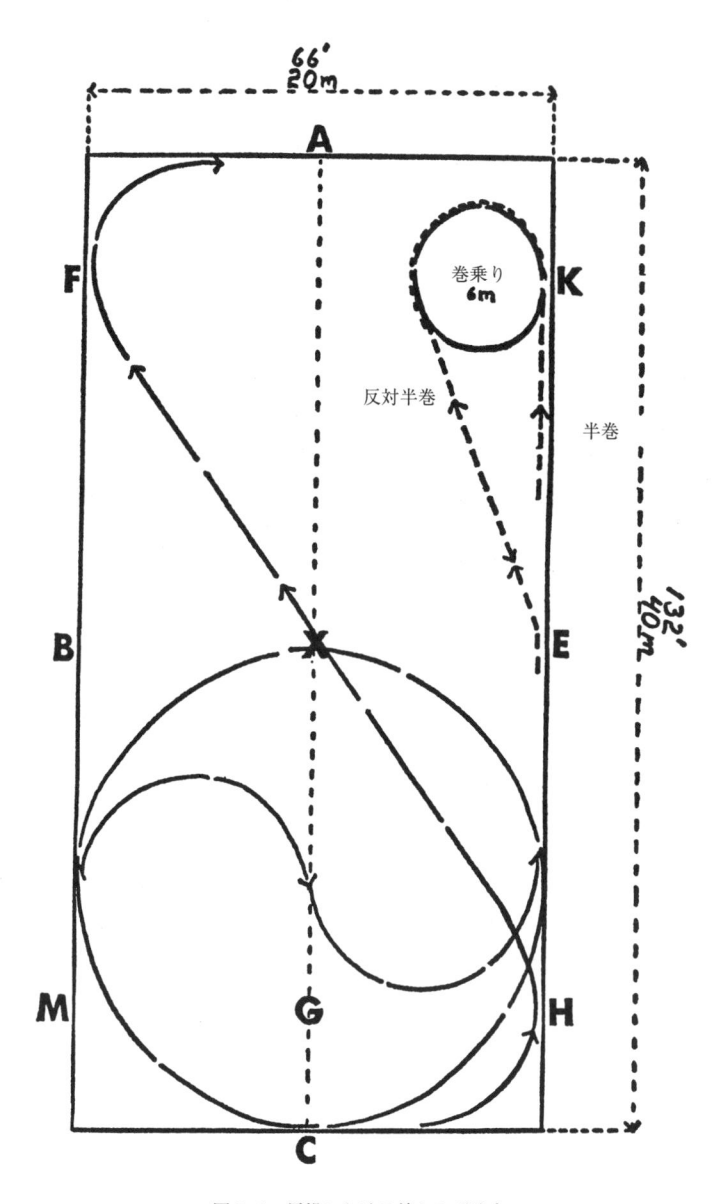

図3-1　馬場における線および地点

❖ 一般的な運動の原理

　ちょっとしたことですが覚えておくことが重要なのは，広い開かれた場所でどのように運動するかということです．広い場所で乗るには 2 通りの方法があります．ひとつには，ひとつの地点から，別の地点へと横断する乗り方と，さもなくば開かれたスペースの中で想像上の馬場を作ることです．この想像上の馬場は，100 フィートから 200 フィート（約 36m～72m）以上の大きさである必要はなく，そして実際の馬場にあるのと同じ地点や 2 つの地点を結んだ線を想像の中で記憶しておく必要があります．こうした，前もって心の中で準備された運動場をもっておくことによって，より正確な運動を行なうことが可能になり，さもないと定義されていない場所で運動することになってしまいます．しばしば，騎手は広い場所で，ひとつの場所から他の場所へ横断するでもなく，調教のための運動を行なっているのでもなく，あいまいに乗っているように見えることがあります．鞍上において無駄にできる時間はないのです！

軽速歩の手前――体を傾ける，見る，ちらりと見る，感じる

　騎手が，実際の馬術の用語に熟達してきて，かつ外方と内方を区別できるようになったら，その騎手にはなるべく早く軽速歩と駈歩の手前を教えるべきです．ほとんどの騎手は，正しい手前かどうかを見るために彼らの上半身と目を使う悪い癖を付けてしまいますので，これを予測して，前もって目線をコントロールするのが賢明でしょう．上半身の姿勢の多くの欠陥は，目で下を見ることから派生しています．

　駈歩と速歩の手前は馬の脚の動きに関連しています．ここでは，馬の肩に着目します．なぜなら，それらは騎手の目で見ることができるからです．初心者に最もよくある傾向は，馬の肩の方に体を傾けて，馬の前肢をじっと見ることです．これは見た目が悪く，簡単な目的を達するために大げさなやり方であるばかりでなく，騎手が馬の動きに先んじてしまい，バランスとコントロールを危険にさらしてしまいます．単に頭を落として下を見るのは，まだましな欠陥ですが，それもやはり，素人臭く上品さを著しく損ねてしまいます．手前を確認するための最も良い方法は，単にチラッと見ることです．騎手は頭を落とす

❖ フラットワーク（平地での運動）

のではなく，単に馬の肩のてっぺんのところに視線をやります．よって，バランスとコントロールが維持され，上品さが損なわれません．目は観客に気付かれずに全ての仕事をしてくれます．上級者の騎手は，軽速歩や駈歩の手前を馬の体から感じるかもしれませんが，初心者が感覚だけで手前を判別しようとするのはお勧めできません．

　繰り返しますが，騎手は手前を確認するためにちらりと下を見るべきでしょう．そして，一旦，その方法ができるようになると，視覚的な手段を使わずに判別できるようになりたいと感じるかもしれません．しかしながら，これをできるようになる緊急性はありませんし，ちらりと見ることで十分です．馬の肩の前に乗り出したり，下を見るために頭を落としたり，その他のあらゆる正しくない方法は避けるべきです．

　特定の手前の軽速歩で混乱してしまう人もいますが，興味深いことに全く混乱しない人もいます．軽速歩の手前を学ぶのに必要な時間は，ティーチングのプロセスの中の他のあらゆる段階よりも様々です．何人かの騎手は6分間で会得したり，何人かは半年かかったりします．駈歩の手前は少し簡単かもしれません．私は，騎手が手前を合わせることが理論的に正しいと証明するために，馬の動きとバランスについて詳しく説明はしません．ここでは，外側の手前の時に，正しく腰を上げる機械的なプロセスについてのみ説明します．

　前述したように，騎手は馬の肩をちらりと見ます．正しい手前で乗るためには，内側の肩との関連性において外側の肩に注目する必要があります．馬が普通の速歩を始める時に，騎手は肩の後ろから前に動く動きに反応して，外側の前肢が前に踏み出すのと一緒に腰を鞍から持ち上げます．言い換えると，騎手が鞍から腰を持ち上げた時に，馬の外側の前肢は馬の前の最も遠いところにあると言えます．方向を変えるときには手前も変えることが要求されます．この時，騎手は1回の反動もしくは1歩だけ鞍に座って，反対の手前のときに腰を上げます．これは速歩の拍子を妨げることなく行ないます．一度，これを騎手が見て理解すれば，あとは自動的に行なうことができるでしょう．手前というものは，本当に真っ直ぐでバランスの取れた馬にとって必要なものなのですが，しばしば，経験のある騎手でさえ軽視することがあります．これは，通常，洗練された馬術家の一部とも言うべき細部の技術へのこだわりに対する不精や無

視の結果です（馬の左前肢が前に出た時に騎手が鞍から腰を上げることを"左手前で軽速歩をする"と言います．これは，輪乗りもしくは直線のどちらでも正しい言い方です．また，これはこの反対側においても同様に，"右手前で軽速歩をする"と言います）．

駈歩の手前

駈歩の手前は，軽速歩の手前よりもほとんどの人にとってわかりやすいでしょう．一度，軽速歩の手前を理解すると，駈歩の手前は単純に見えるでしょう．駈歩の手前とは，馬が駈歩の時に最初に前に出す肢の側のことを言います．駈歩は側対歩（片側の前肢と後肢が一緒に動く歩様）なので，この歩様では片側の肢は常に反対側の肢よりも先行して動きます．

軽速歩の時と全く同じやり方で，騎手は馬の肩をちらりと見ます．今度は内側の肩を見ます．この肩は，外側の肩よりも先行して動くので，騎手は正しい手前を知ることができます．これの唯一の例外は，もちろんですが，反対駈歩です．この場合は，外側の肢が通常の内側の肢よりも先に前に出ます．

軽速歩の手前を学ぶ時に，騎手は常に視線のことを覚えておかなくてはなりません．体をオーバーに前に傾けて駈歩の手前を見るような癖が付く危険性は，速歩において手前を見る癖よりも高いです．なぜなら，どうしても駈歩ではわずかに体を前に傾けたくなるからです．こうした傾向が出ないようにしなくてはいけません．

異なる歩様における速度

フラットワークでの運動と障害飛越に向けて準備を始める前に，異なる歩様とその速度を確立しておくことは役に立ちます．それは，調教のためにそれぞれの歩様とその特徴を熟知させるようにすることが重要であるばかりでなく，ペースを判断するためにこれらの歩様とスピードとの関係性を学ぶことも重要

❖ フラットワーク（平地での運動）

なのです．ここでは，異なる歩様における馬の足跡について入念な説明を行なうことは不必要ですが，これらの動きの基本的な理解と用途は重要です．
　常歩は，時速4マイル（約6.4km）の四拍子の歩様です．収縮常歩と伸長常歩では，それぞれ，時速3マイル（約4.8km）にスピードを落とす，もしくは時速5〜6マイル（約8〜9.6km）にスピードを上げます．大部分を占める普通常歩が我々の主に関心があるところですが，この歩様は速歩や駈歩を始める前に体をほぐしたり，運動の途中で休憩したり，運動の後に体を冷却したりするのに用いられます．自由常歩は，普通常歩をやめて，手綱を長くたるんだ状態にするもので，ここにおいては手綱による馬とのコンタクトはありません．
　遅い速歩と収縮速歩は，いずれも時速6マイル（約9.6km）で行なわれるものですが，そのテンポにおいて決定的に異なります．遅い速歩は勢いのない速歩のことで，ただ単に普通速歩と比べてスピードが遅くなるだけでなく，快活さもなくなります．この形式の速歩は，馬の従順さを促進したり，若くて経験の浅い騎手があぶみありあるいはなしの速歩において座るのを助けてくれます．それは正式に認められているもしくは上級者にとって役に立つ練習方法ではありません．一方，収縮速歩は，全く異なるものです．この歩様は，速度については遅いですが，普通速歩に見られるその活発なテンポは維持します．これを適切に行なうためには，馬は常に銜(はみ)を受けていなければならず，手と脚両方の指示に熟達していなければなりません．それはとても洗練された形式の運動なので，ハンター馬術の調教には有害だということが証明されています（これに対し，オープンジャンパー競技においては，ほとんどあらゆる種類の収縮もしくは伸長運動から，多大な利益を得ています）．騎手が上達してくるにつれて，その騎手は，必要な時は無意識に遅い速歩のかわりに収縮速歩を用いるようになるでしょう．しかし，私がこの本で求めたいレベルにおいては遅い速歩で十分ですので，急いで結果を求める必要はありません．馬場馬術運動に悩まされることは，たいていハンターシートの騎手を混乱させたり，やる気をなくさせたりします．
　普通速歩は，軽速歩であるか正反動であるかにかかわらず時速8マイル（約12.8km）で行なわれます．伸長速歩ではおおよそ時速10マイル（約16km）です．普通速歩は，二拍子で動く速歩で，その他のどの歩様よりもこの歩様に

❖ 一般的な運動の原理

は多くの時間が費やされます．普通速歩は，単に馬に筋肉を付けさせる運動を提供し，馬を成長させるだけでなく，それは馬をリラックスさせ，緊張を解きほぐすのに最も便利です．ほとんどの基本的で準備的なトレーニングはこの歩様で行なわれますので，この歩様は基盤となる歩様と考えられています．

　不幸なことに，速歩運動での快適なコントロールのせいで，駈歩がしばしば無視されることがありますが，これは良くないことです．障害飛越では，そのほとんどが駈歩での規則正しさに頼っているのです．普通駈歩は時速10～12マイル（約16～19.3km）の間で変動します．伸長駈歩では時速14マイル（約22.5km）に達します．駈歩は，最も自然な形式においては三拍子の歩様です．もし四拍子が聞こえたら，それは活発さに欠けるものであるため，矯正が必要です．本当の収縮駈歩は，収縮速歩の場合と同様に，どちらかというと洗練されすぎているので，ジャンパー競技の選手にとっては有益なこともあるかもしれませんが，平均的なハンター選手にとっては不要でしょう．

　ハンドギャロップとレーシングギャロップの両方とも，それぞれの目的をもっています．ハンドギャロップは，速いスピードのクロスカントリー競技やハンター演技に似た競技に使用され，レーシングギャロップはその名前が指し示す通り競馬において使用されます．ハンドギャロップは，時速14～16マイル（約22.5～25.7km）で走ります．そして時速18マイル（約28.9km）以上がレーシングギャロップと考えられます．馬に筋肉や軽快さ，速いスピードにおける従順さを発達させたいといったような特別な理由がない限り，ハンター乗馬においてはギャロップでの運動は少ししか必要とされません．しかしながら，オープンジャンパー競技の選手にとっては，ギャロップにおいてコントロールされた調教運動を行なうことは，とても有益です．実際のところ，ほとんど強制的に，現在は多くの競技がタイムで勝敗が決まるからです．

罰と報酬

　さて，フラットワークに関して言えば，騎手の姿勢と身体的なコントロールに関するほとんどの関心事は網羅しました．これからは，馬をコントロールす

❖ フラットワーク（平地での運動）

ることと，調教運動が主題となり，騎手の存在は指示的な影響力としてのみ考慮されます．

全ての動物のトレーニングの中心にあるものは，罰と報酬を通じての条件反射です．罰と報酬のプロセスを理解することによってのみ，馬からコンスタントに安定的なパフォーマンスを引き出すことが可能になるのです．馬の知性の限界により，反復を通じて訓練することが重要です．その訓練は，センセーショナルで過度なものではなく，忍耐と確かな方法を通じて行なうことが必要です．こうした種類のトレーニングは，馬と騎手の一体化を通じて，馬に従順さとリラックスした状態を作り出します．

罰というものは，あらゆる自発的な扶助の使用と定義することが可能です．それは絶対に残虐行為や暴力を伴ってはなりません．また，それを用いる度合いは状況によります．ゆえに，扶助というのは罰のひとつの形式なのです．例えば，馬を前に推進しようとする時，わずかな脚の絞めは，一段階目の刺激もしくは罰と言えます．同時に舌鼓を用いれば二段階目，拍車を使えば次の段階，等々です．トレーニングの間，常に罰の度合いに注意を払うことは良いことです．なぜなら，強すぎたり弱すぎたりする罰は，どちらも均等に有害だからです．覚えておいてください．最大レベルの罰というのは，ほとんど必要ではありません．

反対に報酬というのは，単純に罰のないことを言います．つまり，何もしなかったり，自発的な扶助を緩めたりすることです．報酬を正しく理解することは，馬を愛撫したりニンジンをあげたりすることよりも，トレーニングの手順においてとても重要であり，馬に対して親切なことなのです．罰を減殺する褒美としての報酬がなければ，本当にリラックスした状態での従順さは得ることができません．

罰と報酬の実例を挙げると次のようなものです．時速8マイル（約12.9km）の速歩に向けて脚を絞って（罰），馬がそのスピードに達したら脚を緩めてやります（報酬）．ペースを落とすために拳を締めて（罰），馬が止まったら拳を緩めてやります（報酬）．

報酬と罰の理論を理解するにあたっての唯一の落とし穴は，人間の感情です．気分と意思の力が入り込んできて知性を踏み潰してしまうと，忍耐やその他の

❖ 一般的な運動の原理

全ては台無しになってしまいます．才能のみならず思考も騎手を形成する要素です．そして良い騎手というのは習慣を通じて練習をするものです．思慮深く罰と報酬を用いる習慣は，洗練された騎乗の表われなのです！

不従順に対する罰

　罰と報酬は一般的な理論であり法則です．しかしながら，騎手の意思に反する馬のそれぞれの行動には，それに対応する個別の罰が必要です．よって，一旦，馬にトレーニングの全体的な理解が受け入れられたら，不従順については分離して考え，その不従順に対して頼りになる矯正方法を探るのはその騎手の責任です．あるいは，もしその不従順が普通でないものであれば，新しい罰を発明する必要があるでしょう．報酬というのは罰を中止することですので，不従順に対しては報酬に先立つ罰に完全に頼ることになるのです．罰の程度と効果というのは，その騎手の技術を測る物差しになります．上級者の乗馬が芸術の域に入ってくればくるほど，馬の不従順に対処する手段は，より馬にとってわかりやすいものとなってきます．こうした馬の不従順は必ずしも程度のひどいものとは限りません．おそらく，馬のわずかな頭の位置のズレであっても矯正が必要でしょう．概して，乗馬の能力とは，馬のコントロールに帰結します．そしてコントロールとは，特定の不従順に対応する特定の罰の使用と同等と言えるでしょう．

馬の口

　馬を罰する最もよくある部位のひとつに，馬の口の中の２つの特定の部位があります．歯槽間縁（bars）と口角（corners）です．歯槽間縁というのは，馬の前歯（門歯）と後ろの歯（奥歯）との間のスペースを言います．口角というのは，言葉の通り，上唇と下唇との接合部分を言います．口角と歯槽間縁は敏感なので，通常，銜による罰にすぐに反応して頭の位置を高くします．騎手

❖ フラットワーク（平地での運動）

が馬の口の口角にある銜を使用する場合，騎手は片方の拳もしくは両拳を持ち上げて，すばやく瞬間的につねるもしくは刺すような感じで使うと，馬の頭はそれに従います．それを用いる突然さの程度は，罰の程度の大きさに応じて使い分けます．拳を持ち上げて口角に罰を与えるのは，歯槽間縁に罰を与えるよりも程度としては軽いものです．歯槽間縁に罰を与える時は，両拳を下げるとともに開いて，歯槽間縁に対してのみ片方の拳ですばやく刺すような感じで手綱を使います．どちらの罰を用いても，馬が頭を上げるという同様の結果となります．しかし，歯槽間縁を引っ張る時は，通常，馬が突然止まってすぐに頭を上げますので，騎手は十分にバランスが確保されていなくてはなりません．騎手のバランスは歯槽間縁を引っ張るために前のめりになっていますので，騎手はさらに前に放り出されて馬の頭にぶつかってしまうかもしれません．

全ての罰と同様に，口に対する罰も，その程度は抵抗の度合いに応じて様々です．その馬に弱めの罰を与えるか強めの罰を与えるかどうかを決めることは騎手の責任です．

馬が急に駆け出した時

口への罰に関して言えば，馬が急に駆け出すのは不従順の良い例です．この悪癖は，通常，経験の浅い騎手に非常に恐れられています．意思通りに馬を止めることができないことは，ほとんどの初心者を恐れさせます．全ての騎手人生の中で，馬の逃避は一度ならず起こりますので，あらゆる深刻な事故に事前に備えるため，初心者の最初のレッスンの時から，簡単な正しい対処法をもっておくことが最良です．

急に駆け出す馬の引っ張りに対応する最初のステップは，後ろに体を傾けて拳を持ち上げることです．これにより馬に対する支えとすることができます．拳を下げて，手綱を緩め，前屈みになることがあってはいけません．急に駆け出した馬を止める最も効果のある2番目のステップは，馬を片方の手綱で，柵や壁，もしくは丘や厚い生垣の脇などその他のあらゆる大きくてしっかりした自然の障害物に対して回転させることです．こうした障害物がない場合，唯一

❖ 一般的な運動の原理

図3-2 急に駆け出す馬の滑車手綱による矯正

の方法は片方の拳をたてがみのところに固定して，もう片方の拳で滑車の要領で引っ張ります．この方法と併せて，あるいは馬を回転させ続けることにより，急に駆け出した馬は止めることができます．いかなる状況においても，この悪癖を続けさせることは許してはいけません．なぜならこれは最も危険な癖だからです．私は，急に駆け出す癖の直らない馬に対しては，二重ねじり銜（a double twisted-wire snaffle）などの，もっと厳格な銜を使うことをお勧めします．

両後肢を蹴り上げた時

すぐに止めさせるべきもうひとつの主な悪癖である両後肢を蹴り上げる癖（bucking）も，口を通じて矯正することができます．実際のところ，ほとん

30. あぶみ上げの矯正練習での姿勢　この若い女性の上半身は完璧ですが，彼女は膝が上がってしまっているため，騎座が鞍の後部に押し出されてしまっています．

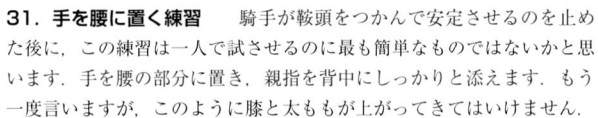

31. 手を腰に置く練習　騎手が鞍頭をつかんで安定させるのを止めた後に，この練習は一人で試させるのに最も簡単なものではないかと思います．手を腰の部分に置き，親指を背中にしっかりと添えます．もう一度言いますが，このように膝と太ももが上がってきてはいけません．

33. 手を回す練習　この写真の姿勢から，いくつかの価値のある練習を行なうことができます．私の好きな2つは，上体を静止したまま腕を大きくゆっくりと回す運動と，腕を真っ直ぐ地面に平行に伸ばしたまま，上体を軸に腕を前から後ろにかけて回す運動です．

32. 手を背中に置く練習　この練習では、騎手が背中の中央を空いた方の手で押すことによって、良い姿勢を作ることを促進することができます。この騎手のようにあごを前に突き出さないように注意してください。

34. 爪先をさわる練習　これは、最もすばらしい柔軟体操のひとつです。最初のうちは、騎手の手を届かせるために脚を上げることもやむを得ませんが、この練習のポイントは、脚を固定した状態で、できるだけ上半身を伸ばしてやることにあります。

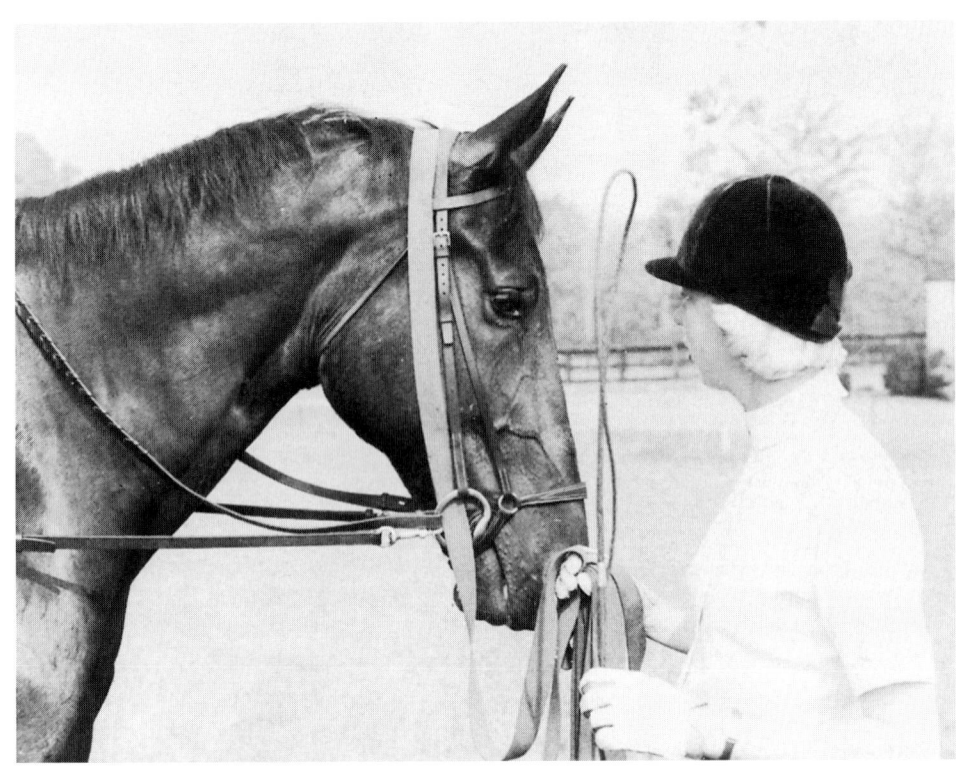

35. 調馬索を付けた馬　水勒用の手綱が滑り落ちないようにたてがみに結ばれています。そして手綱の下にサイドレーンが，快適な長さに調節されています。どのように調馬索が取り付けられているかを注意して見てください。また，適切な鞭を使うようにしてください。

37. 前傾姿勢で調馬索で乗る騎手　手をクロスさせて反対側の爪先を触る練習は，最も騎手の太ももがつらい練習のうちのひとつです。この練習はギャロップ姿勢を強化させるだけでなく，騎手にとても大きな自信をつけさせる練習でもあります。

36. 速歩で調馬索で乗る騎手 これは，騎手に背骨の下部で反動を受けながら，脚，挙，そして騎座を完全に独立させることを教える良い練習です．彼女の爪先は外に向きすぎていて，ふくらはぎでしがみついて，膝が上がってしまっていますが，彼女の肩は良い姿勢となっており，馬の肩と平行になっています．

38. 特定の焦点を決めて前を見る この実演者は，真っ直ぐに停止するために，木を焦点として使用しています．彼女は木を見つめてはいますが，周辺視野に入る全てのものも見ることができます．

39. 回転の際に目を使う騎手
馬は左に回転するところで，左方向に湾曲しています．そして騎手は左方向を見ることによって，この回転を予想しています．しかしながら，この雌馬は銜を受けておらず，柔軟性を欠いています．そして，この誤りが，馬の首の下の筋肉を発達させてしまっています．

40. 馬を前進させるまたは湾曲させるための脚　この騎手の爪先は，拍車の最大限の効力を得るために著しく外を向いています．この姿勢において，腹帯のすぐ後ろに位置する脚は，馬を推進する役目あるいは馬を湾曲させる役目を果たします．

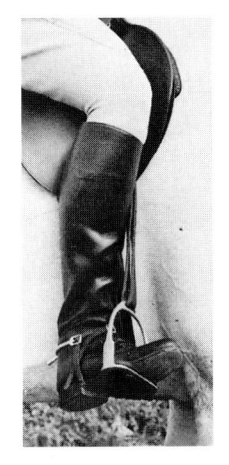

41. ずらした位置で使われる脚　この騎手の脚は，前肢旋回を行なうために後ろ寄りで使われています．右の間接手綱がこの脚による扶助をサポートしている点に注意してください．

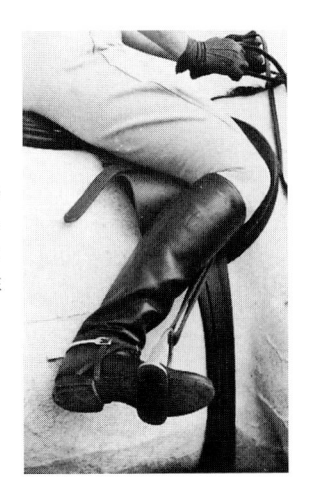

42. 馬の肩の位置で使われる脚　この脚の扶助は一般的ではありませんが，馬が内方の肩に対して体重をかけてくる傾向がある際に，とても効果があります．この扶助は騎手のバランスを崩すおそれがありますので，私はこれを上級者の運動のときにだけ使用します．

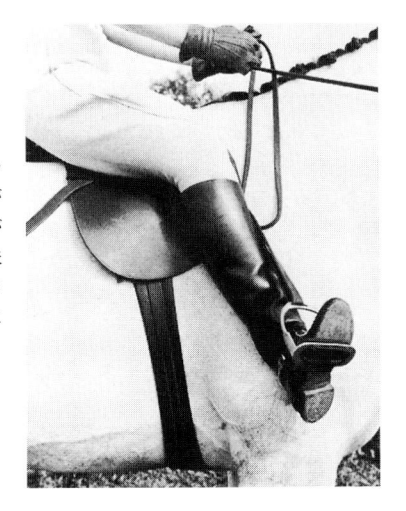

43. 直接手綱　これは，5つの手綱扶助のうち，最も基本的なものです．騎手の肘の直線上にある馬の口に直接作用し，ペースを落としたり，後退させたりするために用いられます．挙は常に，引っ張るのではなく，引き締めるあるいはじっと押さえることにより作用させるということを覚えておいてください．

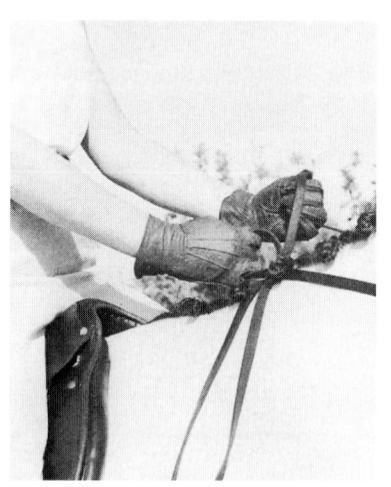

44. き甲の前で使われる間接手綱　この手綱扶助は，馬の頭と首だけを曲げ，馬の体重を片方の肩からもう一方の肩に移行させます．この扶助の正しい姿勢の目安は，内方の銜から，き甲を通って，騎手の反対側の臀部に向けて直線ができるようにすることです．

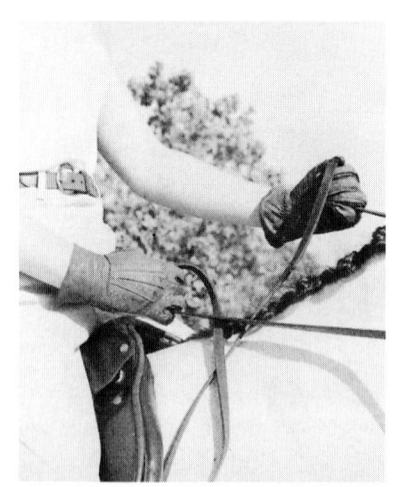

45. き甲の後ろで使われる間接手綱　騎手の右の内方の挙は，この手綱扶助において正しい位置にあります．しかしながら，彼女の外方の挙はもう少し低い方が私の好みです．一般的に，両挙がおおよそ同じ高さで用いられると最も良く機能することを私は発見しました．上の写真の手綱扶助と異なり，馬の口から，騎手の反対側の臀部ではなく，馬の反対側の臀部にかけて直線を作っている点に注意してください．

46. 誘導手綱または開き手綱 この写真で挙の動きは、横方向に向かっており、後ろ方向ではないことが明快にわかります.

47. 滑車手綱 この手綱扶助は"てこ"として作用します. 内方の拳はき甲のところで固定し、外方の拳はそれよりも上の方で、後ろ方向に向けて引きます.

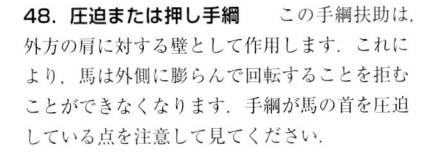

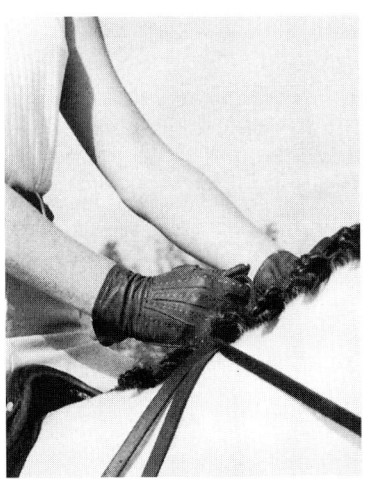

48. 圧迫または押し手綱 この手綱扶助は、外方の肩に対する壁として作用します. これにより、馬は外側に膨らんで回転することを拒むことができなくなります. 手綱が馬の首を圧迫している点を注意して見てください.

49. 馬の動きに遅れての駈歩　これは，騎手が垂直よりもわずかに後傾して腰を落としている状態の良い例です．この姿勢により，彼女は馬を推進する，あるいは減速させることの両方が可能です．

50. 拍車の不適切な着用方法
上を向いている！

51. もうひとつの拍車の不適切な着用方法　下を向いている！

52. 馬のわき腹への鞭の使用　反対の手で手綱でブリッジを作り，騎手は脚による扶助を強化するため，鞍の後ろ部分で鞭を使っています．

53. 前屈みになる　手前を確認するための間違ったやり方です．

54. 下を見る　騎手が頭を落とすことも不必要です．

55. ちらりと見る　これは手前を確認するための確かな方法であるばかりでなく，とても巧妙で他人にそれを行なっていると見つからない方法でもあります．

56. 口角への罰　騎手は，手を上げて鋭く引くことにより，馬の口角に罰を与えています．

57. 馬の歯槽間縁への罰　手を低く下げて，わずかに鋭く引くことにより，騎手は馬の歯槽間縁に対して罰を与えています．

58. 停止 この雌馬は，真っ直ぐで，肢が正方形となっており，不動の状態となっていますが，かつ集中しています．

59. 後退 この馬は後退の扶助に対して反抗しています．尾を振り，耳を後ろに伏せ，口を開け，うなじとあごを硬くしています．

60. ギャロップにおける滑車手綱の使用と停止 内方の挙はき甲の前で固定され，外方の挙は上の方で後ろ方向に用いられます．

❖ フラットワーク（平地での運動）

どの不従順は最初に口への罰を与え，引き続いて馬を前に進めることを通じて矯正します．馬が頭を上げれば，馬は両後肢を蹴り上げることもできませんし，馬が前に進めば，跳ね回ることもできません．したがって，騎手はまず口に対して罰を与え，次に馬を前に押し出します．もう一度繰り返しますが，その他のほとんどの不従順の際と同様に，騎手は，あらゆる馬の頭による下向きの引っ張りに対して踏ん張り，馬を前に押し出すために，後傾して馬の動きに遅れてついていきます．

　初心者にとって，馬が両後肢を蹴り上げたことによる直接的な結果は落馬です．この結果は望むべきところではありませんが，時々の落馬はそれをどのようにすべきかを学ぶうえでは有益な経験です．両後肢を蹴り上げられて落馬することは，そんなに深刻なことではありませんが，習慣的にそれを行なう馬は，この悪癖によって騎手が乗ることを拒否することを学びますので，早いうちに芽を摘み取る必要があります．一旦，騎手が両後肢の蹴り上げに対して踏ん張って，適切な矯正を行なうことができれば，大きな自信がつくでしょう．

馬が立ち上がった時

　馬が後肢で立ち上がること（rearing）は，両後肢で蹴り上げるよりも，より悪く，深刻な悪行です．それは，騎手を座らせない点と，バランスを崩させる点において二重で深刻です．バランスを崩されると，騎手は後方に馬を引っ張ってしまいがちです．馬が自発的に後肢で立ち上がることはめったにありませんが，後肢で立ち上がることを軽く取り扱ってはいけません．それは，経験のある，積極的な騎手だけが，正しく罰を与えることができるものです．通常，この悪癖は，前に進もうとしない強情な馬が，悪意なくやり始めます．時々，これは扶助の衝突によって起こります．馬が脚に反応して前に出ない場合，結果として銜を受けることを拒否します．後肢で立ち上がるのは，馬が単に前に出ることを拒否しているばかりでなく，馬が積極的にその責任から逃れようとして別の方向を向こうとする時に起こります．馬は立ち上がって，別の方向を向くために回転します．これは推進する扶助に対する究極の反抗です．

❖ 一般的な運動の原理

図 3-3　両後肢を蹴り上げる馬の矯正

❖ フラットワーク（平地での運動）

　もう一度言いますが，口は最初の矯正の源泉です．馬はほとんどの場合，立ち上がって一方の方向に回転しようとします．最初の罰は，馬が回転しようとしている方向と逆の側の歯槽間縁に対して刺すように手綱を使うことです．もう一方の拳は，完全にじっとして，馬の首のところに置いておきます．馬が口の中の銜に反応して地面に降りたらすぐに，馬をしっかりと積極的に前に押し出さなくてはいけません．この罰の順序は，馬が立ち上がることに対して叱るとともに，馬を真っ直ぐにして前に進ませ続けるものです．この騎手の習慣は複雑であるとともに洗練されたものなので，とても重要です．勇気と決断力に伴うすばやさと調整は，立ち上がる馬や回転する馬に対処する際の必要性を通じて学ぶ貴重な乗馬における習慣です．本来的に，上手な馬術家というのは，全てのこうした悪癖に一度ならず満足に対処した経験がなくてはなりません．馬の逃避行動に対処したすぐ後では，その対処方法は感じたり理解したりするのが難しい微妙なものでしょう．しかしながら，経験の浅い騎手がこうした種類の悪癖に対する対処方法を学ぼうとして，それらを意図的に引き起こすべきではありません．それらは普通の状況の中でも十分に学ぶ機会があるからです．

馬が何かに驚く時

　うまくいけば，ほとんどの騎手は，馬が突然走り出したり，両後肢で蹴り上げたり，立ち上がったりすることに頻繁に出くわすことはないですが，馬が何かに驚くことは誰にとっても頻繁にあることです．馬は多くの異なる理由によって驚きますが，この悪癖に慢性的に苦しめられている馬は，その目を診断してもらった方が良いと思われます．これは私の意見なのですが，こうした馬は，障害を飛ぶ度胸のない多くのハンター馬や障害馬と同様に，目に問題をもっています．目の障害は，多くのバイヤーや獣医に軽視されているように思います．一方，多くの馬は，運動不足による高揚した精神状態から驚きます．この場合，馬に身体的な問題があるということは全くなく，運動をすることによっておさまります．もしこの癖が直らず，もしくは悪化した場合はしっかりとした診断が必要です．なぜなら，障害を飛ぶ場合，この癖は悩ましいだけでなく危険な

❖ 一般的な運動の原理

図3-4 立ち上がる馬の矯正

❖ フラットワーク（平地での運動）

図 3-5　驚く馬の矯正

❖ 一般的な運動の原理

ものとなるからです．

　理由にかかわらず，私は馬が止まって，その馬を驚かせているものを吟味するのを許すことには断固として反対します．この方法は単にその驚かせているものに対する不安感を際立たせ，その重大さを誇張させるものです．馬を輪の中で前に動かし続けるか，もしくは反対方向に向きを変えて馬を前に動かし続け，また戻ってその怖がらせているものを通り過ぎます．常歩，速歩，または駈歩の時に，騎手は馬が驚いている状況で馬の方向を保つために外方の開き手綱を用います．同時に，内側の間接手綱で馬を怖がらせているものから馬の首を背けてやります．そして内方の脚は馬を真っ直ぐに保つようにしっかりと使います．簡単に言うと，馬が左にある何かに驚いて右に逃げようとしたら，騎手は右の肩を内へと同様の扶助を用います．馬は驚いた時，蹄跡から外れると同時に，ペースを速くしたり遅くしたりする傾向があります．馬が驚いた物体を見ずに，全くペースを変えないようになるまで，完全にそれを克服したとは言えません．馬がものに驚くのは悪いことですが，ほとんどの場合は重大ではありませんし，初級者の騎手に対してでもそれを矯正するための方法としての基本的なステップを教えることができます．もし，その問題が障害になるほどに続く場合には，馬にもっと運動をさせるか，もしくは私がお勧めしたように目の検査を行なってください．

まとめ

　まとめると，馬の不従順とそれに対応する罰をこのフラットワークのトレーニングの入門的な章に加えました．ここまでで，騎手が進歩的で価値のある1時間の騎乗を行なうのに十分なだけの，騎手の専門用語と簡単なステップバイステップの技術は全て網羅されているはずです．まだ馬の調教という面について考慮しなければ，これ以上何も教わらなくても，騎手は自らの能力について考え，発達させることが可能です．自らの才能といかにそれを発達させるかを熟慮するのに十分な時間を割く騎手はとても少ないです．しかし，騎手が適切なトレーニングを通じた強固な基礎を作り上げたら，今度はいかに運動の中で

❖ フラットワーク（平地での運動）

馬にひとつふたつのことを教えるかについて考えるべきでしょう．そして，もちろん騎手も馬を調教する中で自分自身を進歩させることができます．

CHAPTER

4

運動の際の馬と騎手
―縦方向の運動

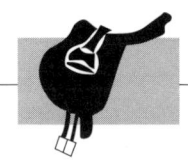

　全ての調教運動は2つのカテゴリーのいずれかに区分されます．縦方向の運動もしくは横方向の運動です．そして，その区分を理解することはとても重要です．

　直線におけるペースの移行やあらゆる収縮および伸長の運動を含む全ての馬のトレーニングは，縦方向の調教運動に区分されます．馬が柔軟になり，前から後ろ，後ろから前という騎手の要求を理解するようになると，馬は縦方向に反応すべき責務を担うようになります．そして，前方向か後ろ方向のいずれかのどのような要求であろうと，それらは縦方向の運動に区分されます．縦方向の運動の明確な例は，停止，伸長速歩，速歩から駈歩への移行，ピアッフェ（止まった状態での速歩）などです．

　縦方向の運動と等しく重要ですが，全く異なるのが，横方向のトレーニングです．騎手の脚や拳によって，回転させたり，湾曲させたり，横方向に動かしたりすることを含むあらゆる運動は，横方向の調教運動と考えられます．右もしくは左の方向に関する反応をこの運動として区分します．横方向の運動の例は，隅角における湾曲や，輪乗り，肩を内へ，踏歩変換などです．

❖ 運動の際の馬と騎手―縦方向の運動

　これら横方向と縦方向の両方の調教運動は，馬の総合的な発達と柔軟さを確実なものにするために，論理的な順序で同じだけの量が行なわれなくてはいけません．馬の教育において基本的な欠如がありながら馬に乗ることほど，私を失望させることはありません．良い例は，すばらしい単純踏歩変換や踏歩変換ができるにもかかわらず，隅角で内側の肩が落ちている馬などです．あなたのお気に入りの動きだけを馬に調教してはいけません．右や左に湾曲させるとともに，収縮や伸長を練習しなくてはいけません．さて，それでは縦方向の運動について，もっと詳細に考えてみましょう．

ペースコントロール

　乗馬の種類や乗馬のレベル，もしくは使われている馬にかかわらず，最初に必要なことは，ペースをコントロールすることです．スローダウン，スピードアップ，停止，そして発進というのは，ただ単に基本的なコントロールのカテゴリーに入るというだけでなく，演技に最も微妙な影響を与えるものなので，それらは馬術競技の頂点においてでさえ，最も重要な勝敗を分ける決定要素となるのです．頭の姿勢や，柔軟さや，反応などのいずれでさえも，ペースコントロールができないことの言い訳にはなりません．適切なコントロールを行なうために全ての手段が講じられなくてはなりません．それゆえ，騎手の能力が初歩的であればあるほど，その騎手の補助的な扶助は粗野で人工的なものとなります．もちろん，騎手の腕前を測る究極の指標は，シンプルさにあります．そして，フラットワークにおける騎手の能力を測るテストは，人工的な銜やマルタンガールなどを完全に取り除いた飾りのない水勒(はみ)を使用して行なわれる馬術テストです．しかしながら，人工的な扶助を使用するようなレベルの乗馬は，馬場馬術の達人のためのものです．その他の形式の乗馬では，それらのスピードとほんの一瞬の身体的なコントロールのため，そもそもこれらの比較的意図的な扶助を使うような時間を与えてくれません．

　一旦，ペースコントロールが確立され，永続的な要素として維持されるようになったら，足し算，引き算，掛け算，割り算（乗馬における高等数学）への

❖ フラットワーク（平地での運動）

道が開かれます．しかし，常にペースをコントロールしなくてはいけません！

ペースの加速

　ペースコントロールというものは，すでに言ったように，それがハンティング場であるか，競技場であるか，レース場であるかにかかわらず，乗馬の全ての段階において最重要のものであり，初心者の安全のために非常に重要なものであり，全てのレベルの演技において決定的要素となるものなので，それ自体を主題として吟味する必要があります．コントロールを除けば，私の関心はスムーズな移行を行なうことにあります．スムーズさと目立たなさは，洗練された乗馬の特徴であり，その騎手が乗馬を始めた頃から確立されてきたものに違いない姿勢であり習慣であると言えます．それらは，ある段階から無意識にできるようになり，そしてそれらに堅固さが加わり，きれいな姿勢でのコントロールが可能となったものでしょう．蹴っ飛ばしたり，上半身をポンプのように上下に動かしたりするように，この原則を破るあらゆるものは，単に初心者の時期の悪い癖であるばかりでなく，矯正しない限り，全てのレベルを通じて癖が残ってしまうかもしれません．

　馬に前進することを指示する前に，頭と首を自由にしなくてはなりません．この自由は，拳をリラックスしてわずかに手綱を緩める"リリース"と呼ばれているものと関連があります．一度，馬がリリースされると，馬は騎手の2本の脚に反応して，前進することが可能となり，そして通常よろこんで前進するものです．脚の動作は気付かないほどのものでなくてはなりません．そして，もし馬が前に出なかった場合は，馬を前に出すための方法を発見しなくてはなりません．拍車で軽くつつくことは，差し支えありませんが，いかなる方式であろうと蹴っ飛ばすことは許されません．それらが脚によるコントロールにおける境界線です．蹴っ飛ばすことは単に乱暴で粗野な扶助であるばかりでなく，蹴っ飛ばすためにふくらはぎのコンタクトを放棄する時に，騎手が安全性を失うという結果になります．簡単に言えば，ペースを速くするためには，騎手は馬をリリースした後に2本の脚を絞り込めばよいのです．そして，もし適切で

❖ 運動の際の馬と騎手—縦方向の運動

すばやい反応がなかった場合には，手もしくは鞭で鞍の後ろの部分をぴしゃりと叩けば，馬は反応して動くでしょう．この順番は，慎重にかつ明確に行ない，練習を成功させるよう理想的な結果を生むようにしなくてはなりません．

ペースの減速

　減速もしくは停止の際にも，同様の基準が満たされなくてはなりません．乱暴で大げさな拳の動作は，脚によるコントロールにおける未熟な態度よりも，より一般的に見かけられ，それは馬にとってより有害なものです．グッドハンド，バッドハンド，"ノー"ハンドもしくはエデュケーテッドハンドについてはすでに説明しました．エデュケーテッドハンドをもっている人は非常に少ないですが，グッドハンドは全ての馬乗りにとって到達可能なものです．それは，それを望む辛抱強い人すべてが所有できるものなのです．思いやりのある，明確な拳のコントロールは，スムーズさと持続的な決断力の結果として生ずるものです．ペースを遅くする際には，オレンジを搾る時とほとんど同じ方法で拳を締めます．腕を引っ張るのではなく，手首を捻り，拳を握り指を締めるだけです．常に拳を使用するのと同時に，騎手は体重を扶助として利用するよう鞍に深く沈み込むようにします．騎手は馬が減速するか停止するまで待ち，どんな犠牲を払っても，引っ張りたいという衝動に抵抗します．引っ張ることは，蹴っ飛ばすことと同類で乱暴で粗野なものなのです．

　全ての馬術に関する問題で重要なことは，騎手は馬を待ってあげなくてはならないということです．騎手は，物事を自然に起こさせるという気構えをもたなくてはならず，決して急いではいけません．もし馬が，前述した方法でも減速したり停止したがらなかった場合は，拳は固定して締めた状態のままで，肩を垂直よりも後ろに引くようにします．実際のところ，何らかの手段に訴える必要があるときには，最終的に馬をコントロールするものは，騎手の背中の強さと体重です．そしてこれは，ペースを落とす時と同様に，ペースを上げる時においても正しいです．しかしながら，体重は通常のコントロールを行なっている状況で使用すべきではありません．それは，やむを得ず，馬のバランスと

❖ フラットワーク（平地での運動）

すばやさについてどうしてもコントロールする必要がある場合においてのみ使用すべきでしょう．

停止

　全ての調教運動の中で，停止はおそらく最もよく行なわれるものでしょう．しかし，人馬の熟達の度合いにかかわらず，この運動が十分にうまく行なわれることはめったにありません．常に，もっとうまくできるのではというようなもので，これは最高位の馬場馬術のレベルでも同様のように見えます．もとから停止に備わっている最も基本的な難しさは，動きがないということです．馬を静止させようとする際に，騎手は馬が前に動こうとすることによるあらゆる逃避を克服することに難しさを覚えます．もちろん，この動きに関する厳密さの範囲は非常に広いです．騎手の技術と馬の訓練の度合いに関連して，それが古臭い方法で単に止めようとしている初心者であるか，いくらか真っ直ぐですばやい停止をしようとしている中級者であるか，高度に訓練された馬場馬術の騎手による完璧に四角形で銜を受けた状態の完全停止であるかにかかわらず，ほんのわずかな不従順というのは思いがけず発生してしまうものです．基本的にこれらの不従順には4通りあります．止まらなかったりじっと静止していない場合，真っ直ぐに止まらない場合，馬の四肢が四角形になっておらず4本の肢に均等に体重がかかっていない場合，そして銜を受けていない場合です．それぞれのレベルを達成できるようになるにつれて，こうした特徴はどんどん除去していかなくてはなりません．

　速歩において意図したペースコントロールができるようになって，馬場の隅角で基本となる湾曲ができるようになるのとほとんど同時に，騎手は馬に停止を教え始めます．騎手は手綱を握っている指を閉じて，拳を固定してそれ以上前に行こうとする動きを止めます．馬がペースを落として，ゆっくりとした速歩，常歩となるにつれて，騎手は鞍に深く沈み込み，胸を開きます．これが一般的に知られている背中をぐっと引き締める（bracing the back）というものです．そしてこれがいかに重要なことか！ この引き締める動作の成否は，騎

❖ 運動の際の馬と騎手―縦方向の運動

　座の強さと，馬の重さに対抗するための騎手の体重のコントロールにかかっています．引き締まった背中は，背中の下の部分を鞍の前の方に固定しつつ鞍に座骨を密着させながら，少し背伸びをして，両肩を弓なりに開くことにより作り出すことができます．背中の使い方のもうひとつの説明の仕方は，"背骨を伸ばして，胸を弓なりに開く"というものです．馬を後ろに引っ張ったり，急にぐいっと引っ張ったり，手首を捻ったり，荒々しく鞍に座ったりするのは間違いです．その移行は，スムーズで目に見えないものであるべきです．そして馬はすぐに，完全に停止するための基本的な役割を任っている閉じた拳と引き締めた背中に反応するでしょう．停止が完成したらなるべく早く，騎手は従順に対する褒美として，拳と背中をリラックスさせます．このリラクゼーションの際には，外観や姿勢をだらしなく見せては絶対にいけません．それはピンと張った背中をわずかに緩める程度のものであるべきです．

　すでに述べたように，元来，この動作には多くの問題があります．ほんの一瞬の逃避の可能性は計り知れません．ここでは，そうした逃避の一般的なものについて，その対処法と併せて説明します．

　実際のところ，初心者にとって，馬を停止させるのは難しいものです．解決策は引っ張ることには全くなく，騎手の背中の正しい使用と，拳を閉じて固定し続けることにあります．馬は常に騎手の体重による力を通じて停止します．そしてしばしば騎手は垂直よりも後ろに体を倒すことが必要になります．もしこれらの2つの力を常に使用することができ，確固としたものとすれば，どんな強情な馬でも停止するでしょう．ポイントは，前屈みにならないことと，馬が止まるまで拳を緩めないことです．

　たとえ初心者であっても，ほどよく真っ直ぐで，四肢が四角形の停止を要求しなくてはなりません．そして，真っ直ぐな構えを要求するうちに，騎手は自然と馬の体を構成する4つのコーナーを理解するようになるでしょう．これら4つのコーナーである右肩，左肩，右後肢，左後肢が，単に停止している状態からの4つの逃げ道となります．馬の肩が蹄跡から外れたらすぐに反対側の手綱を使わなくてはいけません．後肢が蹄跡から外れたらすぐに，それに対応する脚で元の位置に戻さなくてはなりません．コントロールの枠組みは，馬の4つのコーナーとそれに対応する騎手の脚と拳との関係にあります．完全な四角

❖ フラットワーク（平地での運動）

さと馬の頭の姿勢の完璧さは，馬場馬術において求められます．そしてそれは，ハンターシート馬術においては技術的に洗練されすぎているものと思います．すばやさとスムーズさ，静止した状態，そして真っ直ぐさが得られれば十分達成できたと言えるでしょう．それらを達成するだけでも十分たいへんなことです．

後退

　後退の時のリズムは，後ろ向きに歩くのに似ており，真っ直ぐさや，敏速さや，活発な拍子や，安定した頭の形において，普通の常歩と同様であるべきです．そして，後に特定の数の歩数後退することも頭に留めておいてください．後退は，完全に停止した後に引き続いて行ないます．馬が何秒かの間，停止した状態となるまで，馬が1歩であろうとも後ろに下がってしまうのを許してはいけない点は非常に重要です．そして後退を始めます．馬が，あらかじめ決められた歩数を下がったら直ちに，いかなる中断もなく前向きの動きを再開します．言い換えると，馬に一定の歩数を下がった後に停止することを許すのは間違いです．それは馬に回避的な癖を付けることになります．特に銜を巻き込んだり，脚に反応しなかったりする癖です．後退と，それに引き続く歩様は，全て一連の動きとして流れるように行なわれるべきです．手短に言うと，正しい後退とは，次のような継続的な動きです．馬は約3〜4秒停止します．そして特定の歩数下がります（3〜4歩）．そして，すぐさま望ましい歩様を再開するか，もしくは真っ直ぐに進んで再び停止します．

　馬を後退させるには2通りの方法があります．挙だけで後退させるか，もしくは挙を固定して脚を使用するかです．騎手が挙だけで後退させる場合は，停止の際に，単純に挙を緩めず手綱を与えないようにすることです．馬は，この継続的な口への圧力に反応して，後方に逃げ道を見つけて後退するでしょう．一度，望んだ歩数を下がったら，挙を緩めて馬を前に出してやります．もし馬が抵抗して手綱の圧力に反応して下がらなかった場合は，減速や停止の時と同じように，より強い抑制的な扶助を用います．

❖ 運動の際の馬と騎手—縦方向の運動

　馬の口に対して騎手の上半身の体重を用いることは，騎手が減速したり，停止したり，手綱を引いて歩調を緩めたい時に，騎手を無力にしてしまうことを忘れてはなりません．拳だけで後退させる方法は，理論的である（脚を使わずに拳だけを使う，拳を使わずに脚だけを使う！）ばかりでなく，例えば，障害に向かって走っていく気性の激しい馬などに対して，とても有効なものなのです．拳だけで後退することは，馬に規律を教え矯正するための良い調教運動なのです．

　脚を使って後退する場合の，最初の扶助の役目は前進する動きを禁じることです．よって，ペースを落とす場合と同様に拳を閉じることが必要とされます．馬が停止している時，拳はオレンジを搾る時のように閉じ，脚をしっかり使います．これにより，馬は銜に向かって押し出されます．馬は拳が固定されているために前に進むことができず，脚の圧力と銜から逃れたいので，後方に歩かざるを得なくなります．馬が後退する時，騎手の肩は開き，上半身の体重を推進扶助として使えるよう上半身は垂直に保ちます．非常に重大な間違いは，背中を丸めたり体を前に傾けたりすることです．このようにすると，馬が脚と騎座という推進扶助から逃れることを許してしまうことになります．基本的な乗馬における原則は，馬が騎手の重心よりも前にいるか一緒にいるかのどちらかです．馬が騎手よりも遅れて動くということはあり得ません．馬が望んだ歩数を後退するまで，拳は閉じたままにし，脚はしっかりと絞込みます．後退し終わったら，拳を緩めて手綱を与え，脚のプレッシャーから馬を前方に開放してやります．この運動の間中，騎手の目線は，真っ直ぐさと規則正しさを感じられるように，前方か上方に保ちます．もし馬が，真っ直ぐに保つことができず，臀部を横にずらしてしまった場合は，それに対応した脚を使用するようにします．

　後退は，単に後退させるための運動として使えるばかりでなく，馬を機敏にさせ，かつ落ち着かせる統合力として活用できる便利なものです．この運動で強調するところは馬の臀部であり，馬の飛節に負荷を与えるものなので，そのステップが滑らかで，規則的で，ゆったりと行なわれるよう注意をしなくてはなりません．私は，本当にひどく走る馬の場合を除いて，罰を与える手段としての後退というものは信用していません．しかしながら，全ての馬と騎手は，

❖ フラットワーク（平地での運動）

より早いステージでこの運動を会得すべきでしょう．

駈歩の発進

　馬術の全ての側面において，駈歩発進は間違いなく最も議論の的となるもののひとつです．これは，疑う余地なく，それぞれの馬術書の作者の経験のレベルや，作者が目指している乗馬の種類や，作者のその他の運動における経験などによるものです．実際のところは，私は皆同じ成果を求めていると確信しています．敏速で，きれいで，真っ直ぐな発進をです．今日，ほとんどの馬は騎手に従う準備ができている状態であり，いかなるバランスであっても，与えられた扶助によってきれいに快く駈歩発進をしてくれます．よって論争は，真っ直ぐさと，いかにそれを行なうかを中心に展開しています．不幸にも，馬はその生まれつきの訓練されていない状態においては，まだ騎手と調和がとれていないばかりでなく，騎手の合図やバランスなどに正確に従うことに慣れていません．こうした状況では，真っ直ぐさを獲得することは不可能です．したがって，良い基礎トレーニングが必要なのです．

　扶助の順番にかかわらず，駈歩発進は，ゆっくりの正反動での速歩から行なうのが最も良い学び方です．軽速歩（けいはやあし）から移行する場合，常歩からのものよりも，走りながらの移行を仕向けるものです．もちろんのこと，常歩から駈歩発進をするのは，騎手と馬の訓練の初期の段階においては，精密で洗練されすぎたものです．もし騎手が軽速歩をしている時に駈歩発進する必要がある場合は，騎手は一旦スピードを遅くして，座って速歩を行ない，発進のための扶助を行なうべきでしょう．幸いなことに，私自身の訓練において，私は駈歩発進のための3つの明確な扶助の順序を教えられました．簡単な方から順番に，これから関連づけてご説明しましょう．

　駈歩にするための最も単純で，最も初歩的な方法は，外方の手綱と脚を使うことです．そうすると馬は外側に湾曲させられるので，体重のバランスが崩れた状態からバランスを保つために，内側の肢を前に出さなくてはならず，結果として内側の手前で駈歩発進させられることになります．これは，初心者の騎

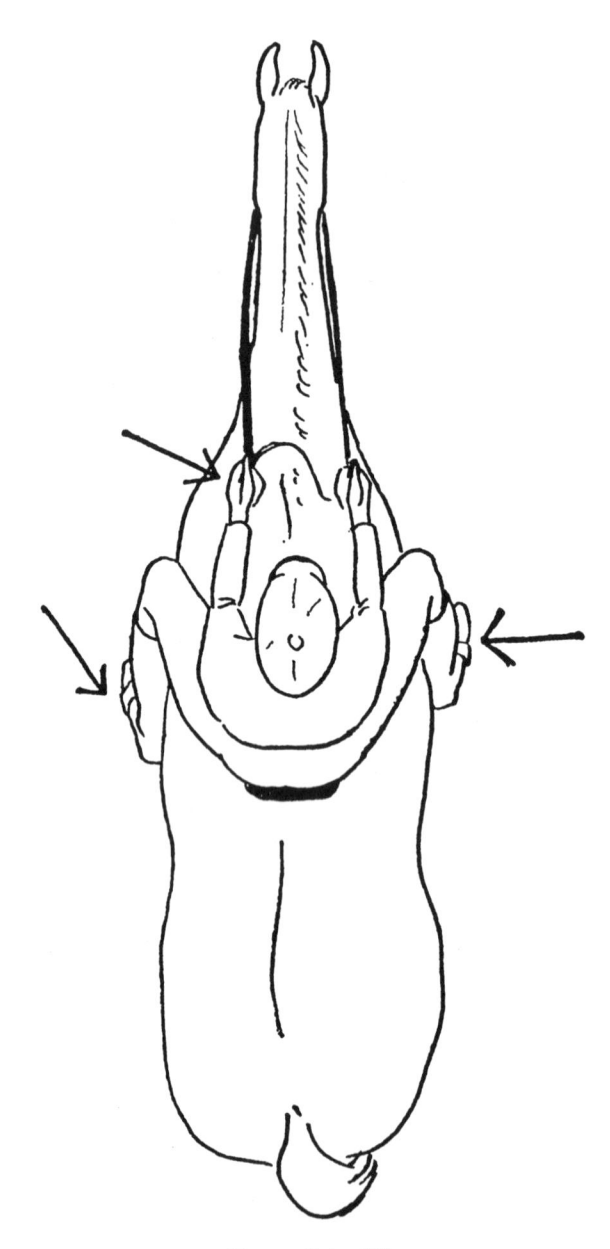

❖ 運動の際の馬と騎手―縦方向の運動

図 4-1 駈歩の発進

❖ フラットワーク（平地での運動）

　手と馬に駈歩発進を教えるための確実な方法であり，同時に正しい手前で駈歩を行なう癖を付けることができます．唯一の深刻な欠点は，馬が真っ直ぐでないことです．しかしながら，後に行なう改善によってこの欠点は乗り越えることができますので，これは初期における優れた非の打ち所のない教育方法だと言えます．

　おそらく，駈歩発進を行なう方法として最も広く受け入れられているのは，内方の手綱と外方脚を用いる対角線上の扶助でしょう．これらをもっとはっきりと使うと，この扶助の組み合わせによって，わずかな"腰を内へ"になります．しかしながら，これをうまく調節すれば，少なくとも最初に紹介した方法よりは良い，適切な度合いの真っ直ぐさが得られます．それは間違いなく競技においては好ましいものとみなされます．また，全くの初心者でさえ，たてがみの前で内方の間接手綱を用い，外方の脚で馬を推進することにより簡単に駈歩発進ができることを発見するでしょう．

　3番目の最も洗練された駈歩発進では，内方の横方向の扶助を用います．騎手は両方の手綱と両方の脚で馬を挟んでいます．そして内方の拳でわずかに間接手綱を使い，同時に外方の拳で馬を支えます．外方の脚を数インチ（1インチは2.54cm）後方にずらしますが，その脚は比較的受動的な状態にしておきます．そして，内方の脚を腹帯の上でしっかりと使うと駈歩発進することができます．内方の脚は推進力を生み出す最も有力な脚であるという事実によって，この方法による移行は，きれいですばやいものとなります．同時に，活発に使う内方脚は，腰を内へのような移行になってしまうのを防いでくれますので，より真っ直ぐになります．私はこの内方の横方向の扶助を誰に対しても助言することはせず，上級者に対してのみ行ないます．

　駈歩発進を中心とする論争や感覚は数多くありますが，実際のところは，本章で紹介したどの扶助の組み合わせでも，特定の目的やレベルに応じた移行を行なうことができます．馬場馬術やエクイテーション競技においては，真っ直ぐさや，すばやさや，優美さが，騎手の力量を実証するものとなります．こうした完璧さは，ハンティング場では必要ありませんが．

❖ 運動の際の馬と騎手―縦方向の運動

駈歩から遅い歩様への変換

馬を駈歩から軽速歩，ゆっくりとした速歩，もしくは常歩にする移行において，騎手はその移行をできるだけ滑らかに行なうよう苦労して扶助を使います．私がわざわざこの遅い歩様への移行について説明するのは，それがめったにうまく行なわれないからです．遅い歩様となった後には，できるだけ早く速歩や常歩のリズムを確立すべきです．上級の実技においては直ちにです．

例えば，馬が駈歩で走っている時に，騎手が軽速歩にしたいとします．その際，騎手は馬を収縮させ，馬をちょうどよい普通速歩に戻します．よく見られるのは，馬がリズムの良い速歩になる前に，忙しくよろめきながら進む速歩になってしまうことです．また，同様によくあるのは，馬が移行の時に前肢を突っ張って止まってしまい，何歩かゆっくりと走った後，速くするために馬を駆り立てなければならないというものです．これら両方の動作は，推進扶助と抑制扶助の協調が欠けていることの兆候です．そして，通常，騎手の怠慢と不注意でもあります．騎手は，拳を閉じ，背中をぴんと張って，脚を締めることにより馬を収縮させます．そして，さらに拳を使い，半停止を行なうことにより，普通速歩になることを馬に要求します．一旦，馬が実際に新たな歩様に変わったら，騎手は拳と脚を使って適切なリズム，ペース，そして活発さを維持するよう注意します．

ギャロップと停止

よく調教されたハンター馬やジャンパー馬にとって必要な全ての運動の中で，これもそれらの運動と同様に重要なものです．縦方向の運動において，急な歩様の移行は，より洗練された馬場馬術の騎手にとっては，特に魅力のあるものではありません．しかしながら，ハンティングや，クロスカントリーや，障害に関わる者であれば，このすばやい反応がいかに貴重かを知っています．練習によって，ギャロップと停止は，古典的なオト・エコール（haute-ecole：ド

❖ フラットワーク（平地での運動）

イツの高等馬術のこと）のようなものとは異なりますが，手の内の範囲内で洗練され滑らかなものとすることができます．

　野外のハンティングや，障害競技場における練習を除けば，この運動はハンターハック（hunter hack：騎手ではなく馬が審査される競技）やエクイテーション競技（equitation：騎手の騎乗能力が審査される競技）の騎手のテストでしばしば要求されます．テストにおいては正確さと従順さが試されます．それらには，馬の行儀と騎手のコントロールの両方が要求され，そしてそれらの両方には一定の知的労働が要求されます．駈歩発進をした騎手が，2ポイントのギャロッピングシートをとりながら，コントロールされたハンドギャロップに歩様を変更したとします．騎手は，あらかじめ設定された停止するポイントの数歩前から滑車手綱を用い，馬の反応の度合いに応じて，手綱による扶助を適用します．正確な場所で確実に止まるためには，馬の反応が鈍いほど，早く手綱を用いなくてはなりません．手綱による扶助に加えて，騎手は，ハック・クラスに限っては，"オーラ"とはっきりとした声で言うかもしれません．声による扶助は，一般的には，騎手の目に見えない扶助の価値を減ずるものなので，馬術の試合においては最小限に留めるべきでしょう．それらが，身体的な扶助の代わりに用いられるのでない限り，時折の舌鼓と聞こえないくらいの"オーラ"は許容範囲です．

　馬が，この停止を完全に会得したら，滑車手綱の代わりに直接手綱を使用しても構いません．よく訓練されたハンター馬は，低く静かな"オーラ"とほんの少しの手綱扶助で止まるはずです．手綱を完全に緩めることと，手綱を緩めた状態で馬を元のラインで歩かせることは，いずれもこのタイプのクラスにおいて効果的な演技です．一方，エクイテーション競技の騎手は，常に姿勢ときれいさと，コントロールを維持しなくてはなりません．

ストロングトロット

　より上級の伸長速歩のための準備の運動であるストロングトロットは，前向きの反応を引き起こし，歩様を伸ばすのに便利な運動です．これらのいずれも

❖ 運動の際の馬と騎手—縦方向の運動

　ハンター馬もしくはジャンパー馬に欠かせない特質です．より強く速い歩様は，それぞれの馬の気質に沿った練習をすれば，ゆったりとリラックスしたものとなる傾向があります．伸長運動をすると落ち着く馬もいれば，興奮してしまう馬もいます．知識と経験が物を言います．

　ストロングトロットを行なう際に騎手は，最大限の推進力を確保するため，軽速歩もしくは正反動の速歩のどちらも行なう可能性があります．長方形の馬場では，比較的面積が狭いので，隅角と短蹄跡では座り，長蹄跡において推進し，少し馬の動きから遅れた軽速歩でのストロングトロットを行ないます．しかしながら，普通の楕円形の馬場ではこれは必要ありません．なぜなら，緩やかな回転においてはバランスとリズムは簡単に保つことができるからです．この場合においては，収縮をさしはさむと継続性が失われてしまいます．例えば，アメリカ合衆国馬術協会のエクイテーション競技では，軽速歩のストロングトロットは，競技場の円周上で行なわれます．その際は，次の歩様が要求されるまでの間，中断したりペースを変えたりする必要はありません．ペースが速くなるにつれて，馬が肢を前に突き出すのがこの歩様の特徴であり，そのようになるべきでしょう．騎手の上半身をわずかに傾斜させる他は，姿勢を変化させてはいけません．そして，滑らかさと扶助の目に見えなさが損なわれないようにします．ストロングトロットは，馬を前に推進するため騎手の背中と脚両方の使用を奨励するため，優れた乗馬の練習になります．

　一旦，馬が普通の速歩で銜を受ければ，ストロングトロットは簡単にできます．わずかに馬の口への感覚をリラックスさせてやり，両方の脚を使用すると，馬は歩幅を伸ばし，ペースを上げます．しかしながら，ストロングトロットのリズムを崩さず，不規則にならないようにし，もしくは馬が引っ掛かってしまわないように騎手は注意する必要があります．もしこのようになってしまった場合は，拳を固定して，速歩のバランスを保ちつつ，脚の推進扶助は維持します．

❖ フラットワーク（平地での運動）

ストロングキャンター

　ストロングトロットと似た性質のものにストロングキャンターがあります．これは，伸長駈歩を行なう準備段階での歩様で，その特徴は，肢が前に突き出て，ペースが上がり，歩幅が伸びることです．この特定の運動は，特にいたずら好きだが基本的には従順な性質の高揚した馬を鎮めるのに有効です．こうした特定のタイプの馬から悪いところを取り除く効果は驚くべきものです！
　ストロングキャンターのやり方は，ストロングトロットにおける手順に似たものです．騎手は，隅角と短蹄跡において馬を収縮しつつバランスをとり，長蹄跡において馬を推進し伸長させます．速歩で説明したのと同様に，この移行は大きな楕円の馬場で乗っている時には不要です．騎手がよくする間違いは，前傾姿勢をとるのが当然と考えることです．正しいストロングキャンターもしくは伸長駈歩は，古典的なやり方においては，深くしっかりと座った状態で乗り，軽く腰を半分浮かせた状態で乗るのではありません．どんな競技の形式であろうとも駈歩を行なっている時は，座った状態でいることがベストです．そして，唯一ギャロップで運動している時のみ２ポイントコンタクトをとるべきでしょう．この理由により，全ての駈歩での運動とギャロップでの運動は区別されなくてはなりません．体重移動と騎座の位置を修正しなくてはならないためです．
　おそらく，強い歩様（ストロングトロット，ストロングキャンター）を行なっている時が，最も馬の気質を知ることができる機会でしょう．馬がペースを上げることを要求された時，馬の性格が明白に表われます．一般的な気質の馬は，ストロングキャンターを行なうために一定以上の手のリラックスと脚の締めを必要としません．一方，無精な馬は，手綱のリリースに加えて，脚と体重，あるいは拍車，舌鼓，そして本当にのろまであれば鞭による推進を必要とします．緊張しており，神経質な馬の場合は，全く逆になります．こうした馬に推進扶助を多用して乗った場合，事態は悪くなります．こうした馬に必要なのは，馬の口を緩めてやることです．単に手綱をリリースしてやるのです．ペースを移行する実験を通じて，騎手はペースを変えるためにどれくらい多くまたは少

❖ 運動の際の馬と騎手―縦方向の運動

図 4-2 単純踏歩変換

なく扶助を使えばよいかを学ぶことができます．

単純踏歩変換

　全ての駈歩での運動の中で，最も完成した状態というものがとらえにくく，明確な簡単さゆえに惑わせられるものが単純踏歩変換でしょう．単純踏歩変換は，ほとんど全ての乗馬用の馬に対し教えるべきであり，できるべきであるということを皆が知っている調教運動であるにもかかわらず，上級者においてさ

❖ フラットワーク（平地での運動）

え，乗馬における深刻な誤りを露呈することがあります．全ての騎手が単純踏歩変換をいくらかはできるという事実から，確実にそれを軽視してしまい，よって，このコントロールにおける初級の，そして基礎的な演技を完成するのに十分なステップを注意して見ようとしないのです．

　縦方向の運動である単純踏歩変換は，馬場を対角線上に横切る際に行なわれるかもしれません．その変換は，対角線の中央の点で行なわれ，それは真っ直ぐで，滑らかで，敏速に行なわれるべきです．右手前で馬場を駈歩している馬が，隅角を曲がった後に斜めに手前を変えようとしているとします．馬場の中央点の数歩手前で，馬の収縮の度合いに応じてゆっくりとした速歩もしくは常歩に落とします．馬場の中央点を越した後に，反対側の駈歩の手前で発進します．移行のための期間は3から4歩です．騎手が感じるべき重要なポイントは，自分自身の脚の変化です．馬が右手前から左手前の変換に向けて近付いている時，騎手の，馬の外方を支えている左の脚は，変化して内方の推進する脚に変わらなくてはなりません．同時に，右側の脚は少し後ろに下がって，外方を支える脚にならなくてはなりません．外側の手綱も，馬をサポートするために変化します．馬を枠の中に収めておきながら，両方の脚と手綱を協調して使用し，馬を真っ直ぐにしておかなくてはなりません．馬が従順に反応し，騎手の意図を明快に理解している場合には，敏速にこれを行なうことができます．完成された演技は，滑らかで扶助が目に見えないようでなくてはなりません．

　馬と騎手双方にとって訓練の初期の段階においては，変換を交互に行なうパターンでの練習を行なわせるのが良いです．この運動を組み入れるのに最も適した図形は，八の字乗り，蛇乗り，半巻，反対半巻および輪乗り中の手前変換です．これらの図形は，方向変換の動きによって，馬に正しい手前を教えることができるからです．もちろん，遅かれ早かれ，全ての馬は，直線において連続して何回でも手前変換ができるよう扶助に熟達するべきです．この時までには，騎手の脚の変換が，馬に正しい発進を指示するのに十分なものとなっており，拳は馬の前肢を真っ直ぐに保つためにのみ用いられるようになるでしょう．

CHAPTER

5

運動の際の馬と騎手
── 横方向の運動

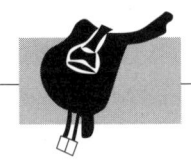

隅角で馬を湾曲させる

　一旦,騎手が最初にトレーニングする義務のあるペースコントロールを意識し,そしてそのコントロールを確立したら,馬と騎手は馬場の端にある所定の蹄跡に沿って運動する準備ができています.我々のここでの主要な関心は,隅角における騎乗と,その回転に沿って馬の体全体を湾曲させてやることです.横方向の運動における馬に対する最初の要求は,隅角に沿って体を湾曲することです.そして,馬にこの運動を理解してもらうことを促進するためには,2つの手綱による扶助と内方脚を使うことが必要です.とても若い馬にこの運動を教えている間は,隅角を回る際に徐々に上達するよう細心の注意を払わなくてはいけません.そして絶対に馬を鋭く直角に曲げようと試みてはいけません.隅角に近づいたら（歩様が遅ければ遅いほど,扶助の調整を学ぶのが簡単になります）,騎手は外方の開き手綱を用います.この手綱の効果は馬が隅角を端折ることを阻止し,馬に理想的な蹄跡の上を歩かせることです.しかしながら,方向を指示するための扶助である外方の手綱は馬を湾曲させる効果はありませ

❖ 運動の際の馬と騎手—横方向の運動

ん．次に騎手は，馬を進んでいる方向に湾曲させるため，内方の間接手綱を使います．ほとんど同時に，これらの手綱扶助と内方脚とを併せて使い，馬の体全体を湾曲させ，隅角に向かって馬を押します．騎手は自分の拳を見るのではなく隅角で扶助を使用していることを感じている自分自身を意識するようにします．外方の脚に関して言うと，それは腹帯の後ろの部分に密着させておき，馬を支える壁として機能させます．馬の臀部が蹄跡から外側に振れてしまうと，内方脚による湾曲させる効果を減じてしまうため，この外方脚は使われます．その他の似たような蹄跡から外れてしまう逃避動作についても，対角線上の扶助を用いる同様の方法で対処しなくてはなりません．さらに，騎手の拳や脚から逃れようとする縦方向の逃避行動として，馬はペースを速くしたり，時にはペースを遅くしたりする傾向があります．ペースコントロールは，前にも述べたように，この運動において維持しなくはならない最も重要なものです．

また，正しく湾曲した馬は正確に足跡を残さなくてはなりません．ここで私が意味しているのは，それぞれの後肢の足跡は，それに対応する前肢の足跡を踏襲しなくてはならず，そして馬の体重は四肢すべてに均等に配分されていなくてはなりません．このコントロールおよび正しい乗馬の尺度は，ひとつの蹄跡で行なわれる全ての通常の調教運動において共通するものです．これは，左の後肢は左の前肢を踏襲し，右の後肢は右の前肢を踏襲するというものです．もちろん，二蹄跡で行なわれる斜め横足（leg yielding），肩を内へ（shoulder-in），腰を内へ（haunches-in），や横足（two-track）は別です．

輪乗り

横方向の運動において，輪乗りが隅角での湾曲の次に続きます．若い馬や騎手に輪乗りを教える良い方法は，馬場の隅で継続的に行なうことです．馬場の隅で直角方向に曲がって行けば半輪乗りとなり，その湾曲を継続すれば輪乗りが完成するからです．横方向の屈曲という観点から言うと，馬場の隅は輪乗りの準備としてとても役に立ちます．しかしながら，これは単に輪乗りの入門的な手段としてであり，本来的なものではありません．輪乗りはいつでもどこで

❖ フラットワーク（平地での運動）

もできるようでなくてはいけません．

　全ての横方向の調教運動の図形の中で最も基本的なものとして，輪乗りは全ての他の回転運動のための基礎を提供してくれるものです．それは全ての目の使い方を強固にすると同時に，扶助の調整および馬と騎手に正確さと円形の複製を教えるという両方の観点において規律を教え込むのに最も有効です．

　輪乗りをする時には，騎手はわずかにペースを安定させて回転に備えます．騎手の視線は常に円の蹄跡の前の方を向いており，内方の脚と手綱は馬を内側に湾曲させるために用いられ，外方の手綱は馬のペースを一定に保ち，外方の脚は馬が蹄跡の外に外れてしまうのを防ぎます．円が小さければ小さいほど，馬はより体全体を湾曲させることになります．馬が円周上の蹄跡から逃れる方法は2通りあります．輪の内側に入ってくるか，外側に膨らむかです．馬が輪の内側に入ってこようとしたら，騎手は外方の開き手綱と活発な内方脚を使います．もし馬が輪の外側に膨らもうとしたら，内方の開き手綱を使い，外方の脚と手綱で馬が外に膨らまないようにします．馬の姿勢は頭から尻尾まで正しく湾曲していなければならないことを繰り返しておきます．馬の頭は騎手から内側の目の端がちょうど見える程度に内側を向きます．腹帯のちょうど後ろ端のところで馬を圧迫する騎手の内方脚の活動によって，馬の体は内方脚を中心として湾曲します．そして最後になりましたが，重要でないわけではないのが，外方脚です．外方脚は腹帯から手のひらの幅ひとつ分（約10cm）後ろのところで馬の腰を内側に保ち，これにより馬の半月または弓なりのような形を作ります．これら全ての横方向の運動のための扶助が凝縮している間中，馬のペースを一定に保つよう注意を払わなくてはなりません．

　手短に言うと，輪乗りは単に初歩の横方向の運動の図形であるというだけではありません．それは馬を収縮させ，馬のバランスを作るとても有効な運動であり，また走りやすい馬を調教する時の価値は計り知れません．停止と同様，輪乗りは早い段階で学んで何度も繰り返し練習すべきものです．

❖ 運動の際の馬と騎手―横方向の運動

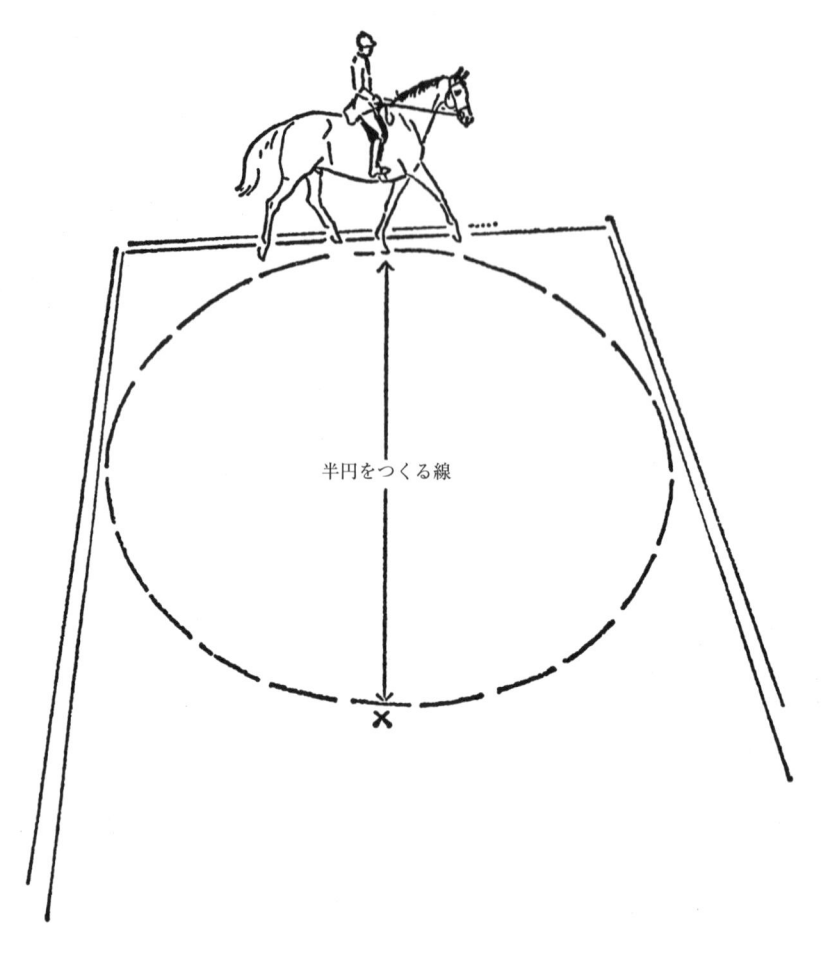

半円をつくる線

図5-1 輪乗り

八の字乗り

単純に2つのまったく同じ円を，ひとつの点でつなげることにより，"八の字乗り"として知られている横方向の調教運動になります．この運動は，単純な輪乗りを継続的な方向変換を行なうことにより高度化したものです．よって，

❖ フラットワーク（平地での運動）

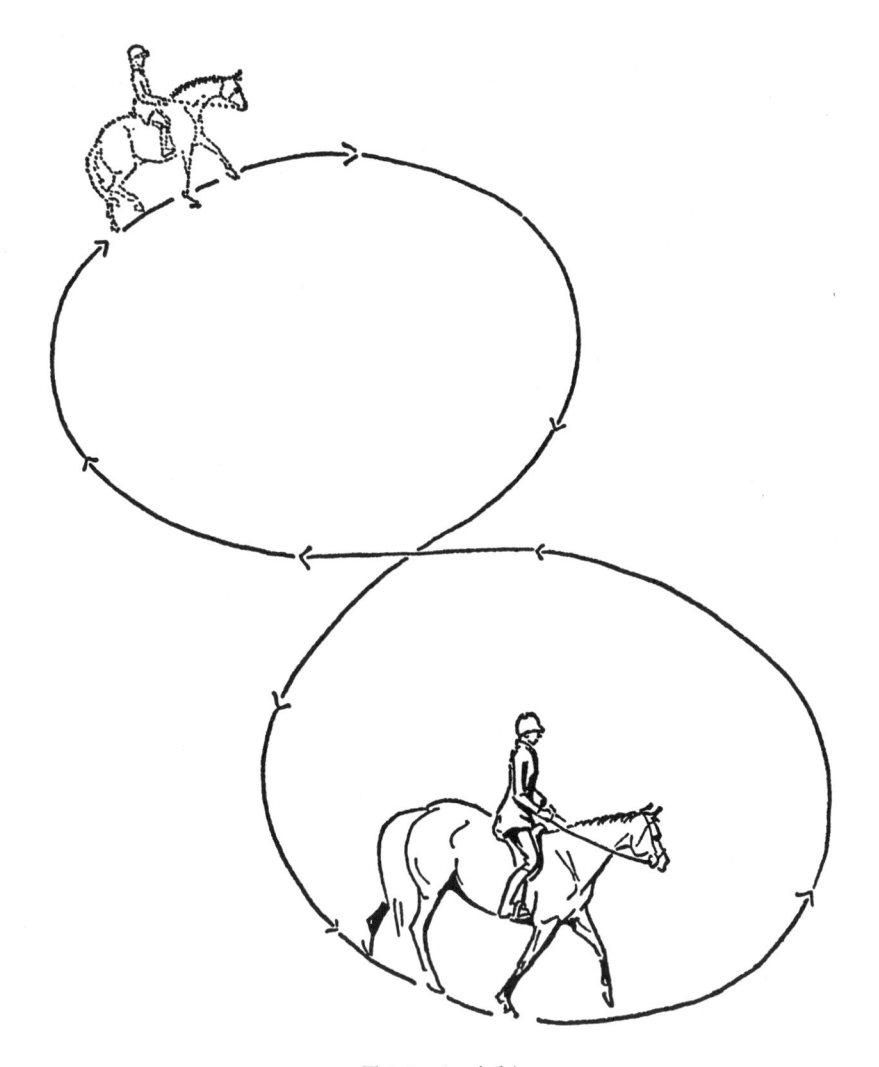

図5-2　八の字乗り

　馬を右向きから左向きへというように交互に湾曲させることとなります．馬の両側を湾曲させる運動として用いられ，また，等しい直径の2つの円の蹄跡を正確になぞらなければならないという決まりにより，八の字乗りは一般に最も

❖ 運動の際の馬と騎手—横方向の運動

人気のある横方向の運動のひとつになっています．
　前に述べたように，八の字には2つの同じサイズの円が含まれ，一定のペースで一定の場所で行なわれます．この図形の運動を行なう際の2つの重要な点は，円の中心点と2つの円が交差する点です．円の中心点は，八の字乗りにおいて騎手が2つの円を交差させる点を決めるのに必要です．それは，2つの円が交差する点をはさんでひとつの円の中心の反対側に設定しますが，その運動を行なうことができる地形によって設定する場所を選びます．もう一度言いますが，他のあらゆる横方向の運動と同様に，我々はそれぞれの円周上において馬が適切に湾曲することと，図形の線上を正確になぞることに関心があります．この運動における騎手の目の使い方は最も重要です．
　この動作において直面する危険性は，輪乗りにおけるものとほとんど同様です．馬が急いだり，逆に遅くなってしまうことです．馬は円周をなぞる際には体を湾曲させていますが，逆の方向に体を湾曲するよう求められる前に，2，3歩は完全に真っ直ぐな状態にしなくてはいけません．馬は同じ点（2つの円が交差する点）で八の字乗りを始め，同じ点で八の字乗りを終えなくてはなりません．

巻乗り

　どちらかというとハンター調教とは無縁の馬場馬術における図形が巻乗り（volte）で，これはフランス語で"小さい輪"を意味します．巻乗りは正確に6mもしくは約20フィートの直径で行なわれますが，この大きさについては，特定の場合においてのみ我々の関心を引きます．過激なハンディネス競技（スピードを競う競技）の際のジャンパー馬や，エクイテーション競技の馬などには巻乗りが役に立つでしょう．それは通常，遅い速歩や駈歩などの収縮したペースにおいて行なわれ，その直径はとても小さいので，馬の最大限の湾曲する能力を必要とします．全ての騎手の扶助は，ほぼ一緒に使う必要があります．深い騎座で，外方の手綱と脚でしっかりと支えながら，すばやく活発な内方脚を用います．バランスと湾曲とペースが維持されつつ正しく行なわれる巻乗り

61．ストロングトロット　流れるように自由に前進しながら，馬はバランスが取れており，かつ騎手のほぼ直立した上半身によって推進されています．

62．ストロングキャンター　この馬は私が望むよりはしっかりと銜を受けていないものの，馬がまとまっており，バランスが取れ，歩幅を伸ばす準備ができている状態であることは明らかです．

63．隅角における湾曲　騎手は回転に向けて行き先を見ており，馬は頭から尾にかけて適切に湾曲している良い例です．

64. 想像上の障害上での馬の動きに合わせた軽速歩　基本的な障害におけるコントロールを学ぶために，初心者が2つの支柱の間を速歩しています．

65．地上木をまたぐ際の初歩的なリリース（たてがみをつかむ）　このレベルでの練習において，たてがみを少しつかんで安全性を保つことにより，馬に完全な自由を与え，かつ騎手に自信をつけさせることができます．

66. 外方の拳で手綱をつかみ，内方の拳でたてがみをつかむ　　私のお気に入りの，脚と上半身のコントロールを発達させるための練習です．

67. 外方の拳で誘導（開き）手綱を使い，内方の拳でたてがみをつかむ　　これも，騎手にそれぞれの拳で異なった動きをする練習をさせるためのものです．

68. 頭を上げた状態での視線のコントロール
インストラクターを焦点として使うのは，騎手に視線のコントロールを学ばせるとても良い練習方法です。

69. 横方向への視線のコントロール　障害の横にいるインストラクターに集中するのは，次の回転に向けて準備をするための良い練習方法です。

70. かかとと脚の良い例 しっかりと踏み下げられたかかとと，腹帯の後ろのふくらはぎのコンタクトが良い脚を特徴づけています。

71."ダッキング" 上半身のあらゆる余分な動きは排除すべきです。騎手に馬の動きを感じさせながら障害にアプローチさせるとともに，正面を見させると，この見た目の悪い癖を矯正するのに役立ちます。

72. 脚が後ろに流れて"枝に止まる鳥"になってしまっている状態 脚が後ろに流れてしまうと，直ちに上半身の安定性とコントロールは失われてしまいます。

73. 2ポイント姿勢でのアプローチ　ほとんどのハンター競技およびエクイテーション競技では，ギャロッピングシート（腰を浮かした状態）もしくはハーフシート（軽く腰を浮かした状態）が用いられるべきでしょう．騎手の体重ではなく騎手の脚が，馬の前向きのストライドをサポートしています．

74. 3ポイント姿勢でのアプローチ　障害の2，3歩手前から，この騎手は軽く鞍に座り，馬の前向きのストライドを両方の脚と上半身の体重でサポートしています．体重を用いて乗ることによって，よりコントロールを確かなものとすることができる一方，自由さと滑らかさは妨害されます．

75. 第二段階のリリース──首筋に手を置く　　中級者向けのリリースでは，馬の首筋の上の1/3のところに手を置いて，実際にそれを押し下げます．これによって，このステージにおいては未だ必要な支えを得ることができます．

76. 停止した状態での鞭の使用　単に馬に奇妙な障害を見せるだけでなく，前進するように条件づけます．

77. 離陸する際の鞭の使用　ひどい障害の拒止に対処する場合に，このように鞭を使うことは非常に効果があります．

78. 良い障害に向かうターン　この馬の前肢の軽さと，コントロールされた外方の肩と臀部が，障害に向かう際のバランスの取れたタイトな回転を保証してくれます．

79. 空中での良い上半身　最低限の動作であること，そして騎手の胴体と馬の背中のラインがおおよそ平行であることが，通常，良い上半身のコントロールであることを示しています．

80. 角度を付けた飛越　騎手の目線のコントロールと，馬を常に柵に向かわせる能力が，角度を付けた飛越を行なう際に馬を逃避させないために絶対に必要です．

81. 不十分なリリース　これが，"セットされた"拳と呼ばれているもので，馬の頭と首のリリースにおいて，間違いなく十分な自由を与えていません．

82. 下を見た状態　空中にいる際に下を見ると，バランスと感覚の両方が台無しになってしまいます．

83. 背中に早く戻りすぎた状態　馬が着地する前に騎手の騎座が鞍に戻ってしまった瞬間，彼女は間違いなく馬の背中の動きを邪魔しています．

84. 下手な障害に向かうターン　この騎手は，視線・肩そして挙を落とすことによって，馬に対して前肢にもたれることを要求してしまっています．

85. "手の支えなしで"飛ぶ　空中で向きを変えるために，馬の口を感じ続けることは，"手の支えなしで"飛ぶための良い練習になります．

86. 正しくたてがみに結ばれた手綱　手の支えなしで飛ぶ練習をする際に，手綱が邪魔にならないようにするための最も安全な方法です．

87. 連続障害で手を横に伸ばす練習　確実に独立した脚と騎座を作るために，騎手の手綱とあぶみが取り去られています．

88. 手を頭に置く練習　美しい脚の位置を注意して見てください．

❖ フラットワーク（平地での運動）

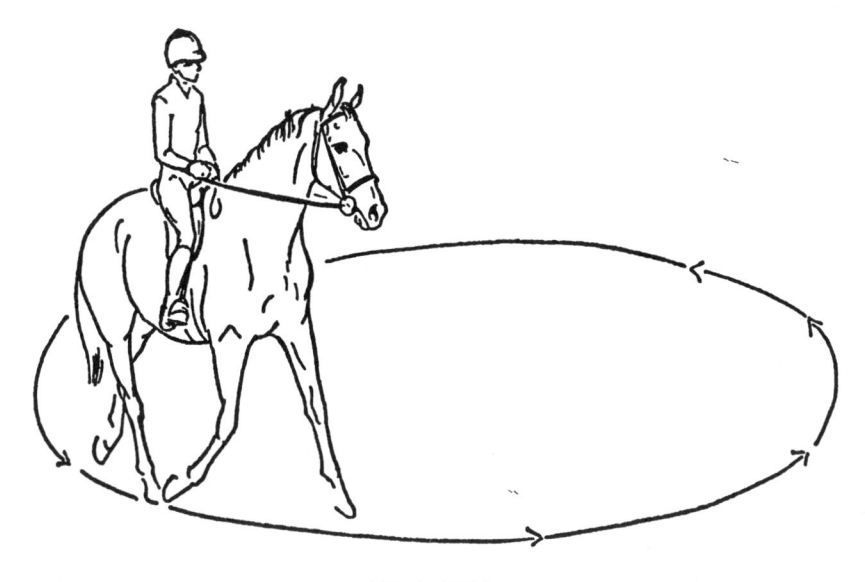

図5-3 巻乗り

の完成形というものは本当に難しいものです．もちろん，障害の練習においては，ちょっとした完璧さよりも実際の動作とすばやさが目標なので，それを念頭においてこの図形を練習しましょう．

　巻乗りを行なう際の騎手の心構えは輪乗りを行なう時と全く同じです．扶助は全く同じで，唯一の違いは，巻乗りは，経験の浅い者にとっては堅苦しく感じるものなので，輪乗りよりも収縮と空間に関してより高い意識をもつ点でしょう．

蛇乗り

　全ての訓練の中で，一般的に行なわれる便利なもうひとつの運動であり，競技場において頻繁にテストされるものが，蛇乗りです．この図形は，想像上の中央線によって分岐する輪の連続です．この中央線（輪の終わり）は，この運動の始点と終点の両方の役目があります．輪と輪の間のほんの数歩の直線によ

❖ 運動の際の馬と騎手—横方向の運動

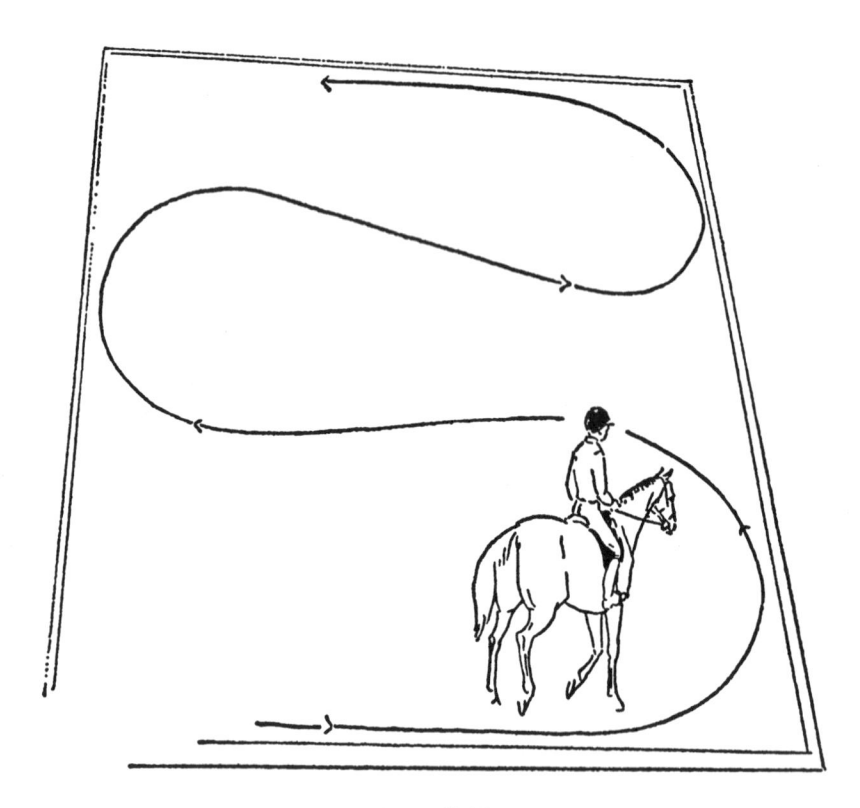

図5-4 蛇乗り

って区別される左および右への交互の湾曲が騎手に難しさを与えます．その輪は全く同じサイズであり，馬場もしくはあらかじめ決めた境界線を均等に分割したものでなくてはなりません．目は同一のサイズの輪を作るために使われなくてはなりません．そしてペースコントロールと蛇乗りの軌跡上において馬を適切に湾曲させることが必要です．これら全てを感じ，維持されなくてはなりません．速歩と駈歩におけるあらゆる手前の変換は，中央線上で行なわれます．もしくは，正反動の速歩もしくは反対駈歩を最後まで行ないます．輪の数もそれを行なう前に完全に決定されていなければなりません．

　エクイテーション競技でよくある典型的なテストは，4つの輪の蛇乗りを軽
けい

❖ フラットワーク（平地での運動）

速歩で行ない，戻りの蛇乗りでは駈歩で輪の途中で単純踏歩変換を行ないながら戻ってくるというものです．この運動を行なう前に輪の境界線をあらかじめ明確に理解しておかなくてはなりません．この運動を開始するポイントは，馬場の片方の短蹄跡(はやあし)の中央です．しかしながら，騎手は，この開始するポイントに近づいている間，収縮し，正反動での速歩を行なって準備をします．そして実際に開始するポイントに到達するまでは普通軽速歩およびその正しい手前を確立してはいけません．一旦，蛇乗りを開始したら，騎手は軌跡をなぞる手順，リズム，湾曲，すばやい移行に集中し，そして騎手が停止を行なう反対側の短蹄跡の中央点上の終点に着くまでの間，運動の全てが対称的なパターンとなるようにします．この停止は，単にこの図形運動をきれいにコントロールされた様式で終えるための枠組みという意味においてのみ必要なものです．一旦，駈歩で発進したら，次の一連の輪乗りは速歩と同様のやり方で行ないます．ただし，駈歩においては輪と輪の間で滑らかな単純踏歩変換を行なうことに意識を集中する点において異なります．ゆっくりとした正反動の速歩を間に入れて手前を変換するか，常歩を間に入れて手前を変換するかは騎手の技術と馬の訓練の度合いによります．調教運動と公式のテストの両方において，蛇乗りは進歩の度合いを測る素晴らしい物差しだと言えるでしょう．

山型乗り

とても浅い形の蛇乗りのように見える山型乗りは，横方向の柔軟性を高める運動として役立ちます．馬は常にうねっている軌道を進み，蹄跡に行ったり来たりします．最初は左に湾曲し，次は右に，といった具合にです．湾曲はとても浅い形なので，まったく鋭角のない，ジグザグの形となります．それはとてもリズミカルで，簡単に練習ができますが，その成果はほぼすぐさま感じ取ることができます．あらゆる歩様においてこれを行なう際に，騎手は5，6歩の間，馬場の中央に向かって約45度の角度で入ります．そして，馬を一瞬真っ直ぐな状態にし，また蹄跡の方向に戻ります．そして，馬の両側面が完全に柔らかくなったと感じるまでの間，馬場の全面でこれを繰り返します．

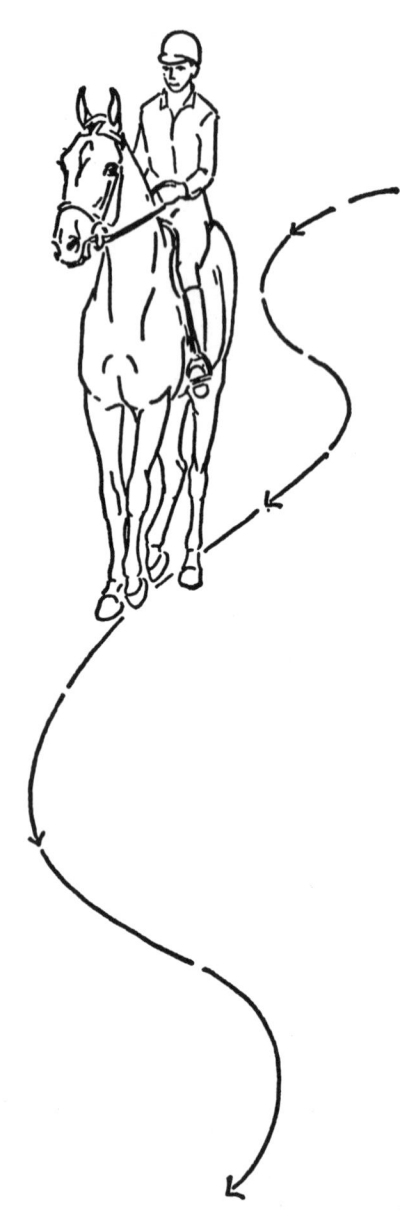

❖ 運動の際の馬と騎手—横方向の運動

図 5-5 山型乗り

❖ フラットワーク（平地での運動）

　この運動には馬と騎手にとってユニークな訓練上の強みがあります．肩を内へと同様に，山型乗りは競技においてよく登場し評価される運動ではありません．そうした運動というよりは，これはトレーニングにおける体操のようなものなのです．したがって，あらゆる扶助のコンビネーションを用いた場合の効果は他の運動と同様です．もちろん，この運動を教える主目的は，柔軟性と，馬をこの運動の方向に湾曲させる内方の手綱と脚に対する反応を高めることです．これはこの運動に対する標準的なアプローチではありますが，これが唯一ということではありません．おそらく，とても若い経験の浅い馬を操る際に，調教に役立つ興味深い反応が，内方の誘導手綱と外方の脚から得られるでしょう．あるいは，外方の脚とともに使われる外方の圧迫手綱（bearing rein）は，特に外に膨らむ馬に有効です．さらに交互に行なう滑車手綱（pulley rein）は，機敏な操縦を要求するためのすぐれた練習となります．そして実践においては，ハンティングで早いペースで森を駆け抜ける際に用いられます．ちょっとした想像力と別のやり方を実験することによって，副次的な練習はむしろとても効果的なものとなります．そして，反対駈歩や踏歩変換などの高いレベルのトレーニングにおいてさえ使うことができるのです．

半巻と反対半巻

　これら両方の調教のパターンはあらゆるハンター競技やジャンパー競技のための調教において極めて重要なものです．これらは単にフラットワークにおいて有益な横方向の運動であるというだけでなく，これらの図形の実際の軌跡が障害競技の際にも出てくるからです．半巻と反対半巻の両方とも，調教のプログラムに対して，いくつかの新しくそしてより難しい運動を行なう機会を提供してくれます．反対半巻，踏歩変換，そして二蹄跡運動，これらの全ては，半巻と反対半巻の中で簡単に教えることができます．
　半巻と反対半巻との違いは，ほとんど常に初心者の騎手に混乱を与えます．図で書いたり，乗っているところを見たりすれば，どちらのパターンも簡単に覚えることができます．半巻では，馬場の蹄跡から離れて半分の輪を作った後，

❖ 運動の際の馬と騎手—横方向の運動

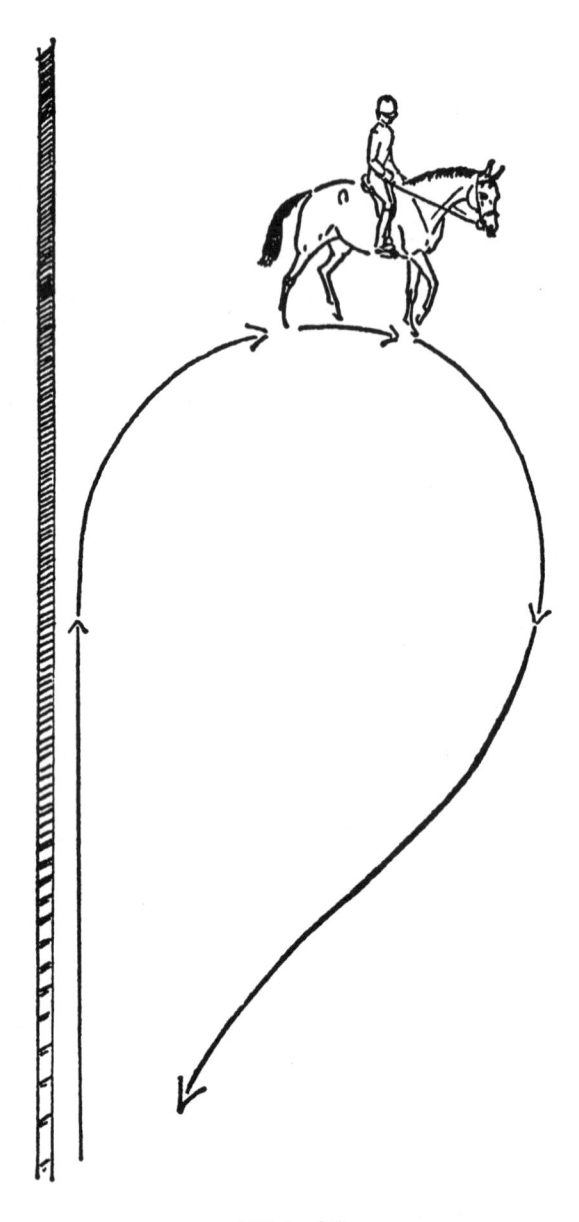

図 5-6 半巻

❖ フラットワーク（平地での運動）

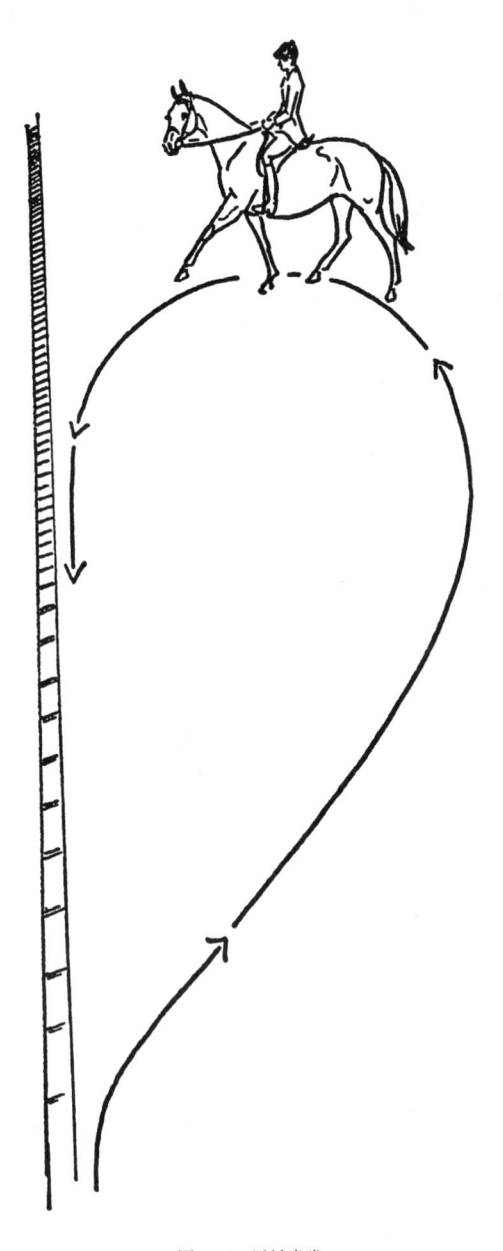

図5-7　反対半巻

❖ 運動の際の馬と騎手—横方向の運動

対角線の方向に進んで蹄跡に戻り，そのまま，反対方向に向かって馬場を回り続けます．騎手は，蹄跡に戻る時に速歩または駈歩の手前を変えることになります．前述したように，全ての横方向の運動と同様に，重要なことは馬の体が運動する図形に沿って曲がったり，真っ直ぐになったりするということです．直線上において曲がっていたり，回転において横方向に逃げて真っ直ぐになっていたりしてはいけません．

反対半巻とは，全く言葉の通りのものです．騎手は埒から離れて対角線の方向に進み，埒もしくは蹄跡に戻ることによって方向を変えるのです．騎手は，埒または蹄跡に戻る少し手前から，速歩もしくは駈歩の手前を変えることになります．ただし，反対駈歩の場合だけは例外です．これら両方の運動は，とても大きな想像力と多様性の自由を与えてくれるものです．それらは，通常の歩様のみで行なわれるべきものではなく，回転は収縮のための機会を与えてくれ，直線は伸長の機会を与えてくれるものなのです．回転と直線を順番に緊密に行なうには，横方向への機敏さと同様に縦方向への柔軟さが要求されます．

前肢旋回（ぜんしせんかい）

これより先に進む前に，馬は騎手が脚の位置を置き換える動作を理解し始めていなくてはなりません．馬はすでに，外方の脚の抑える動作と同様に，前に進み，横方向に湾曲するという意味においての脚について理解しています．しかし，作用している外方の脚に押されて横方向に腰を動かすことについては全く教えられたことがありません．前肢旋回は，この反応を導入するために用いられる最も初歩的な運動です．

定義では，この運動は，ほぼ静止した状態で旋回軸として機能する前肢を中心に馬の腰が円状に回転するというものです．この運動は，対角線上もしくは横方向の扶助によって行なうことができるでしょう．そのいずれを用いるかは，馬の進歩の度合いもしくは，この運動を用いる特定の目的によって異なります．湾曲は，馬の動く方向と一致することも反対となることもあります．最初に簡単なアプローチをとることとして，横方向の扶助，外方の手綱と脚を用いる方

❖ フラットワーク（平地での運動）

法を説明しましょう．

　馬を馬場の埒や，障害や，その他の堅固な障害物に対して平行な状態で乗ります．次に外方の間接手綱を使って馬の頭を壁の方向に曲げ，そして騎手の外方の脚を後ろの方に移動します．前肢を静止させたままで，次に腰を1歩1歩，固定された前肢を中心として回転させます．もちろん，その歩数は馬の訓練の度合いによって異なります．通常の前肢旋回は180度ではありますが，最初の1歩もしくは2歩がうまくできれば十分でしょう．この運動では，2通りのよくある回避行動があります．横方向に動いてしまうか，後ろに動いてしまうかです．もし馬の肩が内方に向かって動いてしまった場合は，騎手は，圧迫手綱（bearing rein）として作用する内方の手綱と併せて，内方の脚を腹帯の上で使います．馬が後ろに動いてしまった場合には，両方の脚を力強く用い，上半身を真っ直ぐに立てます．全ての横方向の運動における重大な罪は，馬が落ちこぼれてしまい騎手の意思に反して回避してしまうことです．

　馬がこの運動を理解し，反応するようになったら，なるべく早目に対角線上の扶助を用いるようにした方が良いかもしれません．もちろん，これは，馬が自分が動いている方向に向かって湾曲し，そしてそれを行なうために馬が騎手の両方の脚の異なる動作を明快に理解していなければならないという意味です．湾曲を保つために，内方の脚で支えながら，内方の間接手綱で馬の姿勢をコントロールします．その際，外方の手綱は前肢を静止させるために用います．同時に，馬は活発な外方の脚に押されて，馬が湾曲している方向に向かって動いて行かなくてはなりません．課題がどれだけ複雑になったかが簡単に見て取れるでしょう．馬は，単に一方向に向かって腰を動かせばよいというだけでなく，同時に馬の前半分で方向を否定し，この部分を反対方向に動かさなくてはならないのです．実際，この前肢旋回の，より上級者向けの方法は，高度な馬場馬術を目指す馬のみが，腰を内へや，二蹄跡運動など高度な横方向の運動の準備を行なうために必要とするものです．一般的なハンター馬やハンターハック馬にとっては必要ありません．ここで最初に紹介した単純な回転は，単にそれ自体が良い調教運動であるばかりでなく，国中のあらゆる乗馬にとって計り知れないほど価値のあるものです．馬の前半分と腰の両方を同時にコントロールすることは，乗馬のあらゆることが簡単になる足がかりとなるでしょう．

❖ 運動の際の馬と騎手―横方向の運動

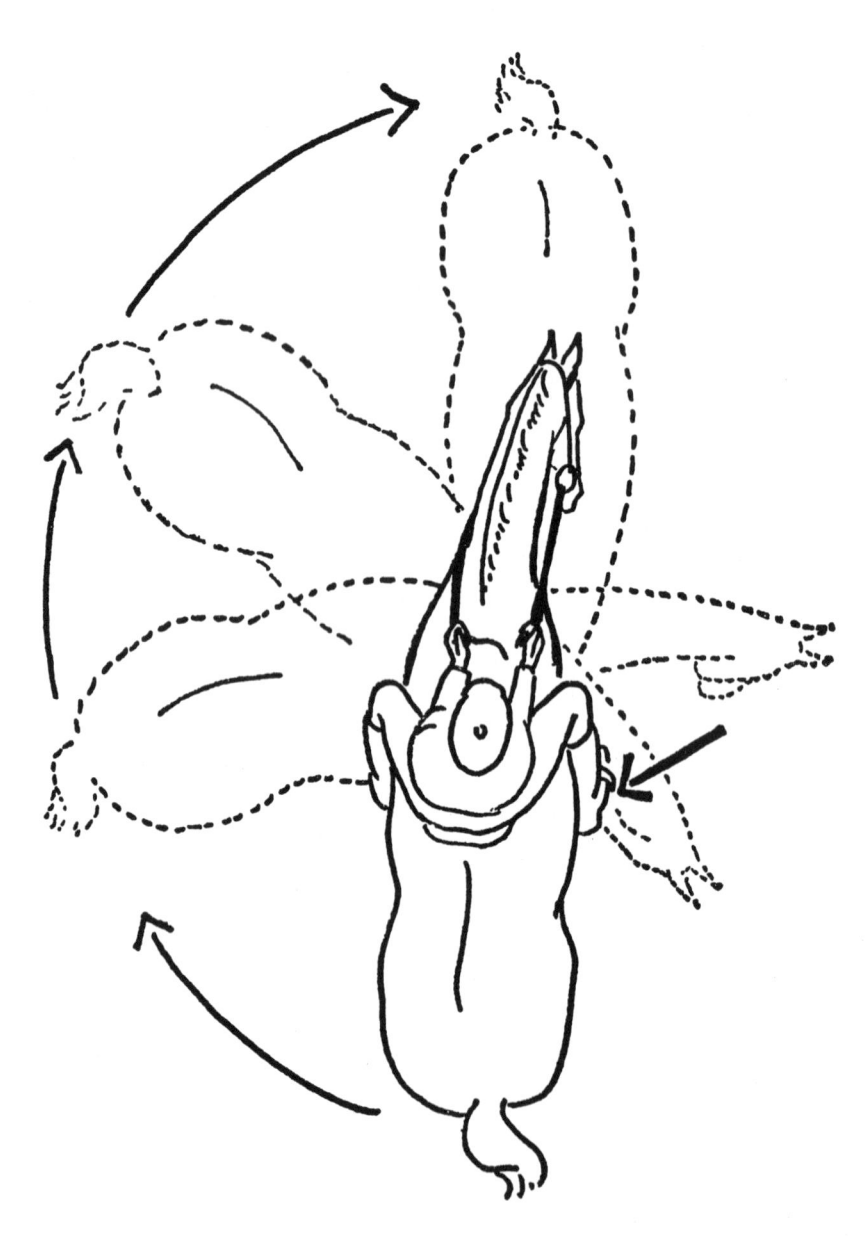

図 5-8　前肢旋回

❖ フラットワーク（平地での運動）

後肢旋回
こうしせんかい

　横方向の移動は，前肢旋回でもたらされる唯一の有益なコントロールです．この運動では，体重の大半は，静止した状態で馬の前肢に割り当てられ，馬の臀部は比較的負担が軽く自由な状態にあります．これは，後肢旋回と呼ばれる横方向の運動を考える際には全く当てはまりません．馬の下に位置する後肢の動きのおかげで，体重移動とバランスは後ろ側に配分され，前肢が軽くなり，より動きやすくなるのです．これが"収縮"（コレクション：collection）と呼ばれているものです．ギャザリング（gathering）は，この状態にある馬の継続的な動きと活発さを表現するもうひとつの単語です．全ての収縮運動の中で，これは間違いなく調教において最良のもののひとつです．そして数歩の移動はトレーニングの初期で行なわれるべきでしょう．

　正しい後肢旋回は，対角線上の扶助の使用によってのみ行なうことができます．最も初歩的な段階においてさえ，内方の手と外方の脚が支配的な働きをし，その他の扶助はしっかりとサポートする役目をします．再度，馬場の埒もしくは障害物に平行な状態で馬に乗り，少なくともひとつの逃避できる道をふさいでしまいます．次に馬を，内方の間接手綱と脚でわずかに内側に湾曲させます．この内方の手綱は，トレーニングの初期の段階においては，馬の臀部を中心にして前肢を導くための誘導手綱を用います．トレーニングの後期においては，手ほどきを受けた馬であれば方向を導くのに十分な働きをするき甲の後ろの間接手綱を用いることも可能です．き甲の後ろの間接手綱の線は，馬の口からき甲の後方を通り，馬の反対側の臀部をつなぐものになるということを覚えておいてください（図5-9参照）．外方の手綱は，臀部を内側に回転させるよう押す活発な外方脚から，馬が前に逃げられないようにするための抑止力として働きます．あらゆる横方向の回転において，馬は1歩もしくは2歩前に出るべきですが，後ろに下がっては絶対にいけないということを覚えておいてください．これは，馬は常に騎手の騎座と脚の前にいるべきであるというしばしば無視されている原則と全く同じものです．前肢と臀部が回転する前の，前に出る動きは任意です．このレベルの乗馬では，停止もしくは常歩からの実施で十分でしょう．良い障害馬のトレーニングとしては，駈歩の際の収縮運動に特に力点を置

❖ 運動の際の馬と騎手―横方向の運動

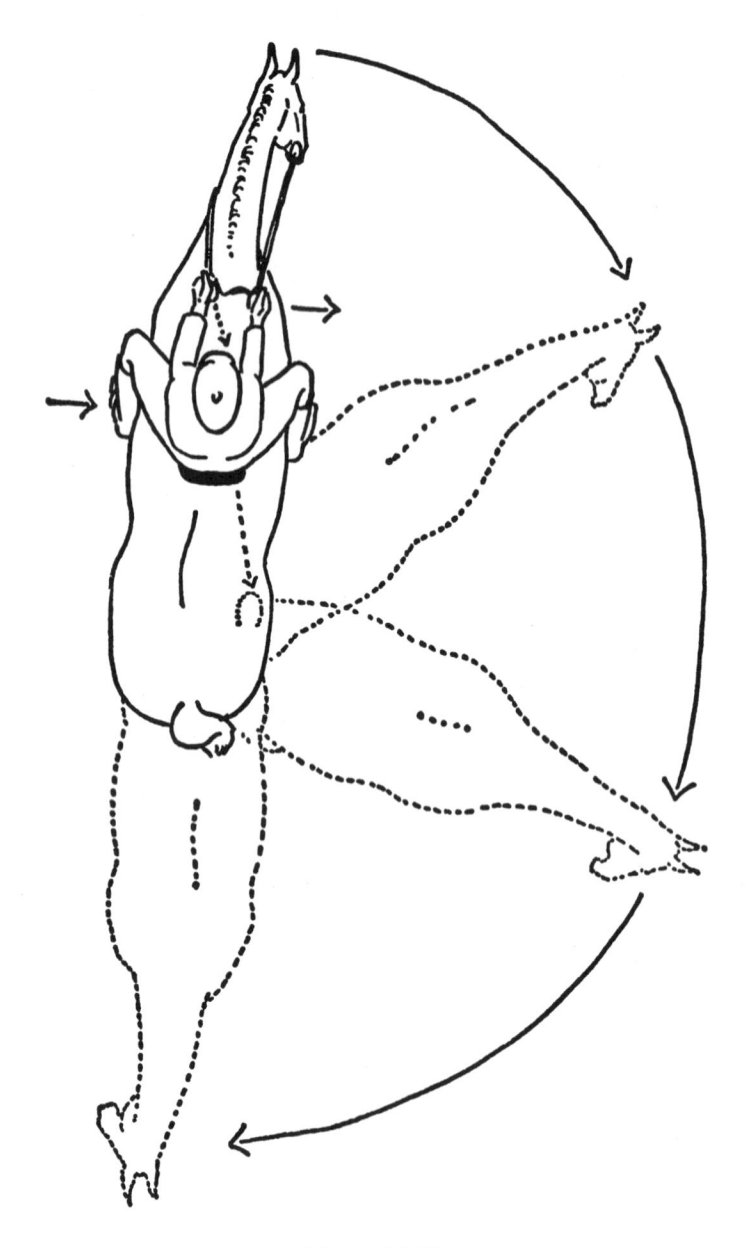

図 5-9 後肢旋回

いています．これは，その延長線上で駈歩による後肢旋回，もしくはフランスにおける高等馬術（haute-ecole）の用語で言えばピルーエットとなるものです．

輪乗り中の手前変換

もうひとつの横方向の運動で，ハンター－ジャンパーの運動よりも馬場馬術を連想させる運動が，輪乗り中の手前変換です．単純に普通の輪乗りの円周の中でS字を描くことにより，輪乗り中の手前変換を行なうことができます．この図形の価値は，蛇乗りと八の字乗りと同様に，名前の通り交互に代わる湾曲が何歩かの真っ直ぐな歩様によって結合しているところです．方向変換するための単純な手段になるという点に加えて，単純踏歩変換もしくは踏歩変換のための練習に良い軌跡となる点が，この簡単な図形の付加的な使い道です．

踏歩変換

ほとんどのハンター－ジャンパー馬の運動において，調教運動というものは元来，均整のとれた馬にするための手段であり，これらの運動の中で，より早いペースで障害を越える実際の演技において直接的に影響力をもつような運動はほとんどありません．これらの調教運動の価値は，重要なものではありますが，通常いくぶん間接的なものです．これに対する第一の例外が，とても重要な運動である手前の踏歩変換です．

手前の踏歩変換とは，駈歩（キャンター）もしくはギャロップにおいて空中で肢を入れ替えることです．馬の走りを邪魔することもなければ，はっきりとペースを変更することもありませんが，もし踏歩変換をきちんと行なおうとする場合は，収縮とバランスは明白に保たれていなくてはなりません．ペースの継続性という観点から，いかに踏歩変換と演技における実際の状況とが密接に関連しているかを理解することは難しくないでしょう．本当に，こんなにも競技と密接に関連している運動は他にありませんし，またハンター競技やジャン

❖ 運動の際の馬と騎手—横方向の運動

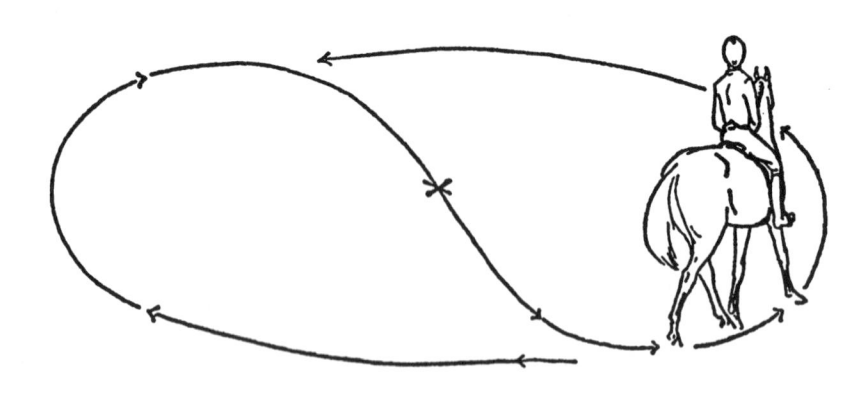

図 5-10　輪乗り中手前変換

パー競技の準備としてこんなにも無視されている運動も他にありません．幸いなことに，一般的な馬は，最終的には本能に従って，コーナーで自分自身で手前を変えることを学びます．しかし，現代のコースデザインを考えると，それでは必ずしも十分に早い時期に学んでいるとは言えないため，それが自然にできるようになるより前に，この運動に対して特別な注意が向けられるべきでしょう．洗練されたすばやい踏歩変換は，ハンティング場と競技場の両方において十分に役に立つものです．そして完璧な踏歩変換においては，馬の前肢と後肢の両方が同時に手前を変換します．

　例えば，左手前の半巻において踏歩変換を行なうとします．回転における湾曲が完了した後すぐに，騎手は外方（右）の脚と手綱を使って馬を真っ直ぐにします．これは，馬の身体をわずかに右に湾曲させる状態に至るまでのぎりぎり手前のところまで行ない，この動きによって左にかかった馬の体重を取り除き，よって馬の右サイドを動きやすくします．手前を変えたい現在の手前の側への馬の体重の負荷を軽くしつつ，騎手は馬のペースを一定に保ち，速くなったり遅くなったりしないようにします．そして新たな外方の脚で馬が肢を入れ換えるよう推進します．この馬の肢の入れ換えは，騎手が新たな外方の脚を手のひらひとつ分（約10cm）腹帯の後ろに置き換えることにより起こります．踏歩変換における2つの最も重要な特徴は，真っ直ぐさとペースの維持にあります．この動きを学習している途中の馬は，横方向に他方の手前に転じるより

❖ フラットワーク（平地での運動）

図5-11　踏歩変換

も騎手の脚から逃げようとする傾向があるため，ペースを維持するのが難しいものです．これが，私がこの運動を縦方向の運動ではなく横方向の運動に分類している理由です．

　ギャロップの際に行なう踏歩変換の機会は非常に多いため，ギャロップにおける練習は，駈歩で踏歩変換がコンスタントにできるようになった後すぐに行なうべきです．その際の扶助は全く同じです．馬を完全に真っ直ぐにしてペースを一定にし，馬がスピードを上げることなく，前肢と後肢の手前が変わるまで外方の脚を用います．これはすべて騎手が，わずかに鞍から腰を浮かしたギャロップ姿勢（galloping seat）をとっている状態で行なわれるべきです．この際の反応は拳と脚を通じて引き出すべきものであり，体重を通じてではありません．馬は，本質的に騎手の真下で手前を変換します．通常のギャロップ姿勢でない騎座においては，馬は騎手よりも前で動いていますので，フィーリングと意図するところにおいて違いがあります．

　一度，騎手と馬が，こうした手前の変換において調和がとれてしまえば，こんなに簡単なことはありません．単純踏歩変換の場合と同様に，真っ直ぐな線上での踏歩変換については，回転中の手前変換を繰り返し行なった後に行なうことをお勧めします．直線上での踏歩変換の扶助も全く同じです．そして，馬

❖ 運動の際の馬と騎手—横方向の運動

がどこがどのように直線から外れているかを感じるかは，その騎手次第です．馬の身体が曲がることはそれ自体が踏歩変換を行なうための必須条件なため，疑わしい姿勢を作らせている扶助は修正されなくてはなりません．つまり，手前を変換するための扶助は，真っ直ぐさを保つための扶助によって強化されなくてはならないのです．言い換えると，両脚と両挙と体重は常に使われていなくてはならず，そのどれもが欠落してもいけません．

反対駈歩
(はんたいかけあし)

　踏歩変換とは対照的に，反対駈歩にはハンター競技やジャンパー競技に対して直接的な価値は何もありません．誰も間違った手前で障害のコースを回りたいとは思いませんし，それが，この運動が"誤ったギャロップ"(false gallop)と言われる所以です．さて，この運動は，この本で提唱しているその他の多くの運動のように，ハンティングや障害など特定の乗馬スポーツに実際的につながりのあるものではありませんが，それが，そうした運動がたいして価値がないということを間接的に意味するものではありません．反対駈歩の必要条件であるバランスとペースのコントロール，そして騎手の騎座の強さと手と脚の独立，という点において，反対駈歩というのは優れた練習なのです．また，異なる図形を描きつつ誤った手前を維持することにより，馬の扶助に対する認識と従順さが，より厳しくテストされます．そしてそれが，この運動がUSETのエクイテーションクラスに課題として入っている理由なのです．

　私は，この運動を教えるのに，半巻を利用するのが簡単であることを発見しました．反対駈歩には，4つの進歩のレベルがあります．真っ直ぐなラインで行なうもの，隅角で行なうもの，馬場の短蹄跡もしくは2つの隅角で行なうもの，そして完全な輪乗りで行なうものです．この運動を始める際に，馬は正しい手前で半巻を行ないます．しかし，蹄跡に戻ったところで通常は手前の変換が行なわれますが，馬は同じ手前を維持したまま蹄跡を進み，隅角の少し手前で手前の変換を行ないます．もし，馬がこれをいつもやっているように簡単にできるようになったら，ひとつの隅角で緩やかに曲がることを試してみましょ

❖ フラットワーク（平地での運動）

う。この回転はとても緩やかであるべきで、この段階では、角度が急激であったり四角い方向転換の場合、確実にバランスを危うくしてしまい、踏歩変換してしまう可能性が高いでしょう。ここまでをスムーズに急がずに練習を行なえば、両方の隅角および全ての短蹄跡における反対駈歩は、ひとつの隅角におけるものよりも難しくはありません。馬が馬場全体を楕円形で回れるようになれる頃までには、馬は速歩になったり、手前を変えてしまったりしなくなっているでしょう。もし、そのようになってしまったら、騎手は馬をゆっくりとした速歩もしくは常歩に落とし、長蹄跡における次の直線まで待ち、もう一度やり直します。回転の途中において馬に反対駈歩の発進を求めるのは早すぎますが、後々これを求めることは問題ありません！一旦、馬と騎手が自信をもって両手前の馬場全体における反対駈歩をコントロールできるようになったら、輪乗りや、八の字乗りや、回転や、蛇乗りなどの図形を練習しましょう。隅角において新たに反対駈歩を練習し始める時と同様に、こうした図形を少しずつ大きくしていき、なだらかに段階的に完成に近づけていくことが重要です。反対駈歩を行なう時の最も大きな障害はペースです。速いペースやスピードは、馬をたちまち怖がらせてしまうバランスの喪失の原因となります。確かな安定性を取り戻そうとする反応は、自然で、安定した手前を全面的もしくは部分的に取り戻そうとするものです。収縮とコントロールを通じて行なえば、このようなことは起こりません。そして馬が快適さを感じ、安心すれば、馬は回転で肢をとられることもないことを知ります。全ての運動の中でも、この運動は段階的に忍耐をもって望まなくてはならないものです。そうしないと転倒する恐れがあります。

　この運動を行なう際の騎手について言えば、騎手は、全ての扶助の位置と機能を明確に意識していなくてはなりません。深い騎座は、馬のバランスを後ろ半分にもっていき、前半分を軽くするために、最も重要なものです。馬が手前を取っている側と反対側の、馬が反対駈歩で回転している時に内側にくる、外方の手綱は、完全な支えとして用います。初めの段階においては、この手綱は、馬を外方に湾曲させるという意味において、支えとして用いる必要があります。しかしながら、上級のレベルにおいてはこれは間違いです。技術的に矯正された馬は、通常の駈歩であるか反対駈歩であるかにかかわらず、どのような回転

❖ 運動の際の馬と騎手―横方向の運動

図5-12 反対駈歩

を行なっている間も，取っている手前の方向に湾曲するようになります．外方の脚は，内方脚と同等に馬を支え，内方脚よりも活発に使いながら，全体を通じて真っ直ぐさを維持します．内方の手綱は初めは馬を誘導する役目を果たしますが，後には馬を内側の手前の側に湾曲させる役目を果たします．また，内方の脚は，腹帯の後ろの端の部分に位置し，推進力としての影響力を使用しますが，こちらもより上達したレベルにおいては，湾曲させるために用います．おわかりのように，体重の配分は常に後ろに置きつつ，馬のフレームの全ての4つのコーナーが存在しなくてはなりません．騎手の役割におけるいかなる怠惰もすぐさま影響が出てしまいます．横方向の運動における難しさは，騎手と関係なく発生するものではないのです．

❖ フラットワーク（平地での運動）

運動の順序

　全ての意図をもった取り組みには，何らかのシステムが必要です．馬のビジネスについても例外ではありません．適切な厩舎の管理から，一団の馬の細かな調教に至るまで，規律が必要です．統制された運動プログラムがなければ，平凡な結果しか出ません．そしてこの科学的な現代においては，平凡なものに残された隙間はほとんどありません．娯楽として馬に乗る人でさえ，技術的な進歩と安全を確かにする時間毎の完全なプランを立てるべきでしょう．そしてもしこの進歩が確かなものとなり，習慣が形成されれば，反復が最も重要な要素になります．既知の証明済みの正しい技術の反復こそが結果を生み出し，それ以外に近道はありません．毎日5分の所定の運動は，スケジュールが決められていない延々と続く運動よりも，格段に有益なものです．馬の動きとムードを感じる感覚と直感は，ことわざにもあるように，"生まれながらのホースマン"であることからよりも，活発な練習と馬との付き合いから，より頻繁に生まれるものです．優れた精神的および身体的な素質の結合である才能というものは，いずれも素晴らしいものではありますが，努力の量と学びたいという意欲に代えられるものではありません．90％の時間を練習に費やし，残りの10％を生まれながらの才能に頼っている騎手は，通常，その割合を逆にして怠けている騎手に打ち勝つことができます．まとめると，最も効果的に時間毎に組み立てられた知的な運動計画は，馬と騎手に，最短の時間で最も良い結果をもたらします．

　練習の際の馬と騎手の準備運動の例を以下の通り述べます．騎手が馬に乗った後（視線を上にして！），常歩で発進します．常歩でウォーミングアップをしている間に，騎手は2ポイントコンタクトにおいて脚の位置を保つことに集中して，かかとを押し下げたり，後ろに引いたり内側に入れたりするか，もしくは3ポイントコンタクトにおいて，座骨に体重を感じるかのどちらかのコンタクトをとります．2ポイントコンタクトの時は，片方の手でたてがみもしくはマルタンガールをつかむと良いでしょう．良い脚をコントロールすることができる騎手は，最終的には，両方の腕を広げ，脚を身体の下の正しい位置に置いた状態で2ポイントコンタクトで歩くことができるでしょう．3ポイントコ

❖ 運動の際の馬と騎手—横方向の運動

ンタクトで正しい姿勢をとった場合には，頭の後ろから，肩，尻，そしてかかとに至るまでが，おおよそ直線になっていなくてはなりません．頭，肩，尻，かかとです．おおざっぱな指針としてこれを用いることにより，この線が良いバランスを確かなものとしてくれます．ちょうど，騎手の肘から馬の口に至る線が挙の弾力性を予測させてくれるように．

さて，馬と騎手が数分常歩で歩いたところで，馬の動きに合わせて軽速歩をする準備ができました．これは，コントロールされたスピードで行なわれながら，馬と騎手の両方の身体をほぐしてくれるという点において，理想的な歩様だと言えます．騎手の身体が常に正しい位置にあるかどうかは置いておいて，当面の目標は，安定して毎時8マイル（約12.8km）のペースを維持することです．これは，急ぎすぎず遅すぎもしない活発な速歩と言えます．ここまで説明した運動は，1時間の運動の組立ての中の，ほんの始まりの一部です．おそらく，ここまでで最初の7から8分程度でしょう．馬が退屈して新鮮味がなくなってしまわないように，関連した運動による追加的な練習をほぼ同時に行なうべきでしょう．生まれつき運動において想像力とバラエティーに欠けているような騎手はいません．馬と騎手を作り上げていくことは，コンクリートの構造物を作るのに似て，ブロックをひとつひとつ積み上げていくものであり，それぞれのステップがその前のステップを必要としているのです．

まとめると，馬は，乗る騎手によって良くもなり悪くもなります．そして馬たちは，自分自身でレベルを維持することはなく，優柔不断や無知は，平凡でお粗末な騎乗と悪い馬を作り出してしまいます．自分の姿勢を改善する方法，正しい扶助の活用，扶助の組み合わせ，そして多様な結果に至る順序を熟知し，多様な調教運動に精通しているような騎手は，どんなことでもうまくやるでしょう．彼は国中で乗馬を楽しみ，狐狩りを最も上手に行ない，競技場においても有利に戦い，馬を調教して自身の勝利馬を育てることができるでしょう．あらゆる角度から見て，スポーツを包括的に理解することには，安全性，成果もしくはその両方の報償があると言えるでしょう．

PART III

しょうがいひえつ
障害飛越

3つのレベルの障害飛越

　一般的に言って，生徒が，正反動の速歩と駈歩で上手に騎乗することができ，騎手の拳と騎座との間でかなり高い程度の独立性が確立していない限り，指導者がその生徒に，たとえそれが小さな障害物であれ障害飛越を教えるのは不適切です．しかしながら，一旦，この段階に到達すれば，たいていのジュニアは障害飛越に夢中になるでしょうし，またそれを奨励すべきでしょう．なぜなら，たとえ彼らの主な興味が平坦な地での馬術であったとしても，通常，その経験が彼らの乗馬技術に有益なものとなるからです．

　騎手の障害飛越のトレーニングを3つの異なる段階もしくはレベルに区分すると便利です．それぞれの段階は，基本的に，障害にアプローチする際の異なる馬の口の"リリース"の方法によって特徴づけられています．レベルが低いほど，より早くこのリリースが行なわれるべきであり，騎手が馬の口につかまってしまういかなる可能性も排除するための，より確かな"保険のような基準"とすべきでしょう．

CHAPTER 6

障害飛越ファーストレベル

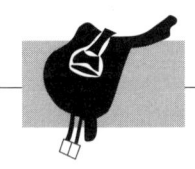

馬の動きに合わせて軽速歩(けいはやあし)をする

　軽速歩を行なっている騎手を思い浮かべてみてください．彼の上半身の角度は，騎手が障害を飛ぶ時とギャロップをする時の姿勢とそっくりです．軽速歩では，上半身が前に押し出されることから，バランスを保ち，後ろに遅れてしまわないように前傾姿勢を余儀なくされます．そして騎手が馬の動きに合わせて軽速歩をすることができるようになったと同時に，その騎手は障害飛越の基本を学ぶ準備ができたと言えるでしょう．覚えておいてください，そして忘れないでください．全てのこの初心者向けの運動の間は，生徒は垂直な線から約30度前傾していなくてはなりません．

　実際の障害物を用いる最初の練習では，まず軽速歩で，支柱と埒(らち)との間もしくは両翼（馬を誘導し真っ直ぐに保つことができるようなもの）の間にかけられた想像上の横木を越えることから始めます．一旦，騎手が速歩で基本姿勢を保つことができるようになったら，想像上の横木を本物の横木に置き換え，そして馬の動きに合わせて軽速歩を行ない，そして適切な基本姿勢を保つという

❖ 障害飛越ファーストレベル

同様の要求を課します．

（たてがみを使って）リリースする

　実際の障害を越える際の最も重要な要素は，障害物に接近する際に馬の口をリリースすることです．その他の練習と同様に，最初は停止した状態でこれを教え，その次に地上に置いた横木で練習すべきでしょう．このリリースは，単に馬にそのペースを上げることを許すだけでなく，障害物を越える際に馬が頭と首を使うことを許すものです．この基本原則は，実際に馬に障害を飛ばせる際の最も重要な最初のステップなので，リリースを適切に使い，理解することなしにそれ以上の進歩は望めないでしょう．初心者に，この最初の，もしくは"第一段階の"リリースを教える際には，騎手に馬の首の半分より上の部分のたてがみにつかまり，飛越が終わった後，数歩歩くまでの間，たてがみをつかんでいることを奨励すべきでしょう．私たちはこれをロング・リリースと呼んでいます．これにより，騎手に最初から，離陸の際，ジャンプの間，もしくは着地に至るまでの間で馬の口を邪魔してはいけないという基本原則を覚えこませることができます．リリースは馬の首筋に触れた状態で行なわれなくてはなりません．なぜなら，馬の首筋は最大限のサポートを提供してくれるからです．首筋よりも下でリリースする騎手は，通常，着地の際に，拳と身体が崩れてしまいます．そして首筋よりも上でリリースする騎手は馬が障害を飛ぶのを邪魔してしまいます．

　たてがみをつかむことはそれ自体がテクニックです．そしてそれを行なうためのいくつもの異なる方法があるので，全て練習するべきでしょう．最初の方法で，最も簡単なのは，両手を伸ばして単につかまる方法です．片手でたてがみをつかんで，もう一方の手で手綱を持つ方法には，馬のペースをコントロールしつつ，首をサポートとして使えるという二重のコントロール上の利点があります．3つ目の方法は，私が特にお勧めするもので，騎手が手綱を分けた状態で内方の手だけで，たてがみの上半分をつかんで馬をリリースする方法です（口絵写真67参照）．この方法では外方の手が自由になるため，馬を障害に誘

❖ 障害飛越

導するのに使うことができます．そして，より上級者向けの練習を見据えて，将来的に"手の支えなしで"飛ぶことを学ぶ時に，生徒は2本の手ではなく，1本の手を馬の首から外せばよいからです．さて，これらがたてがみをつかむ技術的に正しい3つの方法です．リリースというのは，あまりに基本的過ぎて，しばしば練習されないため，多くの上級者の騎手たちがやったことがなく，また少しも練習をすることなくできるわけもありません．たてがみをつかむのは間違いだという間違った主張の餌食になってはいけません．それは間違いではありません．そして，かなり初期の段階において，未熟な馬や若い馬を扱う際には，リリースは必ず行なわなくてはなりません．この段階においては，"たてがみか口か？"という選択の余地はありません．騎手にとって，これを注意して行なわないのは恥ずべきことです．多くの反抗ややっかいな飛越は，馬が障害を飛んでいる際に口を引っ張られたせいで，馬が怖がったことの直接的な結果なのです．

目を使う

障害を飛ぶ時の安定性とバランスの確保に向けた次のステップは，騎手の目の意識的なコントロールです．目のコントロールは，拳や，脚や，上半身のコントロールと同様に重要なものです．多くの人は，馬が障害を飛ぶためには最低限，頭と首が十分に自由になっていなくてはならないということを知って，リリースが必要ということに気が付きますが，バランスを保つことと予測のために，前を見ることが重要だということに気が付いている人はほんの一握りです．よって，私は，これは一般的な騎手の集団の中で最も共通する欠点だと考えています．そしてそれは，簡単に矯正することができ，簡単な反復練習で学ぶことができるものなのです．

障害を飛ぶための目の使い方には3つのステップがあります．最初は，障害に向かって回転し，馬が障害を飛ぶためにペースを上げることを許す前に，助走のための直線を探すことです．次は，ひとつの障害もしくは複数の障害を飛ぶ時に，障害の上で最後の障害を飛び終えるまで，真っ直ぐ前の特定の焦点を

見ることです．3つ目のステップは，直線の最後で馬を真っ直ぐに止めて，次の運動に移る前に数秒停止させることです．この最後の特別な段階を私は"仕事の終了"（finishing the job）と呼んでいます．この運動，そして全てのその他の目の練習の間で，騎手について注意すべき点は，次の障害に向かう時や一連の障害の上にいる時のどちらのケースにおいても，真っ直ぐ前を見ることに集中することです．

　他にも，騎手が知らず知らずのうちに下を見てしまう癖を矯正するための上級者向けの練習方法はたくさんあります．インストラクターを焦点として使い，障害の前から横や後ろに立つ位置を変え，その焦点を目で追わせるのは，騎手に必要な安定性やバランスを与えることができる優れた練習方法です（口絵写真69参照）．目を完全に独立して使うことができるようになったら，目のコントロールは軌道にのったと言えます．また，こうした練習を通して騎手の反応速度を研ぎ澄ますことができます．

かかとと脚

　かかとの深さと適切な脚の位置が，基本的な障害飛越の技術において，次に重要なものです．かかとに十分に体重がかかっていないと，障害を越えて着地した際に，騎手は着地の衝撃で身体が揺れ，鞍の上で飛び跳ねてしまうでしょう．この柔軟な足首がショックアブソーバーとクッションの役割を果たし，また，引っかかる馬に対して突っ張る際にも役に立ちます．間違いなく，最もすばやく騎手の強さと安全性を見極めるために参照する方法のひとつは，その騎手の脚の位置を分析することです．少数の並外れた運動能力をもつ騎手は誤った脚の位置のまま乗っていますが，彼らは脚の位置を判断したり教えたりする際の基準にはなり得ません．一般的な生徒は，普通でない姿勢で，例外的な生来の才能がある騎手がもつ，すぐれたバランスやフィーリングやタイミングを獲得できることを期待してはいけません．そして，一般的な生徒にオーソドックスでない騎手を手本として教えるのは不適切です．

　脚を腹帯の後ろ側の端のすぐ後ろに置くことが上半身との関係においてとて

❖ 障害飛越

も重要だということを説明しましょう．上半身が脚の真上にあって，脚よりも上半身が後ろに位置することがない場合のみにおいて，騎手は馬の動きについていくことができます．脚が身体よりも前にくると，騎手は障害を飛ぶ馬についていくために身体を前に投げ出す必要があります．これは馬の動きに遅れて軽速歩を行なう時にも同じことが言えますが，障害を飛ぶ場合にはさらに大変な運動になります．反対に，脚が身体よりも後ろに置かれると，馬の動きに先んじて前につんのめってしまい，上半身の支えは全くなくなります．これが，脚が前に置かれている騎手は馬の動きに遅れてしまい，動きに滑らかさはないが，効果的に乗っていることがしばしばある理由です．しかし，脚の位置が後ろすぎる騎手がうまく乗ることはあり得ません．馬の動きについていくのは正しく，馬の動きに遅れるのは効果的な局面もあります．しかし，馬の動きに先んじることは完全に無意味です．したがって，本当の初期の段階から正しい脚の位置を保つことを学ばなければならないのです．

障害の順序

騎手に障害を飛ぶ動作を教え込むのは，とてもシンプルでなだらかな順序で行なわれます．初期の段階の乗馬における初めての飛越では，騎手にまず想像上の障害を飛ぶことを要求すべきでしょう．この"飛越"では，必ずしも両翼（馬が逃げないようにするための横木や木の枠）は必要ではありません．私は両翼の熱烈な支持者ではありませんので，初心者を教える際など本当にそれが必要な場合にしか使いません．それらは一度騎手の心に刻み込まれると消し去ることが難しい精神的な支えとなってしまう傾向があります．馬と騎手のトレーニングが適切であれば両翼は必要ないと言えるでしょう．この最初の飛越練習においては，騎手は，想像上の飛越を行なう際に馬の動きにあわせて軽速歩を行ない，馬場の端の一定の焦点に向けて真っ直ぐ前を見ます．そして，かかとを下げながら，ジャンプの3歩手前からたてがみをつかんで，馬をリリースします．

良い指導においては，個々の障害飛越で満たすべき条件を，次のステップに

❖ 障害飛越ファーストレベル

進む前に，分離して繰り返し練習させることが要求されます．しかしながら，1回のレッスンで想像上の飛越のみを行なった後には，騎手は，それが初心者であったとしても，地上に置いた横木を速歩で越える準備ができているはずです．この運動も，速歩で行なわれるべきでしょう．それは，ゆっくりとした歩様が安全であるからだけでなく，馬の動きに合わせて軽速歩を行なっていれば，騎手は正しい前傾の飛越姿勢にならざるを得ないからです．軽速歩もしくはハンドギャロップで障害に近づく際に，騎手と馬の重心が一致するように騎手の上半身は前傾姿勢をとっていなくてはなりません．障害に向かう際に馬の動きに遅れて乗る方法（駆歩の際の姿勢で，鞍に深く座る方法）は，追って説明するもう少し上級者向けのテクニックになります．

　6インチ（約15cm）の高さのクロスした横木が次の合理的なステップであり，騎手に本当に馬が飛んだと感じさせるもので，ほとんどの馬はクロス横木の上をぴょんと飛びます．馬が実際に地面を離れるこの段階において，指導者にとって最も重要なことは，騎手に，確実にその動物の口をリリースさせ，馬の首筋の半分より上のたてがみをつかませるようにすることです．障害を飛ぶ前と後に，騎手が視線を上の方に保つよう繰り返し強調しなくてはなりません．なぜなら，これが騎手が自分の姿勢と誤りを感じることができる唯一の方法だからです．高さを高くする次のステップ（1フィート（約30cm）くらいの高さの垂直障害）を試す前に，低いクロス障害の上でかかとがしっかりと踏み下げられて，脚が一定の位置に保たれているかどうかをチェックしましょう．高い障害を飛ぶのは簡単ですが，上手にジャンプするには時間と練習が必要なのです．

上半身のコントロール──2ポイントおよび3ポイントコンタクト

　もし，騎手が障害を飛ぶ前に自然とリリースし，視線を上にして前を見ながら，小さな横木を飛べるようになったら，彼は上半身のコントロールに集中する準備ができたと言えます．この上半身のコントロールは，2ポイントコンタクトの姿勢においてのみ学ぶことができます．騎手はあぶみの上に立ち上がっ

❖ 障害飛越

て，少し腰を浮かした状態で，馬とのコンタクトは彼の2本の脚との間だけであり，騎座では決してありません．実際には，騎手が障害に近づいていく際に，騎手は2ポイント姿勢をとり，太ももと上半身との接点で作られる身体の角度を閉じて馬が跳び上がるのを待ちます．騎手は"飛ぼう"とは思わないでしょうし，馬に向かって体を投げ出そうとも思わないでしょう．それは繊細な動物を動揺させてしまうかもしれない不要で過剰な動作です．結果として，この柔軟な姿勢の騎手はすでに馬の動きに調和しており，空中で馬についていくために無理に身体を前に投げ出す必要があるとは思わないでしょう．こうした理由で，上半身の使い方について騎手に早く覚えさせるため，2ポイントシートでこれを行なう必要があるのです．

　最も一般的に見られる，最も不要で，最も有害な癖は，騎手が障害を飛ぶ時に急に前に屈むこと（ducking）です．これを行なう人（ducker）の主な特徴は，騎手が飛越の際に馬の首筋よりも下に頭を下げ，必要以上に身体を動かすものです．身体を前に傾けること自体は，それだけで責められるべきものではありませんが，この癖には2つの基本的な内在する誤りがあります．理論的には，騎手の脚の位置があまりに前すぎると，騎手は空中で馬についていくために上半身を投げ出さなくてはならなくなります．なぜならその騎手は障害にアプローチする際にすでに馬から遅れているからです．もちろん，たとえその脚の位置が正しかったとしても，障害に向かう際にあまりに鞍に深く座っていると，その騎手がどんなに運動神経が良かったとしても，離陸の際に胴体を前に投げ出さざるを得ないでしょう．

　馬に先んじて急に前に屈むこと（ducking）は，演技に多大なる悪影響を及ぼす可能性があります．特に，繊細ですばやい馬に乗るとき，脚を後ろに引きすぎた状態で馬の前方に座っている騎手は，コントロールと安定性の両方を失うという最も深刻な間違いを犯しています．決して馬の動きに先んじることなく，馬の動きと一緒であるか，もしくは馬の動きに遅れているかのどちらかである場合のみにおいて騎手は馬を制御することができるということを常に忘れてはなりません．馬がその水先案内人に遅れをとった状況になると，全てにおいてうまくいかなくなる可能性が高くなり，通常，実際にうまくいきません！我々は，最初に騎手の脚の位置を吟味し，そして2番目に騎手の騎座と上半身

の角度を調節しなくてはなりません．ふくらはぎのコントロールを抜きにして何も矯正することはできません．特に身体のバランスと体重移動については，みなさんは，正しい脚の位置の上手な騎手や，脚の位置は前すぎるが強くて有能な騎手は見たことがあると思いますが，脚の位置が後ろすぎるがうまく乗る騎手を見たことがありますか？（ないはずです）．

深刻な結果を招く可能性のあるもうひとつの癖は，空中で早く体を起こしすぎてしまうことです．馬に先んじて前に屈む場合（ducking）と同じように，ほとんど例外なく，この癖は前すぎる脚で馬の動きに遅れて乗る騎手に見られるものです．これが，馬が離陸する際に身体を前に投げ出す動作を引き起こし，次に下降する際に逆の反応を引き起こすのです．この癖が行きすぎると，特に大きな障害を飛ぶ際に，馬が後肢を最大限使用することを妨げたり，ともすれば禁じてしまいます．私の考えでは，騎手の手と体重は，離陸から着陸までの間，できるだけ受動的で静かであるべきで，この休止状態の間はいかなる妨害もすべきでないと考えています．それは，単に飛行中に馬の身体の器官を自由にさせておくためだけでなく，さらに重要なのは，障害を飛んでいる少しの間，馬の集中力を散漫にしないようにするためなのです．私を含め，多くの人は，首尾一貫した洗練された演技をするためには，離陸地点までの間歩がコントロールされるべきだと感じていますが，空中で受動的であるべきだと信じている人は，比較的少ないです．空中で，馬が次の障害に向かって急ごうとするのを抑えようとする場合を除いて，馬が障害を飛ぶために，馬に精神的かつ肉体的に自由を与えることに反対する理由は全くありません．この理由から，空中で騎手が身体を起こすことは，矯正する価値のある深刻な誤りであると考えるべきなのです．前にも述べたように，矯正は，何よりも真っ先に，脚の下部が腹帯のすぐ後ろに正しく置かれているかを確認することから始まります．次に，物事を簡単にし，事前に準備した形で練習をさせるため，生徒に2ポイントコンタクト姿勢を常にとらせ，それを障害を飛ぶ際の異なる段階の間中ずっととらせるようにし，障害を飛び終わった直線が終わった時に初めて鞍に戻らせるようにします．

そして滑らかさと安定性が達成されたら，次に騎手に，鞍に騎座が軽めに接触した状態での3ポイントコンタクトで障害に向かうことを教えるべきでしょ

89. 良い古典的なフォーム　　　長い脚をもっていないにもかかわらず，クリスティーン・フィスターは，有名なバルハラ号に騎乗して，完全な決断力と見事なタイミングで，どのように騎乗するべきかを実演してみせてくれています．意思の強さが彼女の表情に明らかに表われています．さらに，これはショート・クレストリリースの素晴らしいお手本です．

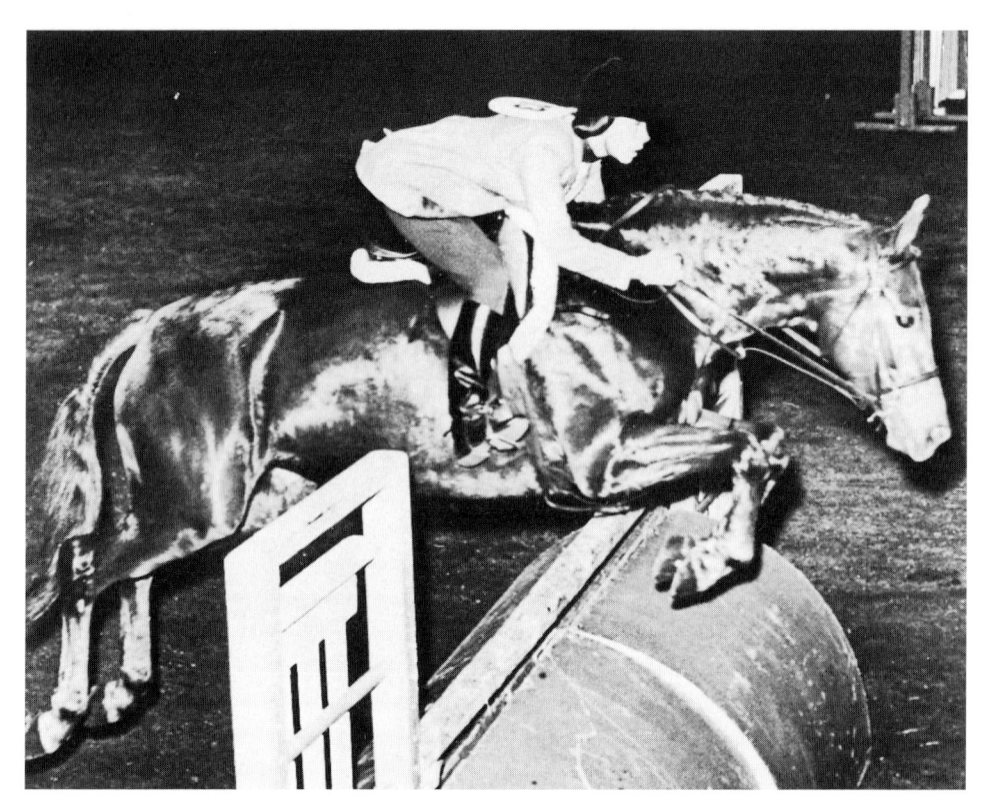

90. 良い古典的なフォーム　背の低いジェン・マルスデンは，彼女の身長を最も効果的に使うために，常に馬の動きにかなり遅れて騎乗しなくてはなりません．しかしながら，このことは彼女の明確な乗馬へのアプローチを妨げるものでは全くありません．そして，彼女のすばらしい"距離を見る眼"によって，自分たちは乗馬をするために生まれてきたのではないなと思う人々にとって，彼女はインスピレーションを与える存在であるかもしれません．このオートマチックなリリースあるいは"手の支えなしのジャンプ"と呼ばれるものを注意して見てください．――馬の口から騎手の肘にかけての真っ直ぐなラインを．Photo by Freudy

91. 良い古典的なフォーム　　スーザン・バウアーの手綱は少し短めかもしれませんが，ジュニア・ジャンパー馬のスニーズに騎乗した彼女の如才なさと落ち着きが明らかに伝わってきます．騎手として本能的というよりは知的なスーは，地道な練習により完成された存在の典型です．
Photo by Freudy

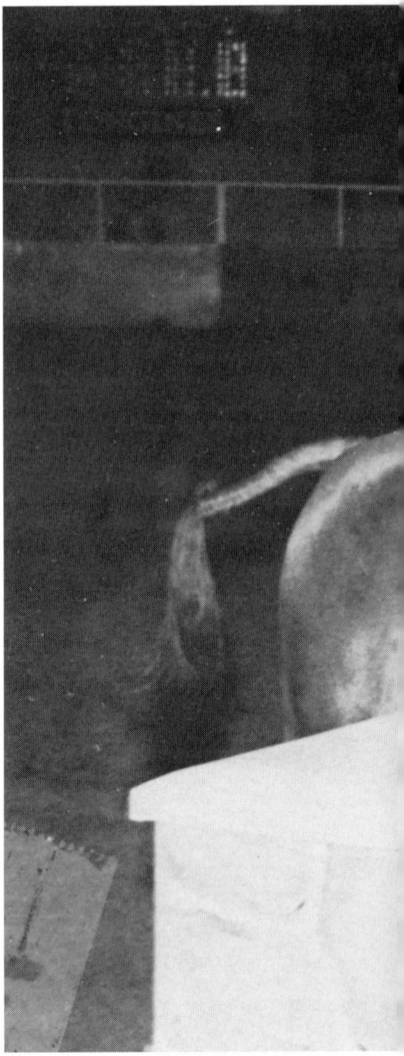

92. 良い古典的なフォーム　弾力性，やわらかさ，そして思いやりが，コンラッド・ホムフェルドのスタイルを特徴づけています．彼が騎乗すると，全ての馬は，自由に前方に流れ，彼のデリケートな挙と争うことは絶対にありません．私は親指を立てるのは好きではありませんが，軽妙な挙と手綱と口の関係を注意して見てください．この写真が撮られた時から，コンラッドは，我々USETを代表する世界の偉大な国際的な障害選手の一人となりました．

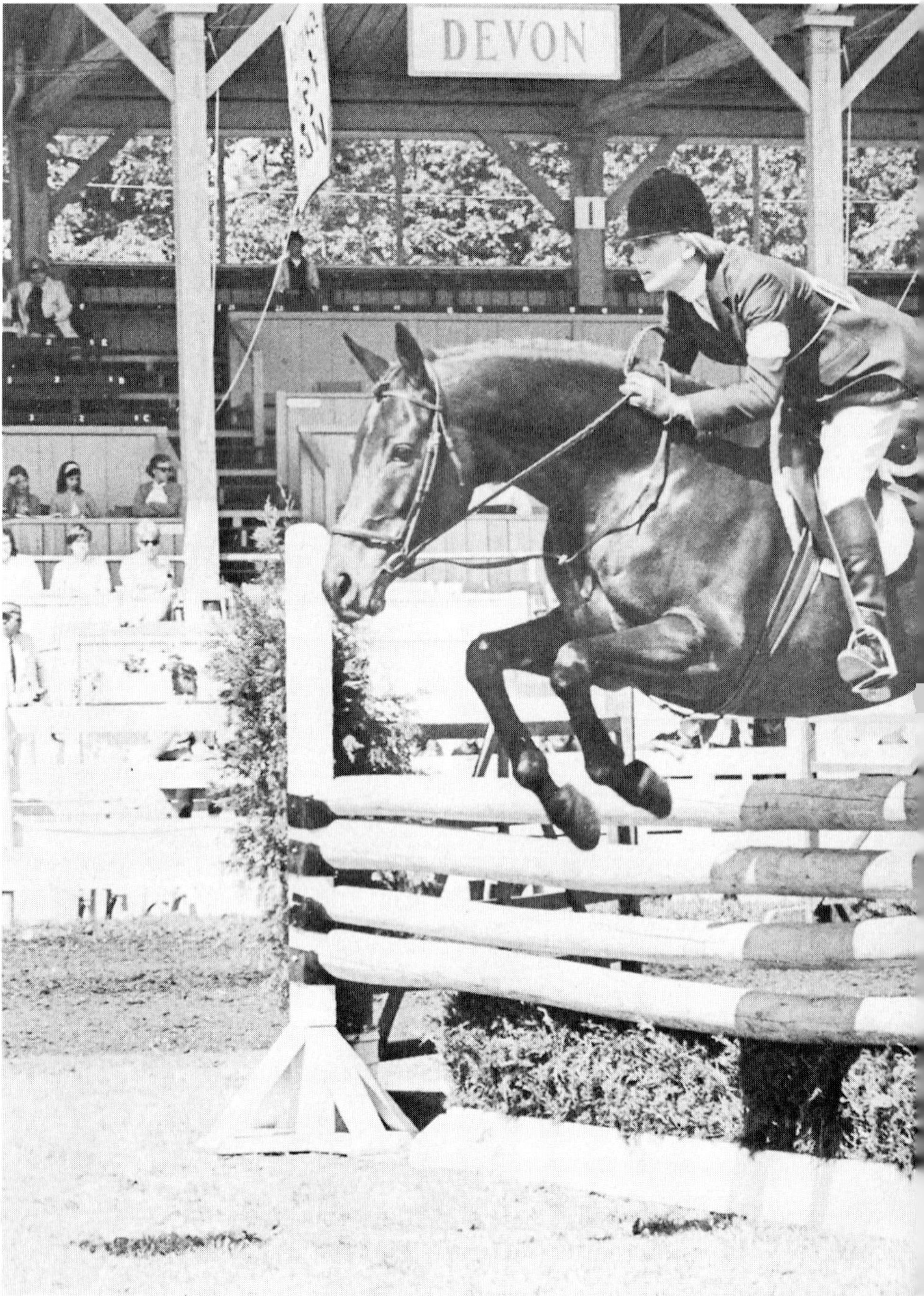
DEVON

93. 良い古典的なフォーム　"巧さ"とは，彼女の牝馬スコッチ・トウィードに騎乗するブルック・ホグソンを表現するために最も適した言葉です．競争心むき出しのタイプではありませんが，ブルックはほとんどの困難な状況に対処して，良い結果を残しています．私は指を開くことはお勧めしませんが，ブルックの騎手としてのトレードマークは，彼女の指先の繊細さにあります．

Photo by Budd

94. 良い古典的なフォーム　　全体的な大胆さと，"当たって砕けろ"といった態度は賞賛すべき特徴です．キップ・ローゼンタールはここで，彼女の万能な馬ローム・ドームに乗りながら，その両方を見せています．彼女が，乗馬における4つの主要な角度──足首，膝，ヒップ，そして肘──をいかに正しく統制しているかを注意して見てください．キップは乗馬を学ぶために努力しなければならなかったおかげで，現在はすばらしい教師となりました．Photo by George Axt

95. 馬の動きに合わせた野外コースでの騎乗　馬がいかに格好悪い姿勢で走っているかは置いておいて，ハンター競技の際に用いられる基本姿勢です．騎手は少し腰を浮かせて，馬の高い頭の位置を目立たせないようにするため，拳を馬の口の後ろで，たてがみの上の低い位置で使用しています．

96. 馬の動きに遅れた野外コースでの騎乗　騎手は，とても若い馬やよく止まる馬に乗る際，あるいは例外的にトリッキーな障害物に向かう場合など，追加的な前進気勢が要求される状況の場合のみ，ギャロップにおいて腰を鞍に付けるべきでしょう．

97. 空中における肘と挙と口の関係の現実 この写真のように上半身の姿勢を崩さずに馬の口に付き従って手綱の直線を保つことは、しばしば不可能なことも多いでしょう。随伴において挙を馬の肩の辺りの低い位置に下げるよりも、私は馬の首筋に沿わせる方がずっと好きです。

98. 職人のような表情 この若い女性の全ての乗馬に対する姿勢が、彼女の表情に表われています。真っ直ぐ前に集中することによって、彼女は間違いなくリラックスしつつ、彼女の仕事を統制下に置いています。これは我々が達成したいと考えるメンタル面のセルフコントロールです。

99. 試合場に入る前のよく身じたくした2人の選手 馬と騎手の両方は、公の場で演技することを要求される前に、完璧に手入れされ、着飾っておくべきでしょう。

100. ハンター・ライディングの良い例 　　自由さと挙と騎座の軽さが，パイクズ・ピークのような荒々しく強い馬が，ジョアン・ウォルシュ・ホーガンにとって，ソフトで優しい馬になる理由です．彼女の"乗馬の感覚"に勝る者はいませんでした．もちろん，今日では，あぶみを深く履くスタイルは試合場でめったに見ることはありません．我々は，足の親指の付け根の部分であぶみを履くことを好んでいます．Photo by Carl Klein

101. アポイントメントクラスでの騎乗　ロドニー・ジェンキンズのスタイルは，空中でかかとが少し流れる点，あるいは背中が丸くなる点において，厳密に古典的とは言えませんが，彼の馬に対する直感的な理解と，彼の素晴らしい障害に向かう際の"目"に近づけた選手は，これまでほとんどいません．ロドニーが毎週とてもたくさんの異なる馬にとても上手に乗っていた事実を鑑みれば，彼は我々の世代の最も偉大なホースマンであったと言えるかもしれません．
Photo by P. A. Gormus, Jr. Courtesy the Richmond Times-Dispatch and News Leader

102. 威圧的な壁を乗り越える キャシー・クズナーの，空中における馬の飛越メカニズムに対する信頼感が，馬を"助けよう"とする他の選手よりも，ほとんどの馬からより多くのものを引き出せる理由です．飛越中の，彼女の間違いなく自立した挙と脚を注意して見てください．
Photo by Jean Bridel, L'Année Hippique, Lausanne

103. ジャンパー競技における美しい姿勢での騎乗　今日のスタジアムジャンピングにおいては，古典主義者はほとんどいません．メアリー・メイヤーズ・チャボットは間違いなくその中の一人であり，ここではホワイト・ライトニングに騎乗し，アーヘンでの大きなオクサーを飛んで"絵本のような"フォームを見せています．メアリーの騎乗経験と，その美しい姿勢から，彼女は我々の最も優秀なエクイテーションの審判となっています．Photo by Udo Schmidt

104. ジャンパー競技における力強い姿勢での騎乗　　フランク・チャポットの偉大な身体的な強さと結びついた精神面での決断力が，彼を私がかつて見た中で最もアグレッシブな選手たらしめています．フランクのここにおける表現は，彼のディアマントとこのオクサーに対する彼の態度を明らかに示しています．フランクは現在も上手に乗り続けているばかりでなく，我々の最上位の審判でありコースデザイナーでもあります．Photo by Mitchke, Wiesbaden

105. 筆者による騎乗　どんな場合であっても，シンジョンに乗って格好悪く見えることは難しいでしょう．私の肘がもう少し体に近づいている方が良いですが，私は，馬を責める前に常に騎手のスタイルと技術を最初に気にするという点について一生変わることはないでしょう．おそらく，それが私が自分の仕事，乗馬を教えることをとてもとても愛している理由でしょう．

Photo by Theodor Janssen

❖ 障害飛越

う．実際に，前述したように，3ポイントコンタクトには2つの種類があります．クロッチコンタクト（crotch contact：やや前傾姿勢の3ポイントコンタクト）とバトックコンタクト（buttock contact: 後傾姿勢の3ポイントコンタクト）です．クロッチ姿勢の時は，鞍に深く座りながらも，騎手の上半身はやや前傾しており，ヒップ・アングル（上半身と太ももがつくる角度）は閉じています．バトックシートで乗る時は，上半身は直立し，ヒップ・アングルは開いています．そして騎手はとても深く鞍に座ります．3ポイントコンタクトで乗る利点は，騎手が馬に，よりしっかりと接点をもてることです．よって，騎手は，より後方に体重を配分することによって，離陸までの間，より収縮しバランスのとれた状態に保つことができるのです．この姿勢は，特に障害に躊躇する若い馬や，障害を飛ぶことに強情に反抗する馬や，大きな障害を飛ぶため究極のバランスを必要としている障害競技馬などを前に推進するための姿勢でもあります．

　洗練されたハンター競技や，ギャロップなどで行なうクロスカントリー競技などの馬術競技においては，主に直線では2ポイントコンタクトで回転では3ポイントコンタクトで乗ります．あらゆる馬で特に難しいクロスカントリーの障害物を飛ぶ時に3ポイントコンタクトを用いるのと同様に，とても若い馬や，暴れ馬や，オープンジャンパー競技馬は，3ポイントのバトックコンタクトで乗るべきです．2ポイント姿勢は，滑らかで目に見えない乗馬を可能にします．一方，3ポイントは良いバランスと最大のコントロールに貢献してくれます．言い換えると，難しい局面において，騎手が馬をコントロールする必要があればあるほど，騎手はより馬の"後方に"残っている必要があるのです．

CHAPTER 7

障害飛越セカンドレベル

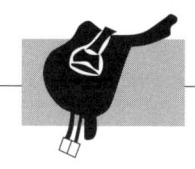

リリース（首筋に手を置く）

　障害飛越のファーストレベルとセカンドレベルの基本的な違いは，リリースの方法です．初心者は最初に障害を学ぶステージにおいて，馬の首筋の半分より上のたてがみをつかむべきだということを覚えているでしょう．その方法は，彼らがまだ独立した脚と騎座による十分な安定性がそなわっていない状態においても，合理的な良いスタートを切らせることができるのです．さて，生徒の脚がだらしなく揺れてしまわないようになり，第二段階に進む準備ができたら，彼はリリースの次のステージへの準備ができたと言えます．
　これらの2つの型のリリースには，2つの主な違いがあります．最も重要な点は，前述のたてがみをつかむリリースが，障害に向かう途中，障害物の手前の3もしくは4歩前から行なわれていたのに対して，2番目のリリースは飛越における離陸点の手前の最後の間歩もしくは2歩手前において行なわれるということです．もうひとつの重要な相違点は，手はたてがみをつかむ代わりに，馬の首筋のてっぺんにしっかりと置くようにすることです．明らかに，このよ

❖ 障害飛越セカンドレベル

うな支え方は，たてがみにしがみつくよりも，より独立した状態であると言えますし，さらに，それは騎手に対して，飛越中の馬の口に随伴して行なわれ，手による支えを全く必要としない"手の支えなしで"障害を飛ぶ（jump "out of hand"）ことを要求する前置きの段階でもあるのです．

その他のボディー・コントロールを会得させるときと同様に，それをいきなり障害飛越で行なわせるよりも，まず，停止中に，そして次に常歩でこの馬の首筋の上1/3の部分に手を置くリリースを教え，実践させるのが最も良い方法です．あらゆる練習においてゆっくりと，そして順番通りに行なうのは，それをもっと生徒にとってわかりやすくするためだけでなく，それをどうすれば正しく行なうことができるかを生徒が感じ取るチャンスを増やしてくれるからです．ここでもうひとつ注意しておかなくてはならないのは，生徒がそれを自然に行なえるようにすることです．このためには，インストラクターが"手を首筋に"あるいは"リリース"と生徒に号令をかけるか，もしくはインストラクターが上げていた手を降ろすなどの一定の目に見えるシグナルに従って生徒が馬をリリースできるよう，インストラクターが障害の前に立つなどすることによって，生徒にその練習をさせ，改善することができます．

さて，ここで2種類のクレストリリース（首筋につかまるリリース）について教えましょう．ロング・クレストリリースとショート・クレストリリースです．ロング・クレストリリースは，初心者に教えるものと同様で，馬の首筋の上1/3から半分の間の部分に手を置くものです．このリリースの方法は，障害飛越中，馬にとって最大限の自由を与えますが，騎手にとって最小限の統制力しか与えないものです．これに対し，ショート・クレストリリースは，最大限の統制力を与えますが，最小限の自由しか与えないものです（とは言え，このリリースにおいても馬が空中にいる際，銜（はみ）が馬の口に当たるべきではありません）．ロング・クレストリリースが馬の首筋の上の方に手を置くのに対し，ショート・リリースでは，き甲の1インチから2インチ（2.54cm～5.08cm）上の馬の首筋の根元に手を置くものです．

❖ 障害飛越

リリースと脚を組み合わせる

　中級の障害の騎手の次の関心事は，手をリリースすることと，馬を推進する扶助とを組み合わせて使うことです．我々は，まず推進する脚について考慮します．なぜなら，それは最も一般的に使われ，常に必要とされる扶助だからです．脚の作用と自動車のアクセル，そして手とブレーキを比較するとわかりやすいです．自動車の運転手は，ブレーキから足を離すまでアクセルを踏むことはありません．騎手も同様に，馬の口をリリースした後に脚を使うことを最初に教わるべきなのです．この特別な組み合わせの順番——障害にアプローチする際のリリースに引き続いて使用される脚——は，すぐに逆にして，騎手に最初に脚を使い次にリリースをすることを教えます．このようにして，騎手は障害を飛ぶ前に，馬を銜に向かわせることを覚えます．そしてこれも"手の支えなしで"障害を飛ぶことに向けての段階なのです．このような障害に向かう際の手と脚の特定の使用方法を独立して覚えさせ，コントロールできるようにすることは，後に，騎手が様々な気質の馬に対応する際に計り知れないほど価値があるということを証明してくれます．馬（通常，興奮しやすく敏感な馬）の中には，脚を全く使わずに手を譲ってあげるだけの方が良く飛ぶ馬もいます．もっとおとなしい気質の馬の場合は，口を緩めてあげることと併せて少しの脚によるサポートを必要とします．そして怠惰な馬の場合は，力強い脚をさらに強めるために拍車を必要とします．もちろん，こうした違いはその程度を感じ取らなくてはいけません．

舌鼓を使う

　リリースと脚を組み合わせるちょっとした練習をした後に，脚を絞る代わりに，もしくはそれに加えて使用されるあと2つの推進扶助を紹介することにします．ひとつ目で最も簡単に習得できるものが舌鼓の使用です．これは，停止しているときに，鞍の後ろの部分に対する鞭の使用と同時に用いられるもので

❖ 障害飛越セカンドレベル

すが，その程度は，本質的に，舌鼓に対して馬がどのように教育されているかによります．舌鼓と鞭を同時に使用することによってのみ，馬に舌鼓の音のみに反応することを学ばせることができます．舌鼓の使用によって，馬は停止の状態からすぐさま街に向かうべきです．そして，もし街に向かってすぐに動かなかった場合は，騎手はもう一度馬を止めて，馬が舌鼓のみに反応するようになるまで舌鼓と鞭を同時に使います．

　すでに述べたように，舌鼓は脚の代わりの役目をするもしくはそれを強めるものです．この表現は，少し誤解を招きやすいかもしれません．非常に稀なケースにおいて，脚の圧力に耐えられない神経質な牝馬(ひんば)に対して，他の扶助とは独立して舌鼓だけを使うのが有効なことがありますが，どちらかと言うと，そのすぐれた長所は脚を強めるものとして使用できることでしょう．この点において，舌鼓は，それだけでとても強力な推進扶助となる鞭とは全く異なります．これは，私からの強い要望というよりは，お願いですが，舌鼓は，馬を前に出したり障害を飛ぶのを促進する際に，あと少しだけ推進力が必要なときに活用されるべきでしょう．

　この計り知れないほど貴重な扶助の実際の手順と使い方は，もちろんのことですが，障害飛越のテクニックとして組み入れられる前にフラットワークにおいて脚に引き続いて使われるものとして扱い，練習することができますし，そうするべきでしょう．例えば，騎手が駈歩発進を要求したが，馬が脚による扶助だけでは発進しようとしなかった場合に，舌鼓が理想的な結果を得るために用いられるかもしれません．しかしながら，舌鼓は1回もしくは2回だけ使用し，馬の反応がなかった際に舌鼓をし続けてはいけないということを騎手が理解するよう十分に注意しなくてはなりません．もし馬が1回もしくは2回の舌鼓に反応しなかった場合，騎手は馬に"お願い"するのをやめて，"強く要求"しなくてはなりません．言い換えれば鞭を使うのです！馬場で走っている際や障害に向かう際に，繰り返し舌鼓を使う癖ほど意味のないものはありません．それは騎手が理想的な効果を得ることができないばかりでなく，同時にこれによって，すぐさま馬が扶助そのものに対して尊敬や注意を払わなくなってしまうからです．

　さて，騎手がフラットワークにおいて舌鼓を理解し使用できるようになった

❖ 障害飛越

ら，その目的を障害にアプローチすることに適用するのは簡単です．脚のように離陸場所に至るまで徐々に絞り込むものと違って，舌鼓はすばやく瞬間的に前進の反応を引き出すものです．私がこの扶助を生徒のテクニックに組み込むための特定の反復練習では，アプローチする際の障害を飛ぶ3から4歩手前で舌鼓を用いるか，もしくは空中の飛越途中で使用させるようにしています．この練習を行なうことにより，騎手は，馬が障害物に向かいたがらない場合や，躊躇しながら飛ぶ馬に対してどのように対処するかを意識的に知ることができます．アプローチのときと離陸のときと空中における扶助さえ適切に指導されていれば，障害を飛んだ後の着地における推進扶助を教える必要がある場面はめったにありません．しかしながら，稀な場面において，このルールに対する例外が出てきますので，注意しておいてください．もう一度，舌鼓の数は1回もしくは2回だけであるということを繰り返させてください．さもないと，騎手はオウムのように音を鳴らし始め，その時には弱い騎手になってしまっているのです！

鞭(むち)を使う

　鞭の使用と舌鼓の使用は，密接に関連してはいますが，同類の不従順に対して大きく異なるレベルの罰であると考えるべきです．初心者と中級者にとっては，鞭について知っておくべき最も重要なことは，どのように，そしていつそれを使うかということです！　前章中で鞭を正しく使うためのステップについて要点を述べました．それをもう一度繰り返しますが，まず片手で手綱を持って，馬の口との間で手綱でブリッジを作り，鞍の後ろの方に手を伸ばし（馬の肩ではなく），馬のわき腹のところを叩き，すぐに両手に手綱を戻します．よく見られる間違いは，鞭を使う前にそれを逆さに持ち替えるというものです．それでは，馬に罰を与えるのではなく，馬を虐待する姿勢になってしまいます．それは通常，馬を教育するというよりは，怖がらせてしまうだけです．もうひとつの覚えておくべき点は，鞭は常に右か左の器用な方の手で持っておくということです（もちろん，障害を飛ぶ際に常に特定の側に逃げようとする馬や，

❖ 障害飛越セカンドレベル

片側に膨らんでしまう馬に乗るときなど，ルールには常に例外はあります が）．
　フラットワークにおいて，舌鼓の時に行なったのと同様の（脚を使った後に鞭を使う）反復練習を行なった後，その騎手はそれを単なる小道具としてではなく，便利な扶助として鞭を持って障害運動を行なう準備ができたと言えます．鞭と舌鼓は，鞭の方がより高度な調整が要求されるため少し習得するのが難しいですが，全く同じ方法で，同じタイミングで用いられます．また，鞭を使うと，馬の臆病な気持ちを抑制して，ペースを速くさせる傾向があります．そして，障害物に向かっているときに鞭を使った場合は，騎手がすぐに手綱を両手に持ち替えない限り，馬に逃げる隙を与えてしまいますので注意が必要です．
　適切な離陸点において鞭を使うタイミングについて言うと，騎手に"距離を測る目"ができてくれば，自然と正しい位置で鞭を使うことができるようになるでしょう．鞭を使う"タイミング"についてあまりに心配させることによって，騎手の気を散らしてしまうのは大きな間違いです．このレベルの試合であれば，騎手がおおよそ正しいタイミングで鞭を使うことができれば満足すべきでしょう．
　馬が障害を飛んで空中にいる間の鞭の使い方を練習することは，とても重要です．なぜならそれは，躊躇しながら飛ぶ馬を矯正する唯一の方法だからです．こうした癖は，より大きなコースにおける高度な運動を行なう際にとても深刻な欠陥となってしまいます．
　先に進む前に，奇妙なあるいは難しい障害物に対して馬を教育することと，単に馬に障害物を見せるのでは，大きな違いがあるということを学ぶべきでしょう．私個人は，馬は初めて見たどんな障害であっても，できるだけためらわずに飛ぶような状態であるべきだと信じています．この理由から，私は馬が障害物を飛ぶ前にそれらを吟味することを許すのは危険だと考えています．なぜなら，それは馬に，常に先に障害物を見てから飛びたいと思わせてしまう傾向があるからです．馬を怪しい障害物の前に連れて行って，拍車や，舌鼓や，この章のように鞍の後ろに鞭を入れた場合，馬はすぐさま，その障害物を飛ぶより先に考えるよう条件づけられてしまいます．その意味において，馬に障害物のところに連れて行って停止させることによって，我々はその馬が拒否することを不可避なものにしてしまっているのです．そして次に我々はその拒否に対

❖ 障害飛越

して罰を与え，最初の態度を帳消しにするのです．言い換えれば，我々は矯正するための罰を与える口実を作るために不従順を作り出しているのです．

ラインとターン

騎手を育成するうえできわめて重要なこの時期において，私が最も重要と思う規則は"ライン（直線）を確保すること"です．実際のところ，障害を飛ぶことも障害に向かってラインを確保することも，意識的にせよ無意識にせよ，前もって計画されていない限り，うまくいくことはありません．ジャンプ・オフでのとてもきびしいターン（回転）においてでさえ，何らかのラインは確立されています．それは時々離陸点とほぼ同時になって確立されることもあります．もちろん，私が"ラインを確立すること"と言っているのは，全ての飛越において，いかなる場合も正しい角度で飛ばなくてはならないと遠まわしに言っているわけではありません．私は単に，全ての飛越は，それが障害に対して垂直に飛ぶものであろうと鋭角に飛ぶものであろうと，最初から途中そして最後に至るまで，騎手の心と目によってライン取りがされるということをほのめかしただけです．したがって，初心者の時期に，ラインを確立し，障害を飛び，滑らかに停止するという，基本となるラインを作る練習は，その他の部分においては規律正しく演技ができている中において，ぞんざいなアプローチとフィニッシュが癖になってしまわないよう，継続的に絶えず行なわれなくてはなりません．ところで，馬が飛越前と飛越後の両方においてコーナーを端折ってしまわないようにする最も確かで手早い方法は，この直線での運動を正確さをもって練習することです．その際は，1～2フィート（約30cm～60cm）の誤差も許してはいけません．

次に着目する"ターン（回転）"は，先に述べたライン運動と切り離すことのできないものです．良いターンというのは，あらかじめ規律正しいライン取りを理解し，コントロールできるようになっていない限り，実現できません．障害に向かう際のおそらく最もベーシックなターンの例を挙げてみましょう．騎手は，馬場の一方の端で，状況に応じて適宜判断しながら単一もしくは複数

❖ 障害飛越セカンドレベル

　の障害を目で探しつつ速歩もしくは駈歩のペースを作ります．ラインに近づいた際に，騎手は常に自身の目のコントロールのみに集中しながら，最初の障害に向かってターンを始めます．一連の障害を飛び終わった後に，騎手は馬場の端まで真っ直ぐに進み，同じペースを保ちながらターンします．言い換えると，騎手はすでにラインを終えていますが，末端で止まることなく同じペースを維持するのです．このように，ラインとターンを組み合わせることにより，継続性の感覚を獲得することができます．そして，それこそが障害のコースに出たときに内包しているもの全てなのです．
　障害をひとつないし2つしか必要とせず，ペースを一定に保つ良い練習は，障害を飛んだ後，半巻もしくは反対半巻に引き続いてラインを組み入れ，最初に飛んだ障害を逆から飛んで，最後に停止するものです．もちろん，練習を繰り返して，たくさんの種類のライン，ジャンプ，そしてターンを行なうことができるよう，ターンは5から6回繰り返した方が良いでしょう．
　ターンに関わる全ての問題の中で，停止における場合と同様に，機敏さとバランスは最も重要なものです．馬は，ほとんどの場合，前肢に体重がかかりすぎて，軽快なすばやいターンを行なうことができません．これは多分に，不自然な重荷である騎手の体重が負荷されているからです．したがって，なんとかターンを行なうことができるように，駈歩もしくは飛越の後に馬がバランスを取り戻すのを助けてあげるのは，騎手とその騎手の影響力次第なのです．軽快でバランスのとれた状態でターンすることができない馬は，完全なコントロールの下にあるとは言えませんし，結果として，次の障害のラインに危なっかしい状態で向かうことになってしまうでしょう．
　ターンをする際の騎手に要求される最も重要な身体的な調整は，その上半身を開き（真っ直ぐに立て），鞍にソフトに沈み込むことです．すると騎手の質量（体重）は，より中心に位置するようになり，馬が馬自身の重心を肩から後肢に移動するのを助けることができます．しかしながら，この上半身の角度の変更をやり過ぎないように注意しましょう．それは10～15度で十分で，それ以上は有害であり過度の動作は全く不要です．
　騎手は，体重の配分を変更するのと同時に，馬を安定させるために手を引き締めます．そして，もし必要であれば，ほんの少しだけ手の位置を上げます．

❖ 障害飛越

　もちろん，馬の体重が前肢にかかっていればいるほど，騎手は馬の頭と首を上に持ち上げて，前肢にかかった体重を軽くしてやる必要があります．手の動作は，常にかかとを踏み下げるのと同時に行なわれなければならないということを常に忘れてはいけません．これは，回転の際に騎手の脚が後ろに流れてしまうのを防ぎ，馬に引っ張られたり寄りかかられた際の支えとなるかけがえのない強さを失うのを防いでくれます．

コンビネーション

　これまでに述べた全ての練習方法は，コンビネーションの練習に組み入れてもよいです．生徒には，おおよそ24フィート（約7.3m）離れたダブル障害（2つの障害を近くに置いたもの）から始めるのが良いでしょう．これは，障害を飛ぶためゆっくりとした駈歩をする馬にとって，とても容易で，標準的で，良い距離なのです．そして，しばらくの間は，このコンビネーションを複雑にしたり，これに何かを加えたりする必要は全くありません．なぜなら，これら2つの単純な飛越でやるべきたくさんの反復練習があるからです．もうひとつの障害が39フィート6インチ以内（約12.07m以内）にある時，それはコンビネーション障害の一部であると言えます．もしそれ以上離れている場合は，それらは別々の障害と考えます．

　実際的かつ心理的に最も重要なことは，中級の騎手に，あらゆるコンビネーション障害の最初の障害の飛越が決定的に重要であり，その他の障害や続いて飛ぶ障害は，ほとんどほうっておいても良いくらいだということを理解させることです．厳密に言うと，基本的な1間歩のダブル障害の場合，成功はペースコントロールと離陸のための舌鼓によって達成することができるでしょう．ほんの少しペースを早くし，コンビネーションの最初の部分を飛ぶため舌鼓による前向きの反応を有効活用することによって，騎手は，低い野外のコースで出会う距離の長いダブル障害を飛ぶときも，特に難しさは感じないでしょう．個人的には，騎手に，歩幅を短くするよりも，歩幅を伸ばしたり，即座に歩幅を伸ばしたりすることを教える方が重要だと思っています．そして，いつでも舌

❖ 障害飛越セカンドレベル

鼓を使うことにより，騎手は大胆さと積極性をもってコンビネーション障害を飛ぶことができるのです。

　さて，ここまでのところで騎手は1間歩のダブル障害の基本的な飛び方を学んだのですが，そこからスムーズさに集中することに立ち戻って，洗練していくのは騎手の仕事です。このレベルでの騎乗では，コンビネーション障害を飛んでいる間の騎手のリリースは，馬の首筋の比較的遠くの上の方に手を置くようにし，かかとも上がってしまわないように注意深く見ておかなければなりません。

　3つの基本的な飛越方法は，騎手がそれらを吸収して会得するために必ず時間を割かなくてはならないことを前提に考えると，この段階の騎手の注意のほとんどは上半身のコントロールに集中するべきでしょう。コンビネーション障害は，前に分類した2ポイントと3ポイントコンタクトとの間の，ほんの一瞬の体重移動を練習するすばらしい機会を与えてくれます。コンビネーション障害を練習すると，馬の背中から騎座を離した状態を保つのと，逆に障害にアプローチする際や着地した後に馬の背中に沈み込むことができるのとのコントロール上の違いがはっきりとわかります。例えば，練習で私が生徒に2ポイントのギャロッピングポジション（騎座を鞍から浮かした状態）をとらせるとしましょう。生徒にコンビネーションの最初の障害を鞍に戻ることなく飛び，そして次に2つ目の障害を飛び，着地し，そして滑らかに馬の背中にしっかりと座らせるようにします。次に，騎手に3ポイントコンタクトでコンビネーション障害に向かわせ，2つの障害を飛ぶ間は2ポイントシートを維持し，2つ目の障害を飛び終わった後にしっかりと座らせるようにします。2ポイントと3ポイントコンタクトとの間のあらゆるバリエーションでの練習を行なうことにより，最大限の制御や推進を行うために体重移動が必要とされる場合のすばやい反応を必ずマスターすることができます。

　手短に言うと，このレベルにおけるコンビネーションは，それ自体が重要な練習であるばかりでなく，単一の障害を飛ぶ時につけた習慣を強化するための練習としても重要なのです。様々な距離に離された複数の障害を飛ぶ時に出会う特定の問題については，後ほど，より上級のステージのところで徹底的に探求したいと思います。騎手と指導者は同様に，今は，騎手が正しくない基礎と

❖ 障害飛越

スタイルを身につけておきながらも上手に乗れるようになってしまう前に，正しい姿勢とテクニックを発展させ強化する時だということを忘れてはいけません．昔からの癖を矯正することが難しいというのは事実ですし，特に勇敢さとタイミングのおかげで成功を味わった才能のある騎手によって，間違った乗り方が維持された場合は特にそうです．心理学上，こうしたタイプの人間は，自分が適切でゆっくりとしたトレーニングを通じて見た目がよくなるばかりか，もっと効果的に乗れるようになるということを信じることができないものです．彼らがいかに悪い姿勢でたくさんのブルーリボンを勝ち獲っていようと，良い姿勢になりたいと思う者はなれるのです．それは全て，自分が受け入れるかどうかの問題なのです．

斜めに飛ぶ飛越

斜めに飛ぶ飛越が騎手の練習に取り入れられる頃までに，騎手のリリースの方法は部分的に修正する準備ができています．これまでは馬の首筋の上1／3から半分のところに手を置いてリリースをしてきており，それによって馬に最大限の自由を与えてきました．斜めに障害を飛ぶ場合，おのずとこうしたリリースの方法は止めざるを得ません．なぜなら，軽いコンタクトと誘導が維持されていない限り，逃避される可能性が高いからです．この理由から，生徒はショート・リリースを使ったり，手を首筋に置かずに飛んだりして，アプローチと飛越の両方の間において，斜めに飛ぶ飛越によって課された必要性から馬の口に対して一定のコンタクトとコントロールを保つようになるでしょう．私は個人的に，これが最も自然で無意識のうちに"手の支えなしで障害を飛ぶ"（jump out of hand）ことを騎手に教えることができる方法ではないかと思います．この"手の支えなしで障害を飛ぶ"というフレーズは，しばしば使われますが，間違った使い方をされることの方が多く，それが正しく使われていることは稀です．"手の支えなしで"という言葉は，単に騎手が，離陸地点のすぐ手前まで歩幅をコントロールし，空中では馬の口と軽いコンタクトを保ち，着地と同時に歩幅のコントロールを再開することを意味します．

❖ 障害飛越セカンドレベル

　挙と口との間の接点がより必要とされるのと同時に，斜めに障害を飛ぶ際には，騎手はその目を使ってより正確に飛越を行なうことを要求されます．斜めに飛ぶのを効果的かつスムーズに行なうために，前もってラインの計画を詳細に立てて，詳細過ぎるということはありません．興味深いことに，私は，角度のコントロールが，騎手が中級から上級に移行する際の最も決定的な要因となることに気が付きました．

　角度をつけた飛越を成功させるためには，馬は常に銜を受けていなくてはならず，また，逃避をする可能性を減らすためペースは落とさなくてはなりません．特に若い馬に乗っている際に，馬が逃げようとした場合には，必要に応じてすぐにゆっくりとした正反動の速歩に戻します．障害を飛ぶ角度は，わずかなものから鋭角に飛ぶものまであります．障害に対して90度の垂直の線から角度が小さくなればなるほど，より厳しい角度になっていき，20度近くまであり得るでしょう．あらゆる種類の角度をつける練習は，馬と騎手の両方にとって良いものです．私はこれを低い障害を使って若い馬に多用します．なぜならそれは障害に向かって急がないで待つことを教えるのに有効だからです．

コースに取りかかる

　さて，これまでのところの反復的な練習を通じて，中級の騎手に十分な下地が作られたと言えるでしょう．これくらいの時にその騎手は，究極的な目標であるコース（経路）を飛ぶことを考え始めるかもしれません．繰り返しますが，その他の練習と同様に，コースもその全部を飛ぶ前に生徒が個々のパートを練習することにより，分割をして単純化することができます．

　あらゆるコースの始まりは，準備的な部分である輪乗りです．この輪乗りにはたくさんのやり方があり，また，最初の障害に向かう準備を行なう間の異なる種類のコントロールを練習しなくてはならないたくさんの理由があります．しかしながら，今は，複雑で洗練された騎乗に関わっているわけではなく，むしろシンプルでスムーズな演技を目指しています．私の経験から，競技場に入っている際の，最もシンプルで，スムーズで，かつ最も統制された輪乗りには，

❖ 障害飛越

3つの異なる歩様が組み入れられています．軽速歩，ゆっくりとした正反動の速歩，駈歩の順番です．

競技場に入る際，騎手は普通の8マイル毎時（時速約12.9km）の軽速歩を行ないます．輪乗りの軌道に近づいたら，馬を収縮させるため，ゆっくりとした6マイル毎時（時速約9.6km）の正反動の速歩に戻します．そこで，騎手は扶助を使い，馬を駈歩にします．駈歩が出たら，騎手はすぐさまギャロップ姿勢をとり，直ちにこれから飛ぼうとしているコースの間で維持したいペースを確立することに集中します．覚えておいてください．エクイテーション競技およびあらゆるハンター競技の演技では，最初から最後までのスムーズさとペースの一定さが審査されます．2つ目の障害を飛んだときにやっとペースができたりすることは，全くの間違いですし，それでは遅すぎます．

中級者向けにデザインされた入門用のコースでは，主要なラインと回転に，時々，コンビネーションと斜めに飛ぶ障害を添えて構成されています．言い換えると，自然で，簡単で，騎手がこれまで練習してきた全てのものを順番に入れ込んでいるのです．この段階で，必要以上に難しいコースを試すことは，騎手が技術面に集中するのを妨げるだけです．スムーズで，適切な技術が，今求められる全てのものです．そして，障害は2.5フィート（約76cm）もしくは高くても3フィート（約91cm）を超える必要は全くありません．

他の全ての練習と同様に，1回にひとつのことを学ぶ方が簡単です．したがって，障害のコースはおそらく5つのパートに分けるべきでしょう．それらの最初は競技場に入る前の準備の段階です．

準備段階では，常に馬の気性に直接的に関わらなくてはなりません．気性が強くて敏感な馬の場合，速歩で輪乗りを行ない，停止するのが最も良い運動でしょう．馬を和らげて，騎手の手の指示に従って，止まらせるようにするのです．怠惰で躊躇しながら飛ぶ傾向のある馬への良いアプローチは，競技場に入る前に，馬の後方に手を伸ばして舌鼓とともに鞭を使うことです．この最後の準備は，馬にすばやく活気を与え，脚への反応を良くする必ずうまくいく方法です．試合で勝てるような演技をするためには，競技場に入るときに，馬が騎手の手に対して注意深く気を配っていながらも，脚にすぐに反応して動くようになっていなくてはなりません．言い換えると，騎手が高い確率で試合に勝ち

❖ 障害飛越セカンドレベル

たいと思ったら，馬は常に騎手の脚と手の間に収まっていなくてはならないのです．

　競技場に入る手前の準備に引き続くコースにおける次の区分は，もちろん，最初の障害に向かうときの輪乗りです．この輪乗りは，前もっての準備から実際の障害のコースに移行する唯一の場所です．すでに述べた３つの基本的な歩様，軽速歩，ゆっくりとした正反動の速歩，駈歩のすばやい移行の間，馬の各部分に対して機敏に反応できる注意力が確立されていなくてはなりません．騎手が駈歩発進をしたときには，特定のコースにおけるその馬の最適なペースまでスピードを上げ始めなければなりません．

　さて，後はコースに臨むだけです．それは，おおよそ３つに分けるのが最も簡単でしょう．初めの障害，真ん中の障害，スムーズでリラックスした状態でのゴールを含む最後の障害です．これらグループ分けした障害は，当面の間，それら全てを回転や方向転換などを完備したひとつのコースにつなぎ合わせる前に個別に練習すべきでしょう．特定のラインと，それらのライン取りのための特定のペースが本当に重要なことの全てです．全てのコースワークにおいて，騎手の注意は視線と馬のスピードをコントロールすることのみに向けられるべきであるということも覚えておいてください．他のいかなるものも，ジャンプとターンとラインの連続を遂行しなければならないというすでに十分難しい問題を，より複雑にするべきではありません．このむしろシンプルすぎるくらいのルールは，たとえそれが洗練されたレベルの乗馬であっても，ほとんどの場合に有効なのです．特に競技会においては，騎手の心に重圧を与えないことが一番です．姿勢とテクニックに関するあらゆる問題については，次のレッスンまたはセッションで言及しますので，障害の単純な反復練習を通じて取り組むべきでしょう．悪い癖というのは，ゆっくりと身に付いてくるものなのです．全部一度に付くのではなく！

❖ 障害飛越

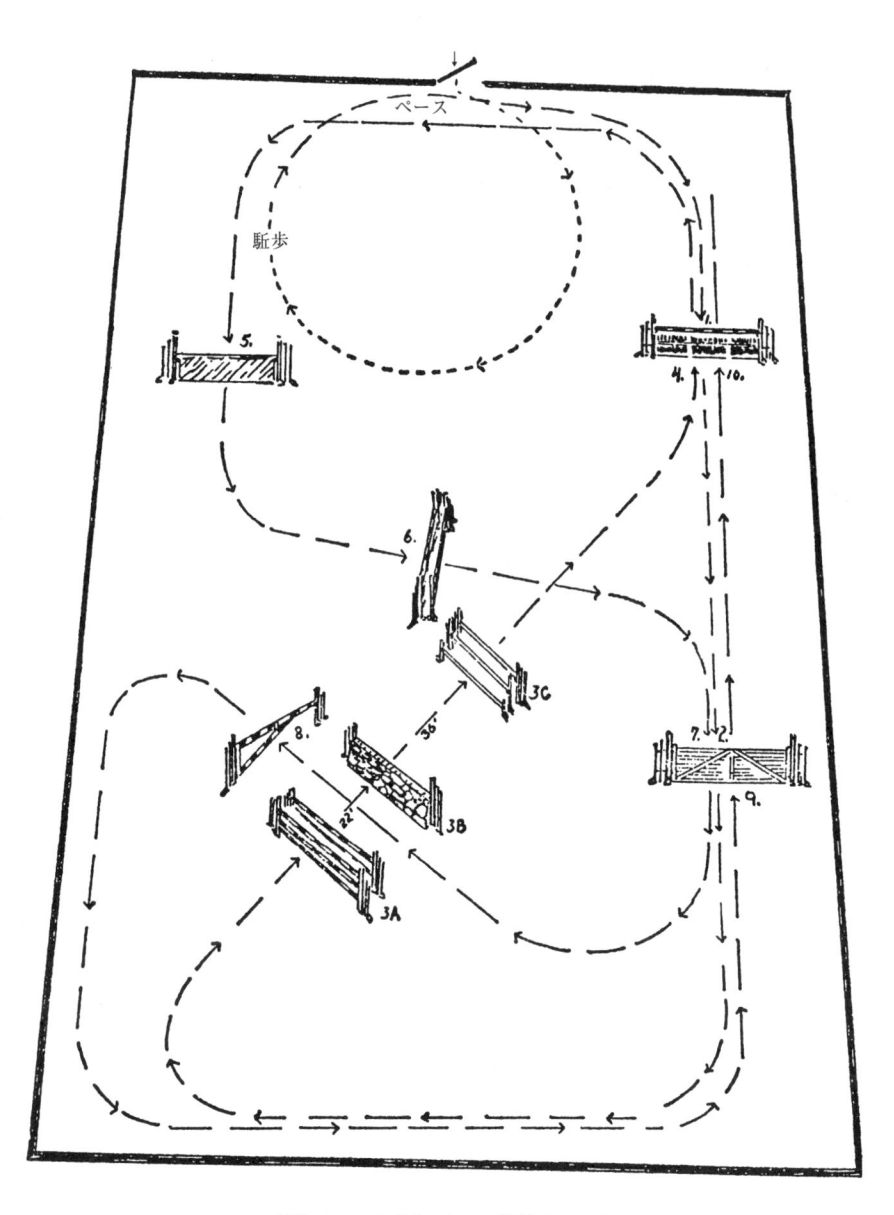

図7-1 エクイテーション競技のコース

CHAPTER 8

障害飛越サードレベル

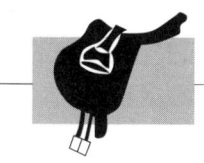

("手の支えなしで") リリースする

　騎手のスキルを示す最も良い指標は，その騎手の挙です．挙は単に騎座と脚の独立性（バランス）を反映するだけでなく，馬と騎手の間のコミュニケーションにおける思いやりの気持ちを反映するのです．この的確なコミュニケーションは，多くの異なる馬やそれらの馬の問題点を何年もの間経験した後に，ようやく洗練されたものになり，完全にコントロールできるようになります．それが乗用馬，競走馬，馬場馬術用の馬，ハンター馬やジャンパー馬のうちのどれであるかにかかわらず，挙は，推進扶助を通じて作られ，維持された推進力やペースをコントロールし，統制しなくてはなりません．そしてそれは，的確なタイミングで的確な度合いで馬を抑えたり放したりしなくてはならないという，とても難しい課題です！　どんな騎手でも，馬を活発にして挙に向かって前進させることはできますが，その馬がちょうど，"挙に頼っている時"に何をするのかが重要なのです．その時，"騎手"は後ろに下がって，"芸術家"が現われるのです！

❖ 障害飛越サードレベル

　サードレベルの騎手の場合，離陸の瞬間の馬の口のリリースは，感じ取れないほどに微妙なもので，訓練された目がなくてはその作用を見ることができないようなものでなくてはなりません．ここでは，拳は，空中で馬を放り出すというよりは，空中で馬をサポートし，軽く，付き従う感覚を維持しなくてはなりません．"羽毛のような触感"と表現される感覚です．もし少しでも拳が後ろ向きに回転したり，身体のバランスとサポートのために拳に頼っているような兆候があったら，その騎手はリリースの3番目の上級ステージに進むのに，十分に安全で，十分経験を積んでいるとは言えません．馬の口は，馬の身体のサポートとバランスのためにしばしば騎手の拳に頼るのに対して，騎手の拳は*絶対*に身体を支えるために馬の口に頼ってはいけません．

　全ての障害馬術における誤りの中で，飛越中に拳を後ろ向きに回転させるのは，最も重大な欠陥です．その理由は単純に，馬に，仕事を行なうために十分な頭と首の自由が与えられないからです．最も勇敢な動物でさえ，こうした騎手の拳のもとで運動しようとした場合，障害飛越が口への罰を連想させるようになるのに長い時間はかからないでしょう．そして，報酬と罰というものを再考してみれば，なぜ"しょっちゅう拒止する馬"（stoppers）が常に，馬に十分に首を使わせない騎手に乗られているのかがわかるでしょう．馬が拒止した時にはいつも，最初に考えるべきことは騎手の拳がどのように作用しているかです．いかなる状況であろうとも，馬が推進扶助に対して完全に自由に前に進むことができる状態でない限り，厳しい推進扶助を用いるべきではありません．

　騎手に，完全に拳が独立した状態で障害を飛ぶこと（手の支えなしで飛ぶこと）を教えるための私のアプローチでは，連続障害——2フィート（約60cm）の高さで10～12フィート（約3m～3.6m）離れた複数の垂直障害——において，様々な手綱なし（そしてしばしばあぶみなし）の練習方法を用います．この低い連続障害を手の支えなし（手をお尻に，手を頭に，手を背中に，手を伸ばして，手を胸の前になど）で何度も何度も飛ぶことにより，騎手の身体の異なる部分が，互いに対して独立してくるようになり，手を支えとする必要がなくなるのです．やがて，騎手が手綱を手に取ると，身体を支えるために馬の口や首筋に頼る必要がないことを感じるでしょう．しかし実際には，馬の首筋や，ほんの一握りのたてがみでさえ，それらはしばしばエキスパートにと

❖ 障害飛越

っても役に立つものです．どんなに騎手が安定していようとも，しばしば，馬の首筋に頼らざるを得ない変則的な離陸などの普通でない事態は起こるものです．手短に言うと，騎手は常に独立した支えのいらないリリースを目指すべきですが，馬の口でバランスをとることだけは絶対にいけません．それはあらゆる障害飛越における罪の中で最悪のものです．

"手の支えなしで飛ぶ"こと，もしくは我々が名付けたところのオートマチック・リリースを教えるための，もうひとつの良い練習方法では，インストラクターが低い障害の前の50フィートから75フィート（約15mから23m）のところに立って，右手を上げます．騎手が飛越の離陸地点に到達したら，インストラクターは手を下げ，生徒はその合図に合わせてクレストリリースを行ないます．そのポイントは，リリースに移る前に，合図が送られるまで騎手に待つように指示するものです．インストラクターがある時，手を下げなかった場合，騎手はリリースに移るための動作を一切行ないませんので，オートマチック・リリースが自然に行なわれるはずです．

全体的な姿勢

我々は今，騎手の進歩における最も危険なステージにいます．このレベルの騎手は，アベレージもしくはアマチュアの領域に進みましたが，技巧の優れたエキスパートのもつ別格の雰囲気には達していません．これは極めて重要なステージです．それは，コンスタントな振り返りを行ない，ディスカッションの時間を繰り返しもつべき時であり，じっと立ち止まっているべき時ではありません．騎手は，身体の姿勢とテクニックの両方を強化するため，練習を続けます．さもないと，悪い癖が付いたり，技術的に後退してしまったりするでしょう．

簡単に言うと，騎手の技術は，異なった調教レベルの，たくさんの異なる問題をもった多くの違う馬に乗ることによってのみ観察でき，改善されるものです．強い騎手というのは，単に，馬が行なうあらゆる全ての抵抗に対し，馬の気質や神経に影響を与えずに対応することができるから"強い"のです．馬を

❖ 障害飛越サードレベル

　必要以上に叱ったり，必要以上に長い時間乗る人を私は"ブッチャー"（butcher：残忍な人）と呼んでいます．ブッチャーは常に，神経質で，緊張し，こわばっており，ソフトでわずかな扶助には反応しない馬を創り出します．こうした種類の馬は，精神的もしくは肉体的な面で，ベストの状態で運動し，最高の結果を出すために，十分に自由な状態にあるとは言えません．

　騎手の飛越姿勢は，この段階においては明確に自分自身の形ができていながらも，それは常に古典的な枠組みの中に納まっているべきでしょう．彼の脚は常に一定の位置にあり，両方一緒に用いられたり，時には片方だけが用いられたりするべきです．足の指の付け根は，あぶみを踏むことに何の問題もなく，あぶみが外れてしまうことはめったにないようになるべきでしょう．もしあぶみが外れたとしても，その騎手が，全体の練習量のうちの好ましい割合（少なくとも25％以上）であぶみ上げでの練習を行なっていれば，競技のコースを完走するのに何の問題もないでしょう．ヒップ・アングルの調節とともに，2ポイントおよび3ポイントコンタクトが適切なタイミングで自然に用いられるべきでしょう．それは，馬の推進力に応じて行なわれるべきであり，騎手が意識的に使い分けるべきではありません．上半身の使用は，本当に最小限とすべきであり，視線は上で，馬の現在の位置の遥か先を見ていなくてはなりません．腕と手は，ほとんどの間，馬の口に付き従って，柔軟で，安定して，真っ直ぐでなくてはなりません．また，リリースは，障害を飛ぶタイミングにぴったりと合っていなくてはなりません．舌鼓や，拍車や，鞭の使用は，脚が即時の前進反応を作れなかった場合には，即時に行なわれるべきでしょう．

　概して，この時点での騎手は，その騎手の目的に合致した，安定して，滑らかな姿勢で乗ることを心がけるべきです．また，必要最小限の努力で，簡単に望ましい結果を獲得し，仕事を成就できるようになるべきでしょう．静かで信頼できる騎手が，静かで信頼できる騎手なのは，彼の身体が最も機能的な姿勢をとるように訓練されているからであり，彼が，馬のあらゆる抵抗が現われたときに頼ることができる広範囲のテクニックの引き出しをもっているからなのです．何度も良い結果を出している洗練された"美しい"騎手には，何も神秘的な秘密などはありません．それは単に，理解力と，練習と，システマチックなアプローチに対する信念の問題なのです．

❖ 障害飛越

馬の動きに合致して乗る VS 馬の動きに遅れて乗る

　騎手による2ポイントと3ポイントコンタクトへの理解と使用は，馬の動きに合致して乗ることと馬の動きに遅れて乗ることへの理解と一致していなくてはなりません．前に述べたように，"馬の動きに合致して乗る"というのは，騎手の重心が馬の重心の真上にある状態をいい，"馬の動きに遅れて乗る"というのは，騎手の重心を馬の重心よりも後ろに置くことをいいます．自然に，騎手がより後傾姿勢をとるほど，騎手はその体重を"推進力"もしくは"抑止力"として使用するのに適した姿勢となります．結局のところ，体重というのは，手と脚が使用された後に，本当に馬を動かしているもの（後肢）をコントロールするものといえます．

　原則的には，私は，ハンター馬やエクイテーション競技馬は，軽い2ポイントおよびクロッチ3ポイントコンタクト（馬の動きに合致した3ポイント姿勢）で飛ぶべきだと信じています．私は，オープンジャンパー競技に進む前に，ハンター競技と，もしできればエクイテーション競技までを行なうべきだと固く信じているので，こうした騎乗方法を最初に教えるようにしています．さらに，私は，良い前傾姿勢の騎手が座って後傾姿勢で乗ることを学ぶ方が，常に後傾姿勢で乗っている騎手が鞍を離れて軽い状態で乗ることを学ぶよりも，簡単であることを発見しました．当然のことながら，ハンターやエクイテーション競技において，馬の深刻な拒否が起きた場合，騎手の正しい自然の直感が働いて，その騎手は体を起こして（真っ直ぐに立てて），鞍にしっかりと座って，馬を前進させようとするでしょう．一方，ハンターやエクイテーション競技を目的として演技や運動を行なっている場合には，特定の馬がもつ，強くて，動きが速く，緊張した気質に対して妥協することはできませんので，その場合は鞍に座ってしっかりと馬を抑止するようにします．適切な銜とマルタンガールと一緒に手を使い，かかとがしっかりと踏み下げられ，膝と太ももがしっかりとしていれば，どんな馬でもこの軽い前傾姿勢で統制できるでしょう．馬の動きにあわせて演技を行なうことにより，最大限の滑らかさが保証され，静かで繊細な演技を見せることができるでしょう．騎手が何もやっていないように見

えるときこそ、_芸術_が達成されたときなのです！

　鞍に座って後傾姿勢をとらざるを得ない特別な状況が、あらかじめわかっていたり、突然起きたりすることがあります。難しい場所にあるやっかいな障害を飛ぶ時や、とても若くて強情な馬に乗る時や、オープンジャンパー競技にあるような大きな障害のコースを飛ばす時などがこれにあたります。騎手が身体を真っ直ぐに起こして、より後ろに体重を移動することによって、馬の前肢が軽くなり、馬が前半分の身体をより機敏に使うことができるようになるのです。騎手がこのより垂直な姿勢をとったと同時に、その騎手はバランスをとる人と指示をする人としての不変の役割を受け入れたことになります。言い換えると、その騎手はすでに究極の強さをもつ姿勢にあるため、それ以上、その状態に至るための時間を無駄にする必要がないということです。もちろん、非常に困難な状況が前もってわかっているような場合は、その仕事の間中ずっと後傾姿勢を取り続けるべきでしょう。それがネーションズカップのコースで騎乗する時か、強情な馬に小川を渡らせる時かにかかわらず。

　馬の動きに遅れて乗ることは、すでに述べたように、しばしば特定の状況において、とても効果的です。しかしながら、それは全くもってスムーズなものとは言えません。後傾姿勢で障害に向かった場合、飛越中に馬の動きに付いていくために前傾しなくてはならない度合いが大きくなります。（空中において、馬の動きに遅れることと、前のめりになってしまうことは、明らかに、馬の自由を奪う有害なものです）この追加的な距離が、騎手のためそして馬の勢いを保つために、騎手にヒップ・アングルを閉じさせ、馬の弓なりの飛越姿勢に付いていくことを余儀なくさせます。これが、自然に上半身の動きを大きくしてしまい、馬の動きに合致して乗る場合よりも滑らかでなくしてしまうのです。通常、"ダッキング"（飛越の際に必要以上に前屈みになること）という悪い癖が付いてしまった人は、普段から馬の動きに遅れて後傾姿勢で乗っており、空中で馬の動きに"付いていく"ために、離陸の際に身体を前に投げ出すことを学んだ人です。これは、速い馬をより速くしてしまい、より不安にさせてしまうため、とても深刻な誤りです。ダッキングは、大げさな2ポイント姿勢での練習をたくさん行なうことによってのみ矯正できます。

❖ 障害飛越

ライン，ターン，コンビネーション，斜めに飛ぶ飛越

　この段階においては，単純なラインでの練習は，ほとんどコースの複雑な部分の練習に取って代わるでしょう．それらの部分には，通常，ラインだけでなくターンや，斜めに飛ぶ飛越や，コンビネーションを含んでいます．言い換えると，瞬間的なコントロールを必要とするあらゆる種類の問題が，騎手の反応とテクニックを速めるために用いられるのです．
　間歩の分析の技術は，ハンター競技においてもジャンパー競技においても，まさに障害のコースを飛ぶための知的なアプローチとして究極のものです．2つの障害の間の間歩が長いのか，中くらいなのか，短いのかを知ることは，あらかじめ計画して勝つための演技と，"ラッキーな"良いラウンドとの違いを分けるものです．騎手は，あらかじめコースを歩いたり，そのコースを回る他の馬を何頭か見たりすることによって，比較的近接した障害の間の間歩の数と，さらに重要なことに，その間歩の数を入れるために必要な間隔をノートに書き留めることができるのです．
　例えば，平均的な16.1ハンド（164.2cm）の馬で，24フィート（約7.3m）離れたダブル障害を1間歩で飛び，36フィート（約11m）のコンビネーションを2間歩で飛ぶのに，通常のハンドギャロップのペースが必要です．同じ馬で，21フィート（約6.4m）のダブル障害と，33フィート（約10m）の障害を同じ間歩で飛ぼうとした場合，ペースを遅くしなくてはなりません．この間歩の分析は，5～7歩離れた障害の場合でも観察でき，適用することができます．しかしながら，かなり離れた距離の場合は，広い範囲の中にあまりに多くの変数が存在するため，騎手の目だけに頼った方が良いです．ここで注意しなくてはならないのは，間歩の数は，その間歩のために必要なペースほどに重要なファクターではないということです．例えば，ハンター競技のコースにおいて，2つの障害が5間歩離れているとします．騎手は，それぞれの障害を理想的な位置で迎えるために，そのラインを遅いギャロップで行くのか，普通のギャロップで行くのか，速いギャロップで行くのかを知ることが非常に重要なのです．当然のことながら，それらの障害の間の距離が近いほど，騎手にとって間歩を

❖ 障害飛越サードレベル

どのようにするかを知ることがより重要になります。騎手が自分自身で間歩を数える練習（1，2，3〜と数える練習）は，騎手のタイミングと自然な感覚を散漫にしてしまうので，あまりやらない方が良いでしょう。それよりも，騎手は，あらかじめ決めたペースで障害に向かうことと，距離を測る"視線"そのものに集中するべきです。

　"距離を見ること"もしくは"目を育てること"に関して言えば，これらの言い方は，そのタイミングと関係があるということを説明させてください。馬の離陸のタイミングは，あらゆる演技において，一定であり，かつ優れていることが，絶対に必要です。世界で最も優れた馬でも，競技場における全てのジャンプについて適切な離陸のタイミングを前もって決めておくことはできません。これは単に，あらゆる競技場における障害飛越は，自然なものではないことによるものです。スペースは限られており，障害はその色や，高さや，形状や，幅が異なり，取り組むべき回転があり，他にもたくさんの不自然な要因があります。コースで要求される難易度次第で結果が変わってしまう演技を予測できるものにすることは，人工の一連の障害物を乗り越える，賢く才能のある馬を助ける騎手の知性と才能を通じてのみ行なうことができます。行き過ぎの"手乗り"によって邪魔されている馬は，"乗客"に放り出された馬と同じくらい不利な状況にあります。言うまでもなく，今日の障害競技で勝つためには，1人と1頭のとても才能のある生き物による，結合した努力が必要なのです。

　実際に飛越のタイミングについて教えることに関して言えば，<u>忘れろ！</u>ということです。私の経験では，それは乗馬において，無理のない急がない方法で自然に訪れなければならないもののひとつなのです。それは，内面的な感覚であり，ほとんど第六感と言えます。そして，騎手がその直感に従うことができればできるほど，その結果は良いものになります。時々，リリースの練習をしているときに，私はそれを正しい離陸の地点をつかむ練習と同時に行なって，騎手に"正しい時"の感覚をもたせるようにしています。しかしながら，私は生徒にできるだけ自分で，この目に見えない何かをつかんで欲しいと強く思います。

　しばしば，私はタイミングの問題について，<u>間接的</u>なアプローチを探し求めてきました。距離を見る目のない騎手には，共通すると思われるいくつかの特

❖ 障害飛越

徴があります．第一に，最も注目に値するのは，神経質な気質だと思われます．騎手が心配すればするほど，自身でトラブルを予想するようになり，そしてそれこそが良いタイミングの大敵――障害がほどよく近付くまで静かに待つことができないこと――なのです．騎手は，待って，あるがままに距離を自然に任せなくてはなりません．そして押し込んだり，急がせたりしてはいけません．とても人気がある理論（私と完全に意見が一致しないもの）は，良い騎手であればあるほど，障害からより遠く離れたところから距離が見えるというものです．これは，私からすれば間違いです．なぜなら，騎手が距離を見る障害が遠くにあればあるほど，"離陸地点を推測する！"機会が残っていると言えるからです．偉大な騎手というものは，決して急いだり，熱心に"離陸地点"を探そうとしたりはしていません．それよりもむしろ，明確な決定が，<u>彼らに対して自然に訪れるのを待っている</u>のです．

　挙は，騎手の気質をとてもよく表わしています．そして，良い挙（安定していて，リラックスしている挙）というものは，通常，良い目と一致しています．したがって，タイミングを改善するための最も直接的なアプローチは，主に，挙を固定させ静止させることを強調することにより，障害にアプローチする際の騎手の身体全体を安定した状態にし，そんなにタイミングそのものについて気にしすぎないことです．"じっと座って"（Sit still）や"挙を固定して"（Keep your hands still）という格言は，実際に真実からかけ離れたものではないのです．より近代的な乗馬テクニックとは関係なく，それは<u>実際に機能するのです！</u>

　リラックスすることと距離を見る"目"を養うことを促進するための，私のお気に入りの練習方法のひとつは，障害に向かう際の3つのゾーンを活用することです．最初のゾーンは，馬場の端で障害に向かって回転を始める辺りです．ここでは騎手は，馬のペースと，バランスと，湾曲をコントロールすることに集中しています．2つ目のゾーンは，回転を終えて直線に入るところです．ここでは，騎手は馬をリラックスさせ，主に馬の口を感じ取り，障害を飛ぶ距離が見えるまで待ちます．3つ目のゾーンは，離陸地点までの距離が見えた瞬間から始まります．このゾーンにいる間は，騎手はほとんどの部分において，股に沈み込むことにより馬のバランスを取ることのみに集中します．

❖ 障害飛越サードレベル

エクイテーション競技での演技

　完成されたエクイテーション競技での演技では、4つの要素が必要とされます。容姿、演技、一貫性、そして演出です。もしこれら必須の要素のうちのひとつでも欠けたら、上位で競っている際に勝てる可能性は低いでしょう。もちろん、騎手はそれぞれの強みをもっているものですが、目標とすべきはこれらの要素それぞれにおいて完璧にすることでしょう。

　容姿というのは、単に、フラットワークもしくは障害を飛ぶ際の全ての演技の間における騎手の姿勢を意味しています。上級者の騎手の容姿は、自分自身の乗り方でありながらも古典的であるべきです。そして、この段階においては、その乗り方は完全に無意識に行なわれるべきでしょう。容姿が機能を犠牲にしなくてはならないというのは、本当に例外的な場合のみとすべきでしょう。全てのトップクラスのエクイテーション競技における競争において、その騎手自身の古典的姿勢の特徴なしで戦うことは実際上不可能でしょう。審判員に最も記憶に残る印象は、馬に乗っている騎手の"全体像"（picture）です。あいにく、容姿というものは、騎手の各部分の形状——"乗馬姿勢の構造"（riding build）——と緊密に連動して完成されていくものなのです。最も古典的に見える騎手の何人かでさえ、彼ら自身の個人的な身体的問題のいくつかを乗り越えてこなくてはなりませんでした。私の意見では、全ての騎手は、彼らのもつ潜在能力の最大限の発揮に向けて、姿勢を洗練していくべきだと思います。

　エクイテーションにおける演技について論ずる際には、*必ず*馬も考慮に入れなくてはなりません。騎手が騎乗して機能しなくてはならないのと同時に、その馬も身体的かつ精神的に、その仕事をこなしていかなくてはなりません。当然のことながら、人の大きさに馬の大きさを合わせるのが良いでしょう。言い換えると、脚の短い少女は15.3ハンド（約156cm）の細い軽量の馬に乗せるべきであり、16.3ハンド（約166cm）の胴の太い平均体重の馬に乗せるべきではないでしょう。"全体像"をよく見せるために、このように騎手と馬との組み合わせを考慮に入れなくてはなりません。

　エクイテーション用の馬は、才能があり、かつ従順でなくてはなりません。

❖ 障害飛越

　それは，快適で滑らかな歩様で動き，緊張するでもなく怠惰でもなく動いて，騎手を前に"運ぶ"十分な活発さをもっていなくてはなりません．すぐに頭に血がのぼる気質の馬は，重要な時に暴発したりし，一方，怠惰な馬は騎手に微妙なニュアンスでの洗練された騎乗を決してさせてくれません．そうした馬に乗っていると，その騎手は，常にそのように乗らなくてはならないようになってしまうのです！ 特に，洗練された障害のコースでのたくさんのエクイテーションのクラスが設定されている今日では，馬の能力はかつてないほどに重要なものとなっています．その馬は，3フィート9インチ（約115cm）のコースを簡単に飛ぶことができなければならず，やっかいな距離の障害に対して，すばやくそして賢く歩幅を調節できなければなりません．また，上手に回転し，新たな環境や状況に勇敢に適応できなければなりません．言い換えると，神経質で，疑わしい馬は，今日のエクイテーションにおける，ほとんどの場合にみられる"仕掛けのある"状況には向いていません．まとめると，良いエクイテーション用の馬は，かなり魅力的で，運動能力が高く，感性が良く，従順で，すすんで騎手のたくさんの異なる要求に対して協力してくれる馬であるべきでしょう．

　一貫性というものは，馬と騎手両方の努力により生み出されるものです．馬と騎手の両方とも，過失をしないために必要な条件を何度も何度も繰り返すのに十分な才能をもっていなくてはなりません．不変の人馬の組み合わせというものは，審判員が考慮に入れており，探しており，そしてペアとして固定されることを期待しているものです．こうした組み合わせというものは，審判員にとってとても重要なものです．特に，その試合内容が今ひとつで，全くリボンを獲得する価値のある演技が見られなかった際にはです．一貫性には，フラットワークのテストおよび多様な障害のコースにおける正確性も含んでいなくてはなりません．どんな騎手でも，"良い目"を発達させないで正確性を身に付けることはできません．それは，容姿と演技とともにトップクラスのエクイテーションの騎手が一貫してもっていなくてはならないものです．

❖ 障害飛越サードレベル

ショーマンシップ

　ショーマンシップもしくは，演劇性というものは，ケーキに砂糖をまぶすようなものです．それは，すでに説明した全ての好ましい点を最終的に仕上げるものなのです．騎手の中には，直接的にその人の自我に結びついている生来の演劇性をもっているように思われる人々もいます．彼らは，優れた能力の感覚を外向きに表現することができ，わざとらしい形ではなく，彼らの最も良い部分を見せることができるあらゆるチャンスをとらえることができるのです．これは，フラットワークの部のグループで最もよく見られます．例えば，オープンエクイテーションクラスのフラットワークでの準備運動において，優れた騎手は馬場で単に速歩を行なうよりも，肩を内へや，反対駈歩，伸長や収縮などを行ないます．このように，馬術を知っていて何か特別なことを行なうことができる騎手は，審判員を惹きつけることができます．大勢が参加するクラスでは，ショーマンシップのある騎手は，あらゆる機会において自身が良く見えるタイミングをうまくとらえて，自分とその馬を審判に対してアピールすることができます．しかも審判が見ることができて，群衆にまぎれてしまわないタイミングで！　一方で，もし何かうまくいかないことがあった場合には，審判の視界からすぐに消えてしまうのです．賢い騎手は，3つの目を開いているのです．ひとつは自分自身の演技を見る目，ひとつは競争相手を見る目，そしてもうひとつは審判を見る目です．

　馬と騎手両方の身なりも，演劇性のひとつです．きれいで，さっぱりとした，手入れの行き届いた組み合わせは，常に人目を引くスタートを切ることができます．馬の見た目について言えば，きれいなたてがみと尾の編み上げは重要です．これについては，私は馬の首の長さに応じた編み上げの数のことを言っています．長い白鳥のような首の馬は，編み上げの数を少なくし，短くて太い首の馬はもっとたくさんの数の編み上げを作るのです．仕立てが良く，地味で，正しい正装は，ハンターシート馬術においては必須です．けばけばしく，派手な色や派手な色の組み合わせは避けなくてはいけません．グローブは常にちょっとした他の選手との差別化を行ない，女性の髪はこざっぱりとすべきです

❖ 障害飛越

（そして常に顔に髪がかからないように！）．そして，鞭を持つ場合には，その鞭はできればダークブラウンの皮製で，ループが付いていないものが好ましいでしょう．短い羽飾りのついた鞭は良いですし目立つと思います．要するに，完備した身なりは，エレガントかつ保守的で，とりわけちょっとした味付けがなくてはなりません．こうした騎手が，競技場に入る時点においてどれだけ有利なことでしょう！

野外のハンター競技での演技

　野外のコースにおけるハンター競技もしくはハンタートライアルコースには，通常，ハンター競技を行なっている騎手にとって，特別に要求されることと難しさがあります．こうした野外での運動と馬場での運動の大きな違いは，ペースに関するものです．馬場でのハンター競技のペースは，野外のペースと比べると，おそらく2～3マイル毎時（時速約3.2～4.8km）ほど遅いです．そしてそれは調整の結果というよりは，そのもののスピードが異なると言えます．

　野外のコースにアプローチする際には，私が発見したところによると，コースの蹄跡をたどりながら障害のそばで速歩運動を行なうことから始めるのが最も良いでしょう．障害の周りを回ったり，それらのそばで停止することによって，通常，興奮している馬や，突進する馬を落ち着かせることができます．もちろん，もし馬が従順で安定しているのであれば，これは必要ありません．速歩での運動が終わったら，必要に応じ，駈歩で同じ手順で障害の周りを回ったり，停止しても良いでしょう．

　さて，ここまで来たら，ペースの感覚をつかむことにしましょう．馬は，十分に運動してリラックスしているので，騎手はそのスピードをハンドギャロップのスピードにまで上げることができます．馬と騎手にとって，障害に向かう前に，その歩様に伴う速めのリズムを見つけるために，ペースを感じることが最も重要です．手綱を緩めた際に，馬がリラックスしているようであれば，すぐに調教を始めるべきでしょう．

　コースを回る際のあらゆる運動と同様に，野外のコースについてもいくつか

の部分に区分けしましょう。最初は，前のセクションで説明したものと全く同じです。最初の障害に向かう際の輪乗りも，輪が大きいことを除いては同じです。これにより，騎手は，輪乗りの中で徐々に速めのペースをつかむ時間を得ることができます。ペースを作ることができたらすぐに，騎手は，おそらくは3つないし4つの障害を含んでいるであろう最初のラインを飛ぶことに集中します。それが終わったら，スムーズに馬を止めます。そして，この順番で，コースの残りのパートを全てのコースを飛び終えるまで断片的に繰り返します。ここまでの運動で，馬をコントロールし，安定させることができたら，全てのコースを飛ぶことを試みましょう。もう一度繰り返しますが，ラインとペースが騎手の心の中で最も重きを置くべきところです。

　姿勢に関してハンター競技において気を付けなくてはならない唯一のことは，低い手と，軽い前傾姿勢です。手は，馬の頭の位置にかかわらず，たてがみ近くの低い位置で使い，その位置に保たなくてはなりません。これによって，あらゆる口と頭の問題を隠し，また最小限に留めることができ，心理的に乗りやすい馬という印象を審査員に与えることができます。軽い前傾姿勢もまた，なめらかさと優美さを醸し出すことによって見た目を良くすることができます。そして，この姿勢の騎手は，余計な動作をしないため，馬によって取り乱すことがありません。手短に言うと，ハンター競技における演技は，審判に対し，このように騎手が馬を良く見せ，また全体として無理のない見た目のよさを加えるのです。これらは，あまりあからさまにやってはいけません。ハンター乗馬というのは，もともと狩りをするための心地良い乗馬であり，そのようであるべきなのです。どんな犠牲を払っても，それは心地よく見せなければならないのです。たとえそれが，本当に心地よいかそうでないかにかかわらず！

ジャンパー競技での演技

　この本は，オープンジャンパー競技の選手のような，より上級者向けのトレーニングについて解説することを目的とした本では全くありませんが，騎手をそのレベルまで引き上げるための全ての必要な練習を具体化するものではあり

106. 知識を通じた強さ　　ケイティー・モナハン・プルーデントのサクセス・ストーリーが，この写真の彼女の表情に刻み込まれています．彼女は，馬の上で彼女が行ないたいことを正確に知っており，そして彼女の完全な技術的なコントロールによって，それを実行することができるのです．Photo by Budd

107. 苦もなくやってのける力 ケイティー・モナハン・プルーデントとザ・ジョーンズ・ボーイが、基礎—才能、教育、ハードワーク—がそなわっていれば、山のように大きなスクエアオクサーを飛ぶこともいかに簡単かを見せてくれています。Photo by Budd

108. 絵本のようなフォーム 私が教えた若かりし日のフレッド・バウアーと、後に教えたロニー・マッチは、本に書いてあるお手本のように乗る、良い騎手の実例です。彼の均整のとれた体型、身体の角度、そして基本姿勢が、このほぼパーフェクトな乗馬の写真を作り出しています。
Photo by Budd

109. 職人のような洗練　　ジェームズ・ヒューリックは，彼のオーダーメイドの服から彼の馬のコンディションや彼の素晴らしい姿勢に至るまで，試合場におけるプレゼンテーションのお手本です．しかも，人工的な余計な部分がありません．彼とタイニーズ・ソートは，エクイテーション・ジュニア・ハンターのコンビネーションの権化と言えるでしょう．

110. ジュニア・ジャンパー競技での良い姿勢での騎乗　　この本の前半の実演者の一人であるアンナ・ジェーン・ホワイトが，アグレッシブな態度とパワフルな膝下の脚を見せています．ジュニア・ジャンパーは，適切な姿勢で見た目よく乗ることができ，かつそのように乗るべきでしょう．Photo by Budd

111. ポジティブな騎乗　アンナ・ジェーン・ホワイトがここでは，よく知られたリペットに乗って，気味の悪い障害物を越えながら，強く躍動的な騎乗を見せています．彼女の爪先は少し外を向いており，背中は少し丸いですが，それらはポジティブな騎乗の表われです．

112. 優秀さを物語る　レスリー・バーの才能の偉大さを陰らせる唯一のものは，彼女の馬上での非凡な外見のみです．彼女は全ての馬で素晴らしくポジティブで自由な騎乗を見せるばかりでなく，今日のアメリカのあらゆるハンター選手よりも馬を美しく飾っています．Photo by Budd

113. リラックスした状態での集中　バディー・ブラウンと彼の伝説的なサンドサブレイズが，適切な精神的態度をもってすれば，それがいかに簡単に成し遂げられるかを我々に見せてくれています．人馬ともに固さのかけらもなく，彼らの仕事を完璧にこなしています．Photo by Budd

114. グランプリへの階段　　バディー・ブラウンの頭が少し下がっていますが，人馬が，前の写真（113）の人馬と，態度と技術の両方において，いかに似通っているかを注意して見てください．いかに障害物が大きくなろうとも，基本が先立つのです．Photo by Budd

115. 自由　　バディー・ブラウンが，サンドサブレイズにロング・クレストリリースを行なっています．手綱がたるみ，馬は完全に自由に頭と首を使うことができます．これは，幅の広いオクサーを飛ぶ際の，究極の褒美です．

116. 滑らかでありながらの力強さ　　手際の良いアプローチ，落ち着いた態度，滑らかで目に見えない扶助，一貫性，そして美しい姿勢——これらの全てが勝利のための素材となります．キャサリン・バードソールとオールド・ソルトは負け知らずでした！ Photo by Budd

117. 馬上での優雅さ　シンシア・ハンキンスが競技場に現われると息を呑むとしか言いようがありません。彼女の均整の取れた体型と存在感が、彼女をエクイテーション部門において、ほとんど無敵の存在としています。Photo by Budd

118. 勝つための意思 　競争と勝利への熱意は，素晴らしい特質です．コレッタ・ロジンズと彼女の連れ添いのサンマンの両方によるこの写真での表現が，それをよく表わしています．彼らの"当たって砕けろ"という態度を打ち負かすことは難しいでしょう．Photo by Budd

119. 美しい馬に乗る美しい少女 　真の美しさは行動を伴います．信じてください．フランシー・スタインウェデルとホット・スープはこれを実践できるのです！ここでの彼女の素晴らしい外見と，古典的なテクニックは，とても魅力的です．Photo by Freudy

120. 絶妙なコンビネーション　太い丸まった腹で，エキサイトレスはエリザベス・シーハンの愛すべき長い脚を吸収することができます．単に彼らの体型がお互いを補完し合っているだけでなく，彼らの気質も同様に補完し合っています．両方とも強くて勇敢です．話がそれますが，私は色のついた毛糸でたてがみを編むのは好きではありません．Photo by Budd

121. リラックスした正確さ　ハフ・マッチは冷静な競技者です．そして，あらゆる競技会において本当に打ち破るのが困難なリラックスした一貫性をもっています．私は特に，ハフのリラックスした，しかしフラットな背中が好きです．Photo by Budd

122. 詩人としての資格　もし誰かがコンラッド・ホムフェルド（ここで騎乗しているのはバルブコ）と同じくらい正しく騎乗できるのであれば，その人は些細な姿勢の誤りを正当化できるでしょう．コンラッドは馬上の動きの中の詩です．そしてここで，彼はかなり広いリバプールを越える際に，膝を軸にして馬に随伴しています．Photo by Budd

123. 動物への愛情　　マイケル・サッソーは，彼の馬ディロンから最大限の能力を引き出すことができます．なぜなら，彼は真に動物を愛しているからです．この目に見えない特質である愛が，この神秘的なホースビジネスにおいて，"偉大なもの"と"そんなに偉大でないもの"とを分けるもののように思われます．思いやりをもつことは，ホースマンが所有することができる最高の才能なのです．

124. オリンピアン この本は，ほんの少し皆さんの個人的な"オリンピック"の探求（遠乗り，ハンティング，あるいは競技など）において，皆さんを助けたいという願いを込めて書かれました．マイケル・マッツ（ここではマイティー・ルーラーに騎乗）は，言葉の全ての意味においてオリンピアン（オリンピック選手，別の意味ですぐれた人）であると言えます．——ライダーとして，ホースマンとして，そして特に一人の人間として．Photo by Budd

125. 熟達した職人 バーニー・トローリグは，馬上での全体的なコントロールを主張しており，それを実現しています。この大きなオクサーを跳ぶ際の，彼の職人芸の挙と，カージナルスの口との間のしなやかなコンタクトを注意して見てください。彼の挙の使い方はユニークです。
Photo by Budd

126. タイムとの闘い アルマンド・レオンと彼の馬ソンブレは，タイムを競う際に，とても強いペアです。速く走っている際に，いくつかの失敗があっても気にしてはいけません。彼らは勝つでしょう！ ここで，アルマンドは空中で鋭い右ターンを行なっています。そしてこの後，彼らは予想通り勝ちました！ Photo by Budd

127. 馬の背中を邪魔しない デニス・マーフィーと疲れを知らない彼の馬タスカルーサは，このマンモスオクサーをクリアするために彼らの全ての力を出しています．デニスは，彼の馬を励ましているばかりでなく，さらに重要なことに，彼は馬を邪魔していません．もうひとつこの写真が語っていることは，時々，馬を助けるために姿勢を少しだけ犠牲にしなければならない場合があるということです． Photo by Budd

128. 男女平等　もし全ての少女たちがメラニー・スミスのように騎乗するとしたら、少年たちにとってはあまりに不平等です。なぜなら、彼女はここで最優秀選手のたすきをかけているからです。しかしながら、私にとって最も嬉しいのは、メラニーとバル・ド・ロワールの両方が、グランプリのジャンプ・オフでタイムを競っていながらも、素晴らしいフォームで飛越していることです。Photo by Budd

❖ 障害飛越

　ます．エクイテーションおよびハンター乗馬において堅固なバックグラウンドをもっている騎手は，ほとんどの場合，間違いなく，よりタイトな回転や，スピードの可変が要求される，より大きなコースに移行するために必要な基礎をそなえています．そして，それらのコースに出る前にはオープンジャンパーの選手に必要な一定の準備練習があります．

　馬のもつ最大限の肉体的なポテンシャルと精神的な安定性を包括的に引き上げるために一般的に用いられる３つの最も基本的な練習は，キャバレッティー（速歩でまたぐための地上に置く横木），ゼロ間歩のダブル障害，そして狭目の１もしくは２間歩のコンビネーションです．これら３つの基本的な練習の組み合わせは無制限にありますし，そして次にこれに長い距離のコンビネーションも組み入れる必要があります．また，馬と騎手に"タイムを競う"乗馬（"time" riding）を教えるための，輪乗りと回転での多様な練習があります．すでに述べたように，このレベルの練習は，ハンターシート馬術のレベルを越える段階のものです．それには無限の想像力と技術的な多様性が必要であり，ジャンパーの調教と競技を紹介するためには本当に別の本が必要です．しかしながら，シンプルなジャンパー乗馬を始める準備ができた人達のために，ハンター乗馬と異なる２つの重要な点について付言しましょう．ギャロップをするハンター馬の長く前のめりのバランスを補うために用いられる低い拳と軽い前傾姿勢とは全く対照的に，ジャンパーの騎手は，少し拳を上げて，真っ直ぐ目に座り騎座を深めます．この垂直方向への騎手のバランスの変化と，馬の頭と首を上げることにより，馬の体重が前から後ろに移動する傾向があり，それが我々の狙いです．馬の前肢が軽くなればなるほど，その馬は後肢の飛節を屈めるようになり，その前肢はより自由に，そしてより動きやすくなります．絶対的な服従，十分な活発さ（常に），そしてバランス（前肢の軽さ）は，ジャンパーにおける３つの主要なキーです．そして騎手は，これらの必要条件を統制し，維持するための最も好ましい姿勢に自らを調整しなくてはならないのです．

❖ 障害飛越サードレベル

障害飛越の5要素

　障害飛越の上級者向けの練習についてのこのセクションを終える前に，これまで飛んできた全てのジャンプにおいて存在する5つの欠くことのできない要素について述べたいと思います．これらの要素はあまりにひかえめに示されすぎて認識できないこともあれば，あまりにすばらしく実行されるため苦もなく見て取れることもあるのですが，それらのひとつひとつは必ず存在しています．
　最初の要素は，ジャンプの軌跡でしょう．真っ直ぐで，障害の中心から垂直なラインや，斜めのライン（斜めに飛ぶ飛越）や，湾曲するライン（回転しながらのジャンプ）などです．良かろうと悪かろうと，常に軌跡というのはあるものです．
　2つ目の要素は，スピードです．そして実際には，スピードについて話している時は，我々はペースと歩幅について話しています．それは全て同じものです．スピードが遅くなれば，歩幅は狭くなり，そしてペースが速くなれば，歩幅は伸びます．全てのジャンプは一定のスピードでアプローチが行なわれます．時にはそれは騎手によって決められ，時には特定の飛越や一連の飛越によって決められ，また時には悲しいことに馬によって決められてしまいます！
　そして次の要素は，これはスピードと同じものではないのですが，活発さです．あらゆる異なるタイプのジャンプは，それぞれ個々の馬に異なる度合いの活発さを要求します．活発さとは，活気とエネルギーです．当然のことながら，スピードが上がれば，活発さも上がります．そしてスピードが遅くなれば活発さも下がります．しばしば，やっかいなことに遅いペースで短い歩幅のときにもかかわらず，豊富な活発さが必要とされることがあります．そしてこれは，概して，それを維持できるかどうかは騎手次第なのです．さて，もちろんどれだけ遅いかにかかわらず，豊富な活発さを自ら維持する激しい馬もたくさんいます．しかしながら，こうした馬は速いスピードで運動するときは，活発さがありすぎるものです．騎手が，第六感を発達させ，すぐ先の飛越のために常に十分なスピードを得られるようになることは，本当に経験を通じてのみ達成できます．そして，偉大なオープンジャンパーの選手たちは確かにこれができる

❖ 障害飛越

のです．

　さて，次に4つ目の要素として，障害物に向かう際のバランスがあります．バランスとは，前にも述べましたが，前肢の軽さです．または別の言い方をすれば，馬の体重を十分に肩から取り除き，その体重を飛節に乗せてやることです．バランスは3つの方法で達成することができます．ひとつには手を持ち上げること，2つ目には飛節をしっかりと踏み込ませること，3つ目にはこれらの両方を同時に行なうことです．横方向のバランスも重要です．それは，前後のバランスではなく，横方向の左右のバランスです．馬のバランスを作る騎手のセンスは決定的に重要です．こうしたセンスを磨くためには，経験を通じて何年もかかるかもしれません．時々，活発さと同様，生まれながらにセンスをもっている者もいますが．

　5つ目の要素は，最もよく話題にされ，全ての馬乗りに怖がられている"距離"です．それは，障害を飛ぶための快適な踏み切りが行なえる場所のことを言っています．当然のことながら，これもそれぞれの馬，それぞれのジャンプによって異なりますし，一般的なライダーが正確に距離を測れるようになるには何年もかかります．それはまた，タイミングや，距離を見る目（eye for distance）や，歩幅を見ること，などのようにも呼ばれています．それは，障害物の手前までの馬の歩幅を測る能力のことです．騎手は，障害物の一番高い部分を見て，騎手の感覚もしくは第六感が，その騎手に彼が今どこにいるのかを伝えなくてはならないのです．もちろん，障害までの距離を判別することは，必然的に先の4つの要素と密接に関わっています．5つの基礎は，全ての障害を飛ぶために"必須"のものです．もし，これらのひとつもしくはいくつかの調子が狂ってしまうと，良いジャンプをすることは不可能でしょう．

PART IV

競技会に行く

競技会――単なるテスト

　本章の始めに，私は読者のみなさんに競技会と学校の試験とを比べてみていただきたいと思います．それらはどちらも，下準備の努力の結果や現在の力量を表わすものです．そして，私に言わせれば，それ以上でも以下でもありません．テストでうまくいくことが，その課題を学ぶことに勝ってしまうと，本末転倒になってしまいます．競技会でもらえるリボンは，単に全てのハードワークと準備に対する有形の報奨です．私は，最低でも試験に受かるのに十分な準備ができるまで，試験を受けることはしないのと同様に，馬と私が立派な演技を行なうことができる準備ができるまでは，競技会のエントリー用紙を提出もしませんし，小切手も切りません．もしあなたが未経験者で，あなたが競技会に出られるレベルに達しているかどうかを助言してくれる先生がいないのであれば，私は正直なプロの意見を求めることをお勧めします．周囲の経験のある者の目から見れば，どの程度あなたが競技に通用し，そのクラスに出る要件を満たしているかが，確実にわかるでしょう．
　ほとんどの経験のある騎手でさえも従っているとても良い方法は，若い馬を競技会に連れて行って，1日中，その場所のあたりでただただ乗ることです．もしそれが小さな競技会であれば，追加の（遅い時間の）エントリーを受け付けてくれるかもしれませんし，新たなクラスが成り行きで追加されたりするかもしれません．

このシステムは経験のない騎手達にも有効です．なぜなら，これにより気の張らない方法で競技に参加できるからです．概して，経験のない馬と騎手両方にとって，本当に最初に出る競技は，フラットワークのクラスだけにして，まだ障害が全くないものにすることが最良です．フラットワークのクラスならば本当のトラブルにはなりにくいですし，単に競技会に参加することによって，競技と普段の運動がどのように違うのかという比較の基礎となるものを与えてくれるでしょう．常識を使い，またプロのアドバイスを求めることによって，初めての参加者も良いスタートを切ることができるでしょう．野心的すぎるとたいていしっぺ返しをくらってしまいますし，臆病すぎてはいつまでたってもスタートを切ることができません．アメリカンホースショー協会（American Horse Show Association：AHSA）では，過去の実績に応じて参加できる騎手に制限のある，異なる難易度のエクイテーションクラスの競技会を十分に提供しています．これにより，競技者はその能力と年齢に応じて比較的差がない状態となりますし，また騎手達に自分のレベルに応じた階層（例えば，初参加の騎手や，まだ3つ目のブルーリボンを獲っていない騎手など）に進むことを奨励することができるとても合理的な方法です．こうした制限の他，中級のエクイテーションクラスや，10歳，12歳，14歳など特定の年齢以下のクラスなどもあります．よって，エクイテーション部門に参加し始めると，どれくらいの早さでより難易度の高い競技に進めるかが，どちらかというとその結果に応じて自然と決まってくるような感じになります．私は，12歳以下の私の生徒に，マックレー（Macley）や，AHSAメダルや，U.S.エクエストリアンチーム（U.S. Equestrian Team：USET）のクラスに参加することを許可することはほとんどありません．障害競技でまだ6つのブルーリボンが獲れておらず，リミットクラス（6つのブルーリボンを獲っていない選手だけに参加資格が与えられているクラス）に参加資格のある者が，それらのより難易度の高い競技に進もうとする場合も同様です．その選手に，能力と経験を通じて自らを証明させるようにしているのです．これは，選手に自分のレベル以上の競技に参加させないようにし，若い選手に無理をさせないための絶対安全な方法で，私はこれを非常に重要だと考えています．これらの若者向けのレベルでは，その騎乗はそんなに洗練されていなくても構いませんが，基本姿勢とコントロールが審

査され，それらはより正確でなくてはなりません．どの競技についても，競技会に本格的に参加する前に，アメリカンホースショー協会およびその優れたルールブックに慣れ親しんでおくことが賢明でしょう．これによって，新参者にとって多くのよくわからない部分が，かなり明瞭になるでしょう．しかしながら，ここでは早速に本題に入って，競技会の参加者になるということを概観してみましょう．

CHAPTER 9

馬を競技に出す

適切な馬

　競技において特に最近は，スクールホース（乗馬クラブのレッスン用の馬）が，エクイテーションの選手を優位にする質と才能をもっていることは滅多にありません．概して，今日の競技馬の 10 頭中 9 頭はサラブレッドですが，気質に限って言えば，最も有用なスクールホースは混血種です．私がホースマンシップ・クラスに参加し始めた頃は，良い障害のスクールホースを使って，競技で簡単に結果を出すことができましたが，今日では有り得ません．今日では，単にあまりにたくさんのすばらしい馬と選手の組み合わせが競技に出ているからです．よって，"使い物にならない馬"（clunker）に乗ることは，まぎれもなく不利であると言えます．スクールホースはレッスンと反復練習にだけ使うようにして，外に出かけて，競技に使えそうな馬を探しましょう．
　ほとんどのジュニアの参加者にとって，エクイテーションクラスで乗るためだけに自馬をもって，ホースショーに出るのは費用がかかりすぎます．これが

❖ 馬を競技に出す

　私が，将来その他のジュニアの部門でも競える可能性のある馬をジュニアに薦める理由です．もし選手がその年の早いうちにマックレーとメダルファイナルの資格を得て，オープン競技かUSETクラスにしか出られなくなってしまったら，その選手はホースショーに出られる競技がなくなってしまい，本当にどうしようもない状況になってしまいます．しかしながら，もしその馬が最低限，ジュニア・ハンターもしくはジャンパー部門に出られる程度の馬であれば，その選手はその競技シーズンを通じて，忙しく練習し続け，競技にも出ることができます．これは最も重要なことで，なぜなら，経験が少なすぎる選手がファイナルに参加することほど，不確かなものはないからです．私は個人的に，ファイナルの試合というものは，年間を通じてコンスタントに試合に出てくる選手が勝つことが多いということを発見しました．これが，私ができれば，転用の利く馬をお薦めする理由です．もちろん，動き方や健康上など何らかの理由で，すばらしいエクイテーション用の馬ではあるけれども，ハンター競技で勝つことはできず，ジュニア・ジャンパー競技で演技することは期待できない例外的な馬もいます．こうした馬は，ホームに留めておくのではなく，おそらく何人かの異なる選手を乗せて試合で使ってみるのが良いでしょう．

　適切な馬を探す際に，最初に最も考慮すべき重要なことは，馬を騎手に合わせて選ぶということです．2つの最も重要な側面は，人馬の精神的な気質と，身体的な適合です．性格的な部分を組み合わせる際には，騎手には，乗りすぎるタイプの者と乗らなさすぎるタイプの者との2通りがいるということを覚えておかなくてはなりません．一般的には，攻撃的で，活発な，馬に反応することを要求する乗りすぎるタイプの騎手を，怠惰な馬もしくは"頑固な"（独立した）気質の馬に合わせるのが良いでしょう．この種類の馬は，権威的で，当たりの強い騎乗を必要とし，こうした種類の騎手を最も良く見せることができます．一方，受動的で，静かな，乗らなさすぎるタイプの騎手の場合は，速くて，敏感で，しばしば"すぐに頭に血がのぼる"タイプの馬に乗ると輝くでしょう．この種類の騎手は，馬に対してほとんどのことを要求することを好まないので，それが，こうした種類の馬から最も良い演技を引き出すのに最適な方法なのです．もちろん，あらゆる選択を行なう前にインストラクターによって最も注意深く分析されなくてはならない，もうひとつの性格的な側面は，精神

❖ 競技会に行く

的・身体的どちらかまたは両方の恐怖心の度合いです．精神的な恐怖心とは，間違いを犯すことに対する恐怖心で，身体的な恐怖心とは負傷することに対する恐怖心です．これらの恐怖心の両方ともが，通常，騎手を乗りすぎ，もしくは乗らなさすぎのどちらかのタイプにする傾向があります．言うまでもなく，ホームであれ競技会であれ，騎手が馬に乗ることによって精神面に影響を受ければ受けるほど，その馬は習熟してきて信頼がおけるようになるべきでしょう．恐怖心をもちすぎている人には，まだ"若い有望馬"は無理でしょう．

　さて，それでは，馬と騎手との組み合わせに進みましょう．基本的に身体的なタイプには2つの両極端のものがあります．背の低い馬と高い馬です．足の短い人は小さい馬で，足の長い人は大きな馬をもつべきだと言うのは簡単です．しかしながら，残念ながらこれはいつも正しいとは限らず，また十分に正確な指導とは言えません．この部分において最も重要なのは，馬の胴回りであって，脚がそれをうまく包み込むことができるか，短い足では包み込むことができないものなのかということです．私は，胴が短く足の長い人には，小さめで胴回りの太い馬を，背が高くて足が細長い人には，大きくてかつ胴回りの太い馬を合わせるのが好きです．小さな子供は，全体的に小さめで細い馬をもつべきでしょう（そして10歳もしくは11歳以下のほとんどの子供には，ポニーが最適です）．一方，足が太く，胴の長い騎手には，細い馬よりも大きくて背の高い馬が良いでしょう．一般的には，これは，ペアを組み合わせるのになかなか良いガイドだと思います．そして，身体的な特徴にあまり細かくこだわり過ぎない方が良いでしょう．なぜなら，この後，馬に才能があり，試合で良い成績が収められるかどうかに注目しなくてはならないからです．

　馬と騎手が"折り合いがついて"，"ぴったり合っているように見える"ような組み合わせが決まったら，インストラクターと購入者は，その馬がエクイテーション部門に間違いなく使えることを確認しなくてはなりません．それには，そなえていなくてはならないいくつかの重要な特徴があります．最初に，その馬には問題がなく，魅力的に見えるかどうかです．それは，全く傷のない裸馬である必要はありませんが，それがどんな傷であろうとも，実用に耐えられないような馬はいけません．これは，信頼のおける獣医が判別しなくてはなりません．概して，本当に醜い馬はよくありません．美しいとは言わないまでも少

❖ 馬を競技に出す

なくともいくらかは魅力的に見える馬を買うように努めましょう．多くのご両親は見た目を極端に気にしすぎますが，これは間違いです．特にそれが，より価値のある長所を犠牲にするようではいけません．私が言っているのは，例えそれが色だけであっても，何かしら目に付く馬を探すということです．次のステップは，この馬の動き方をチェックすることです．2つの離れた障害やコンビネーションなどの長い距離をこなせて，かつ短い距離でも不器用にならないか？ 歩様は目に見えない騎手を目立たせるのに十分にスムーズか？ それともむらがあるか？ 速歩が均等であるかどうかも確認しなくてはなりません．"肢の悪い馬"がUSETクラスで伸長速歩をやることほど無様なものはありません．もうひとつの，直せるかもしれないし直せないかもしれない欠陥は，"反対駈歩をする馬"です．これは矯正するのが難しい癖で悩ましいものです．もう一度言いますが，誤解しないでください．あなたの馬は鞍を乗せてトップクラスのハンター馬になる必要はありませんが，その走り方において深刻な欠点があってはいけません．

行儀が次に考慮すべき点です．エクイテーション馬を扱えば扱うほど，その行儀というものが重要になってきます．敏感すぎる馬や，気難しい馬や，頭の悪い馬や，気まぐれな馬や，後肢を蹴り上げたり，後肢で立ち上がったり，急に反転したりするなどの悪癖のある馬に多くの時間を割くことほど苦痛なことはありません．協力的で，敏感ではあるけれども従順な馬を探すようにしましょう．馬を買おうとしているときに見た気質上の欠陥は，ほとんどの場合においてその馬が本来そなえているものと思った方がよいということを覚えておいてください．エクイテーション馬は，学びたいと思っているような馬でなくてはなりません．そしてまた忍耐強くなくてはなりません．

障害を飛ぶ才能は実在するもので，私にとっては，おそらくハンターシートのエクイテーション部門のための馬を選ぶ際の最も重要な唯一の要素です．もし競技において8つの障害をうまく飛べなかったならば，これまでに述べた全てのものは意味のないものになってしまいます．ほとんどの人は何よりも"拒止する馬"（stoppers）が嫌いですし，私もそうです．通常，習慣的に止まってしまう馬は，障害に向かって障害を飛び越えることについて何らかの習慣的なトラブルが発生しています．病気というよりは徴候です．障害を飛ぶことを

❖ 競技会に行く

　全く気にしない馬もたくさんいますが，そうでない馬の場合，時間を無駄にしてしまいます．一旦，その馬が自ら進んで飛ぶ馬であって，その逆ではないという事実が確認できたら，その肢に注意を向けましょう．もしその馬が前肢を折りたたんで，後肢も特に問題なければ大丈夫でしょう．飛越の際に，"前肢をぶら下げる馬"には注意してください．前肢をぶらぶらさせる馬は絶対に買ってはいけません．なぜなら，そうした馬は良くても，十分に良いとは言えませんし，ともすると危険です．この身体的な欠陥が矯正できることは滅多にありません．実際のところ，買う馬は，高さが3フィート9インチ（約114cm）で幅が4フィート（約120cm）の障害を快適に飛べるようでなくてはいけません．こうした馬であれば，良いUSET用の馬になりますし，なおかつメダルとマックレー・クラスのためにとっておく余裕もある馬と言えます．それが，今日の競技で必要とされているものです．

　まとめると，良いエクイテーション用の馬は，見た目も良くあるべきでしょう．また，従順で，行儀が良く，障害を飛ぶ時でもフラットワークでも自由に動くことができるべきでしょう．その馬が競技でそこそこ難しいコンビネーションを滑らかに飛んだり，鋭いターンを曲がる必要があるのであれば，運動能力と障害を飛ぶときの器用さは必須です．他の部門においても，こうしたタイプの馬は得てして"なんでも屋"になります．たとえその馬がホースマンシップ以外のクラスに出場したことがなかったとしてもです．しばしば，そうした馬が，大きなハンター–ジャンパーリーグで，満点で帰ってくる資質をもっていることがあります．一旦，馬と騎手の正しい組み合わせができてしまえば，その後必要なのは，試合でポイントを稼ぐことと適切なトレーニングのみです．

正しく身じたくした馬

　全てのことが言い尽くされやり尽くされた後，馬はピークのコンディションで，完璧に手入れされ，試合のための最後の仕上げがされると，あとは競技場に入れば，接戦が間もなく始まります．この仕上げが，いくつかのリボンをもっている選手と，競争が激しいからとはいえ，全くリボンを獲ったことがなく

❖ 馬を競技に出す

クラスで勝ったことがない選手を分けるものとも言えます．私は，馬の状態を表わす外見の重要さを言い尽くすことができません．それは，馬ができるだけ良い状態で演技をすることを確かにするだけでなく，さらに審判を心理的に感心させることができる最初のステップだからです．そして，そのように審判に対して，自分がそのクラスの中でトップであるということを，あらゆる面においてできるだけ証明することこそが，競技の全てなのです．

　試合のために馬の内面・外面両方の状態を整えることは数日でできるものではありません．それは数ヵ月かかるものです．馬の気持ちを良い状態にしておくプログラムと，適切な運動のスケジュールとの間の適度なバランスが，馬の状態を整える基礎となるものです．言うまでもなく，日々の，徹底したグルーミングと，馬をリラックスさせるための放牧，馬の歯への注意，寄生虫の駆除，装蹄など，それらの全てが組み合わさって結果に貢献するのです．そして最終的な結果は，馬がちょうど良い体重（太りすぎず，痩せすぎず）で，毛につやがあり，見た目が健康そうでなくてはなりません．もちろん，それぞれの馬によって，必要とされる餌の量と運動の量は異なります．何頭かの馬が，他の馬よりも健康状態が良かったりもしますが，これは通常，馬の体質によるものです．

　出場するクラスでその馬が実際の演技をするにあたり，馬の口と走り方ほど重要なものはありません．これらの側面の両方とも，適切に歯を管理し，また装蹄を調整してやることで，ある程度コントロールすることができ，改善することができます．私は，全ての私の馬の歯を，年1回滑らかにします．これは，馬の歯の全ての余計な縁をやすりで削って，滑らかにすることです．装蹄に関して言うと，これもまたそれぞれの馬によって異なるものです．ハンター馬は，できるだけ地面の近くで走るべきです．よって，私は，よく重い蹄鉄よりも軽量のプレートを好んで使っています．ジャンパー馬の場合は，もう少し蹄鉄らしいものを使用しても良いでしょう．そして，一時的に使うにせよ，使い続けるにせよ，蹄鉄に滑り止め（calk）があるものの方が，スピード勝負をするときや，滑りやすい芝で試合をするときは，地面をつかみやすいような気がします．これも，個々の馬によって変えるようにします．これらはちょっとしたことではありますが，勝敗を分けるものなのです．そして，多大な時間とお金を

❖ 競技会に行く

かけたときには，何事も見落としてはいけません．

　一定期間を経て，馬が"試合向きの体格"となって，"見栄えが良く"なったら，輸送の1日もしくは2日前にその馬を身ぎれいにする準備ができたと言えます．トリミングのため，たてがみをすいてやるのが良いでしょう．試合馬のたてがみは，きれいに編み上げることができる程度の長さとするべきです．もし，たてがみが長すぎると，編み上げは大きくなりすぎてしまい，魅力的に見えません．しかし，逆に短すぎると，編み上げるのが全く困難になってしまいます．いかなる状況であろうと，たてがみを切ってはいけません．その仕事は全て，たてがみ用の櫛を使って毛を抜くことにより行なうべきです．馬の尻尾について言うと，自然な状態にしてあればあるほど良いでしょう．時々，飛節の下の半分あたりのところで，尻尾を切り詰めるのを好む人もいます．これは，かみそりを使って均等に切られていれば良いですが，まあそのあたりは個人の好みの問題でしょう．

　次に，耳毛刈り機（the ear clipper）を使ったトリミングを行ないます．それで，鼻孔（びこう），あご，のど，目，耳，両耳の間の部分，球節，そして蹄冠の周りの全ての長い毛を刈り取ります．細やかなトリミングにはそんなに時間はかからないので，馬が試合に出る期間には，数週間に1回は行なうようにしましょう．それは単に見た目を磨き上げ，小ぎれいにするためです．もちろん，馬が完全な刈り込みを必要としている場合には，その哀れな動物が皮をはがれたウサギのように見えないように，試合の1週間前には終わらせるようにします．刈り込みはそれ自体が芸術であり，経験のある人が行なうか，もしくは人に見てもらいながら行ないましょう．素人がそれを行なうと下手な刈り込みがすぐに見つかってしまい，これは，審判に馬を披露するにあたって申し開きのできないものです．

　試合に向けて馬を準備する仕事は，綿密な仕事で，それはしばしば試合当日の日が昇る前に行なわれたりします．通常，最初に行なうべきものは，馬のたてがみを編むことで，ほとんどの場合，尻尾も編みます．一般に，首の短い馬は首の長さを長く見せるために，たくさんの編み上げを作るようにします．逆に首の長い馬は，編み上げを少なくします．しかしながら，どんな馬でも編み上げの数は最低でも12から15は必要です．多くの人は毛糸を使ってたてがみ

を結んでいます．それでも良いかもしれませんが，私は針と毛糸を使ってたてがみと一緒に編み込むのが好きです．決して，試合で輪ゴムを使って編んではいけません．それらは首の片側にたてがみが留まるように癖をつけるために試合前に自分の厩舎のみ使用してください．たてがみは，誰にとっても編み方を学ぶのは難しくありません．そして尻尾は，練習すればするほど簡単になり，見た目も良くなります．初めての人は，試合に行く前に自分の厩舎で時間をかけ，編み方をしっかりと学ぶことをお勧めします．

馬と馬具のきれいさが，その最初の試合で次に確認をすべきことです．葦毛(あしげ)の馬は，グループの中で目立ちますが，きれいに保つのが本当にやっかいで，通常，試合の1日から2日前にシャンプーをする必要があります．これは，白い肢の馬についても同様です．一旦，馬がきれいになったら，その後にすべきことは試合の日の朝にしっかりと手入れをしてやることです．一方，馬具は，馬の快適さのため，また皮革に良いため，常に几帳面にきれいに保つべきです．そして，試合の前には再度念入りにチェックしましょう．また，金属のパーツもよく磨かれているか，厳しく注意しましょう．

さて，馬の編み上げが終わり，手入れされ，馬具がきれいになったら，馬を外に出して見せることができます．馬が演技もしくは準備運動のために競技場に入る前に，布で全身をこすってやり，また蹄に蹄油（hoof dressing）を塗ってやります．全体的な見た目がジャッジされ，馬の身なりが最初の印象になるということをよく覚えておかなければなりません．より詳細なホースケアとステーブルマネージメントについては，M. A. ストーンリッジの"*A Horse of Your Own*"もしくはU. S. ポニークラブのオフィシャルマニュアルなどそのテーマに関する良書を参考にすることをお勧めします．

馬具

きれいさについて強調する以外に，馬具とその調節方法について付け加えたいと思います．私は，銜(はみ)の種類や鞍の形態に関する論争に参加したいとは思わないのですが，馬具に関して説明しておきたい重要なことがいくつかあります．

❖ 競技会に行く

みなさんが知っているように，異なる銜は，馬の口に異なる反応を引き起こします．私個人は水勒銜(すいろく)を信用しています．水勒銜には，馬の口の問題に応じて，太いエッグ銜（a egg-butt snaffle）から，ダブルねじり銜（a double twisted-wire snaffle）まであらゆる種類のものを含みます．私はいくつかの理由から水勒銜を好んでいます．ひとつには，それが馬の口に入れるのに最もシンプルで"ごちゃごちゃしていない"からです．もうひとつは，水勒銜の接合による動きが，馬が引っ張ったときに口角への抵抗になることです．また，知性のある騎手は，銜は単にコントロールの一部だということもすばやく理解しなくてはなりません．脚，騎座，声，銜とつながる拳が，馬に指示を出すのです．これが，テクニックが適切で強い良い騎手は，どんな馬でも普通の水勒だけで乗ることができる理由です．しかしながら，大勒(たいろく)も見過ごしてはいけません．時々，大勒でうまくいく馬もいるのも事実です．しかしながら，大勒銜と水勒銜を組み合わせたもの（a double bridle）は，一般的に馬の口にきつすぎるような気がします．また，私個人はキンバーウィック（kimberwick：大勒銜の一種でリングがD字のグルメットが付いたもの）は全く好きではありません．

多くの人に見られる重大な問題は，彼らはどうやって銜を調節すればよいかを知らないことです．馬の口の中の銜の高さに関しての確実で正確な目安は，ジョイント型の水勒銜の場合は，2本もしくは3本のしわが口角にできるように，そして大勒銜やその他のストレートな棒状の銜の場合は一本のかすかなしわができるようにします．銜は，馬の口の幅に対して余裕がなくてはなりません．広すぎたり狭すぎたりしてはいけません．しばしば，銜が馬の口の中の低すぎる位置に吊られていることがありますが，これは舌の問題を引き起こしてしまいます．

私が，甘やかしすぎだと感じる人気のある馬具のアクセサリーに，ドロップ鼻革（dropped noseband）があります．銜のわずかな動きによって馬が口を開けてしまわない限り，私にはそれが必要だとは思えません．言い換えると，"口を開けてしまうという問題"について特に難しさがあると思われる場合にのみ使用すべきでしょう．そうでない場合は，通常の鼻革（cavesson）で全く同様に機能します．

❖ 馬を競技に出す

　鞍に関して言えば，その作りについては完全に好みの問題と言えるでしょう．それが騎手と馬に快適にフィットしており，鞍頭（鞍の前の部分）が，き甲に密着しておらず（もし密着してしまっている場合には，パッドを使うべきでしょう），また，鞍の最も低い部分（騎座）が鞍の中央にあり，その最も低い部分が中央より後橋(こうきょう)（鞍の後ろのそり上がった部分）寄りでなければ，特に問題はないでしょう．多くの人は，いずれかのタイプに信頼を置いていますが，それは完全に好みの問題なのです．

　マルタンガールは，常に大きな論争の的でした．ランニングを使うかスタンディングを使うかというマルタンガールの選択についても，（思いやりをもって使用する限りにおいて）個人の好み次第ということにしておくべきでしょう．馬具の制限（あるショージャンピング協会のルールから生じた事態）は，調教上の信念と芸術家としての独立性を著しく抑圧するものです．本書で論じられている乗馬のレベルに関して言えば，私は，大部分の馬で障害に取り組むのにあたって，スタンディングマルタンガールはとても有益なものだと思います．そして私にはそれに賛成するいくつかの強い論拠があります．

　スタンディングマルタンガールは，必ずしも馬の頭を下げて固定させるというものではありません．それは単に，馬が頭を上げたり，頭を上に向けて激しく振ったりすることにより，銜の動きから逃げられる度合いを制限するものなのです．このマルタンガールの制限する働きは，2通りの意味において，安全装置として機能するものです．第一に，それは騎手が障害のコースを回っている際に顔をぶつけてしまう可能性をほとんど排除します．そして，第二に，馬が頭を上げることによって，手の動きから逃げられる度合いを制限することによって，特に上級者でない者にとって，馬をよりコントロールしやすくすることができるのです．私の発見したこれら両方の要素は，単に安全性を高めるというだけでなく，障害の演技において間違いなく有益な，より恒久的な"馬の枠組みのひとつ"と言うことができます．マルタンガールがなかったならば，一般的な馬は，まさに重要な時に，しばしば手の動きから逃れてしまうでしょう．そんな時にマルタンガールは当座しのぎの道具として役に立つのです．

　スタンディングマルタンガールとランニングマルタンガールの主な違いは，それらが馬のどの部分に影響を与えるかということにまさに関連しています．

❖ 競技会に行く

　鼻革に取り付けられるスタンディングマルタンガールは，馬の鼻の上部の固い骨にプレッシャーを与えます。一方，ランニングマルタンガールは，手綱と銜の動きを通じて，馬の口の敏感な歯槽間縁（しそうかんえん）（馬の歯茎の銜が当たる部分）に影響を与えます。私が矛盾していると感じるのは，馬が口の歯槽間縁に罰を与えられた場合，それに対する馬の防御行動は常に頭を前に突き出して上に上げるという当たり前なものです。そして，このように馬が"頭を突き出して"（上手に）マルタンガールと手から逃れようとしている光景は良く見られます！私は，スタンディングマルタンガールがないと，口の問題がさらにひどくなり，早いペースでかなりの程度までコントロールが失われてしまうように感じます。これは個人の好みの問題であり，それぞれの流派が自分達の意見が正しいと強く主張しています。

　騎手が馬の頭を屈頭（くっとう）させた状態にするのを人工的に助ける手綱として，2つの補助手綱が最も一般的に使われています。サイドレーンと折り返し手綱です。個人的にはどちらを使って馬に乗るのも反対です。なぜなら，それらは補助道具でありながら，騎手にうまくいっていると誤った感覚をもたせてしまうからです。それは，手と脚の正しい使用により馬を銜に向かわせるのではなく，道具の使用により外見上正しい姿勢に馬を固定するものです。これらの手綱は，騎手にいかに乗るべきか感じることを教えるものではありません。それらは実際に騎手の上達のプロセスを遅くしてしまい，騎手自身が自然な扶助を通じて色々と試してみる気を失わせてしまうものです。もちろん，馬を見せたり，売ったりするために，時間が最も重要で，ショートカットが必要な例外的な状況もあります。こうした状況は稀であるべきであり，本当のいつも通りのコントロールが行なわれているかのように人を騙して思い込ませることのないよう，本当の姿で評価されるべきでしょう。概して，これらの人工的な手綱扶助の使用を通じたコントロールを行なうのは，助けが本当に必要な限りにおいてであり，それ以上であってはいけません。

　調馬索に関して言うと，それはまた別の問題です。調馬索は，馬が人を乗せる前の準備であり，それ以上でもそれ以下でもありません。馬にとって，その背中に騎手を乗せて，適切に乗られることに代えられるものは間違いなくありません。馬を地面にいながら調教するため，騎手は全ての自然な扶助を人工的

❖ 馬を競技に出す

　な扶助に置き換えなくてはなりません．調馬索が手の代わりとなり，追い鞭が脚の代わりとなり，そしてこの場合，サイドレーンが手綱の役割を務めます．サイドレーンが調馬索の運動において一種の規律的な枠組みを課すことがなければ，こうした形式の運動と関連した調教は，ほとんどもしくは全くできないでしょう．

　概して，全ての古典的な馬具は，調教もしくはその馬を最も良い状態に見せる場合において，必要な時と場合があります．馬に使用する馬具以上に議論を呼ぶものはありません．そしてそうした議論となるのは，ほとんどの場合，騎手達がその個性と想像力をもって，競合相手達を打ち負かそうとする場合においてです．異なる馬具や道具を試してみてください．それは，いずれも興味深く楽しいものです．しかしながら，長期的にはあなたはおそらく騎手の能力と扶助を通じてのコントロールの方が，"たくさんの銜を入れた袋" よりも大きく勝っていることを発見することでしょう！

CHAPTER

10

騎手が知るべきこと

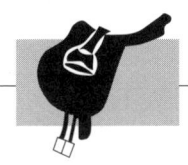

正しく身じたくした騎手

　全ての騎手は，それが強みの場合もあれば弱みの場合もありますが，その人なりの特徴をもっています．私は，自分ができうるベストなものを作り上げることが全てだと思っています．何人かの騎手が，"馬に乗るために作られた"わけでもないのにやってのけることを見て，本当に驚くことがあります．馬に乗っていない間の騎手にとって特に役に立つ練習というものは，階段でかかとを踏み下げて，くるぶしに体重を乗せて立つことを除いてはありません．これは，騎手のアキレス腱を伸ばして，かかとの柔軟性を改善してくれるように思われます．その他に，1／3くらいの騎手にお勧めしているのが，ディナーテーブルから遠ざかることです．太った騎手は，間違いなく不利なのです！このスポーツにおいては，その騎手がやせ細って弱々しい場合を除いては，やせすぎだということはめったにありません．

　エクイテーションの部門では，全体的な見た目が判断されますので，騎手の体型が審査員の判断に何の影響も及ぼさないふりをするのは馬鹿げています．

❖ 騎手が知るべきこと

　しかしながら，騎手がひどく太りすぎでない限り，特にすぐれた騎手になることによって，通常はその体型を補うことができます．才能にも体型にも恵まれていない騎手は，この部門で勝つことは望めないかもしれませんが，良い経験および教育という観点から参加することに目を向けるべきでしょう．ハンターシート馬術の練習をし，試合に参加することは，若い騎手にとって最も卓越したバックグラウンドになります．それは強固な乗馬の基盤となり，生涯にわたって役に立つものです．私はこの理由から，若いライダー（15〜16歳くらいまでの）にホースマンシップ・クラスに参加することを強く勧めています．しかしながら，私は稀な場合において，10代後半の者たちに，他の競技部門で乗ることに集中するよう勧めたことがあります．これらの者達は，通常，その体型や乗っている馬において不利であるためエクイテーションが好きではない者です．そして，彼らにそうした状況で競わせ続けることは，単にやる気をなくさせてしまうからです．しばしば，彼らの乗馬に対する興味は，他の方向性を見せてやることによってのみ取り戻させることができます．
　誰でも，その経済的な状況にかかわらず，清潔でこざっぱりとし，きちんとした身なりをすることはできます．騎手の身なりに関していくつか覚えておくべき点は，少年の場合は短い普通の髪型をすること，少女の場合はショートヘアもしくはヘアネットを使うことです（リボンで髪を結わくのは，若いポニーライダーの場合はよいですが，いかなる場合でもポニーテールはいけません）．アクセサリー類はない方が良いですが，もし身に着けるのであれば，趣味が良くて目立たないものにしなくてはなりません（あらゆるお化粧についても同様です！）．暗い色の革の手袋ならば間違いありません．これは絶対ではありませんが，特に拳の使い方の良くない騎手の場合は絶対でしょう．このケースの場合は革の手袋が悪い拳を目立たなくしてくれます．黒もしくは濃紺の乗馬帽は必須です（私はダービー帽（山高帽）が好きですが，それらはやや流行遅れです）．種々ある乗馬ジャケットに合わせて，少女ならチョーカー（女性用の布を首に巻くタイ），少年にはタイを選びましょう．夏用・冬用両方のジャケットとも，魅力的，保守的で，かつ最も重要なことはサイズが合っていなくてはなりません．騎手の姿勢にとって，ルーズでだぶだぶとした服ほど不利なものはないからです．エクイテーションでは，黒のコートはお薦めしません．な

ぜなら，それは堅苦しく，過度にフォーマルに見えてしまうからです．濃紺が良いでしょう．乗馬ズボンは黄褐色，グレー，もしくはカナリア色の生地が良いです（騎手がアポイントメントクラス（フォックス・ハンティングの際に着る正装が義務づけられているクラス）のために着るのでない限り，白は決して着てはいけません）．これらもサイズがぴったりと合っていなくてはいけません．さもないとだらしない演技に見えてしまうでしょう．ブーツについて言えば，できるだけ騎手に長い脚を与えてくれ，かつ心地良くふくらはぎにフィットしていなくてはなりません．私は黒か，暗めの黄褐色のブーツで（編み上げのブーツは格好良いです）願わくばトップ（ブーツの上部を別の革で補強してあるもの）のないものが好きです．ブーツの拍車台は，騎手のかかとの高すぎる場所に拍車が置かれてしまうようなものでなければどんなものでも構いません．拍車自体に関して言えば，私は先のシャープなハンマーヘッド型の"プリンスオブウェールズ"デザインのもの，もしくはドイツ製のものが好きです．最も重要なことは，拍車は，ブーツの継ぎ目の真下に平行に取り付けなくてはなりません．拍車が上を向いたり下を向いたりしていてはいけません．鞭を使うのであれば，ダークブラウンか黒にして，色と長さについて目立たないものとすべきでしょう．いかなる理由であろうと，人工的な扶助に注意が向けられた場合，乗馬技術の問題もしくは馬の問題が直ちに疑われます．概して，競技場に入る騎手は，常識的で伝統的な方法で，優雅に登場するべきなのです．乗馬用の衣装それ自体が注意を引くべきではないですし，いかなる状況でも派手であってはいけません．騎手の体型に合わせた服を仕立てることと，馬の色に合わせて衣装の色をコーディネートする点については，わずかに想像力を用いる余地があります．

一般的な参加条件とクラスの手順

魅力的に登場する馬と騎手のコンビネーションで審査員の目を引くことだけが全てではありません．フラットワークであろうと障害であろうと，競技場に入る際には，良い基本姿勢と馬のコントロールが見て取れなくてはなりません．

❖ 騎手が知るべきこと

　私は，この本で主張している騎手の身体の異なる部分の姿勢とコントロールのための扶助が，AHSA（American Horse Show Association）の審判の面々に，他の団体組織と同じくらいか，通常は他の団体組織以上に広く受け入れられていることを発見しました．もちろん，審判員のそれぞれが，彼ら自身の独自の乗馬のバックグラウンドの中で育てられてきているので，審判員が競技場の騎手を念入りに評価する際に，このバックグラウンドの違いがその意見に特色を加えます．幸運にも，私の乗馬のバックグラウンドは，ルールブックにおいてエクイテーション・ハンターシートを説明している AHSA によって用いられ，推奨されているシステムとほとんど同一ですので，この分野において私が騎手たちに何を教えようとも，そこには何の対立もありません．

　私の意見では，今日のアメリカには3つの異なる乗馬システムがあります．そして，全てのアメリカの騎手は，そのひとつもしくはこれら3つのシステムの組み合わせの産物と言えます．最初は，私が"オールド・イングリッシュ・ハンティング"と呼んでいる乗馬の方法で，脚の位置は前方に置き，あぶみは深く履き，そして騎手は最も明確に馬の動きに遅れて乗ります．このスタイルの人は最も限られており，幸いなことに徐々に消滅してきています．2つ目のスタイルは，フォート・ライリー（Fort Rieley, U.S. Cavalry School）のメソッドに由来するものです．この方法は，今日では時代遅れの非常に大げさな部分もありますが，そのほとんどは自然で，流動的で，現代の競技でも通用します．3つ目は，米国に過去15年間くらい（訳者註：原書発刊は1990年）で紹介された最も新しい乗馬の方法で，ドイツ式の乗馬学校によるものです．この乗馬学校の良いところは，今日のアメリカの中で（必要とされる適切な馬場馬術の使用を通じて）非常に進歩した正確さをもっていることです．こうした種類の乗馬には，常に，過度に堅苦しく，扶助を過度に使用するようになってきてしまう危険性があります．私は，実験を通じて，これらの原初的なアプローチそれぞれの良い部分を取り入れて，何かバランスの取れた良いものを思いつくことができるのではないかと，実際に感じました．これが，簡単に言うと，この本の全てであり，私の理論が生まれたいきさつなのです．

　一旦，自分のホームとなる馬場で，確かなコントロールと確立された姿勢ができたら，その騎手は試合で自分の馬に良い演技をさせることに集中して構い

❖ 競技会に行く

ません．姿勢について心配するのは，試合会場ではもう遅すぎます．上手に騎乗することが，重要なことの全てです．そして，もし悪い部分が見つかったら，次の週の宿題としてとっておきなさい．その騎手は，彼の馬のペース，スムーズな移行，適切なライン取りと回転で乗ること，そして障害を飛ぶこと，これらについてもう十分考えることができるはずです．インストラクターが競技場に入る前に騎手に対して行なうことができる最悪なことは，その騎手の心をかき乱すことです．それは単に，状況を悪くするだけです．

フラットワークでは，騎手は，個人テストを要求される前に，グループの中で演技をします．コントロールと姿勢はもうできているとしましょう．騎手は，今，3つの目を開いていなくてはなりません．その目は，ひとつは自分自身に，ひとつはそのクラスの他の馬に，そしてもうひとつは審判員に対して向けられていなくてはなりません．最初に，常歩，速歩，駈歩は，失敗なく行なわなくてはなりません．次に，他の人が自分の馬を怒らせたり，自分のコースを邪魔したりしないように，周りに注意していなくてはなりません．そして最後に（最も重要度が低いということではありません），自分の馬が行儀の悪い振舞いをしている時を除いては，できる限り審判員に見られるようにしなくてはなりません．これが，"合格の秘訣"であり，他の馬の邪魔をしたり，あまりあからさまにすることなく行なわれなくてはいけません．最も良い方法は，グループの中の"穴"を見つけて，そこに行くことです．馬場の中央で輪乗りをするのも，場合によっては構いません．しかし，あまりしょっちゅう行ってはいけません．それをやり過ぎると，審判員に不快感を与えてしまうからです．

列になるように号令がかかったら，列の真ん中あたりに並ぶようにしなさい．最後は駄目です．頼まれない限り，テストのために列の先頭に並ぶ必要はありません．自分自身で演技を行なう前に，他の数人の演技を見た方が良いからです．また，結果が出るのを列で立ちながら待っている際に，姿勢を崩したり，自分の馬の感覚を失ったりしてはいけません．これはホースマンシップ・クラスであって，ハック・クラスではないのです！あなたがリボンをもらった時は，その色にかかわらず，乗馬帽を脱ぐことを必ず覚えておきなさい（これは"礼儀を知らない少数名の男たち"に対して言っています）．

エクイテーション競技での障害に関して言えば，姿勢とコントロールの要素

❖ 騎手が知るべきこと

は，この本で教えてきたものと同じです．そのクラスの手順は，かなり特殊かつ明確なので，ここで詳細に触れることにしましょう．明らかに，参加者が最初に行なわなくてはならないことは，コースについて学ぶことです．次に騎手は，この特定のコースをいかに乗るかに集中しなくてはなりません．そのコースは3つの重要な要素を含んでいます．ラインと，回転と，間隔の狭い障害の間の距離です．ラインと回転は，ほぼ同時に見てすぐにわかりますが，障害の間の"間歩"は，より複雑で，異なる長さの歩幅をもつ馬を何頭か見ることによってのみ，騎手はそれが"長い2歩"なのか"短い3歩"なのか，もしくはそのコースの別のパートが"ちょうど良い5歩"なのか"狭目の5歩"なのかを判断することができます．間歩の分析というものは，コースがより複雑になってくればくるほど重要になってきます．そして，私はこの課題の詳細についてはあまり説明しません．なぜなら，それは，オープン・ジャンパー・クラスのトレーニングを勉強している者の課題として残しておくのがベストだと考えているからです．基本的な点は，騎手が馬の着地から次の障害を飛ぶための離陸までの距離を考慮に入れて，2つ目の障害の飛越を適切に"迎える"ための必要なペース（ゆっくり，中ぐらい，もしくは速くなのか）を決めることができるということです．騎手はあまり乗っている最中に数えない方がよいでしょう．なぜなら，これはあまりに不自然な心の支えとなってしまうかもしれないからです．もし次の障害までの間が，8から9歩以内であれば，あなたは単に，あらかじめひとつの障害から次の障害に向かうまでの必要なペースを知っておく必要があるだけです．

　騎手が，そのコースを覚えて，できるだけその詳細まで把握したと感じたら，彼は馬を試合のためにウォームアップする準備ができたと言えます．このウォームアップにかける時間は，騎手と馬の気質，当日行なわれる試合の数，そしてコースの難しさによって決定します．障害競技のウォームアップは<u>常</u>に良い印象で終わらせるようにしなくてはなりません．悲惨な準備運動の後の，みじめな演技ほど結果が約束されたものはありません．ここでは，馬は息を落ち着かせるために十分な時間をとるべきですが，競技場に入る前に"冷めてしまう"ほどに時間を長くとり過ぎてもいけません．

　騎手の準備段階は，入場門に入ってから，最初の障害までの間を含みます．

❖ 競技会に行く

　そしてそれは，通常，約1／3の範囲の輪乗りを含みます．これより小さなアプローチは，急ぎすぎですし，これより大きなアプローチは時間がかかり過ぎで，退屈してしまいます．この準備段階には2通りの乗り方があります．ひとつは，競技場に軽速歩(けいはやあし)で入って，この歩様を輪乗りの2／3まで続けて，そこでゆっくりとした正反動の速歩を経て駈歩を出し，次に最初の障害に向かうためのペースを作ります．もうひとつは，輪乗りの1／3を常歩で歩いて，次に駈歩を出し，速歩を全く使わないというものです．どちらの方法も，それがあらかじめ計画されたものであれば問題ありません．
　実際にコースで乗っている時には，騎手はもっぱらラインと，回転と，適切な間歩のために必要なペースに集中するべきです．スムーズさが，あらゆるエクイテーションでの運動に彩りを添えるべきですし，あらゆる汚点はできるだけカモフラージュされるべきです．馬の競技における偉大な芸術のひとつは，見られるべきではない点を隠し，見られるべき点を見せることです．これには，たくさんの経験と"落ち着き"が必要です．また，これが良い騎手と偉大な騎手を分けるものです．そして，最後の障害を飛んだ後には，馬と騎手が競技場を去るまでの間で，徐々に，静かな移行を行ない，常歩に戻すべきです．
　これまでのものは，単に基本的なクラスにおける必要条件と手順について網羅したものです．次は，マックレー，メダル，およびUSETクラス，加えてハンターシートの騎手達のためにAHSAが定めたいくつかのテストにおける特定の運動について説明したいと思います．この運動のほとんどは上級レベルだけのためのものですが，多くの初級者にとっても興味深いと思いますし，彼らが最終的に出会うであろう課題に親しんでおくのに役に立つでしょう．"さて，これができればマックレー，メダル，USETクラスに進む準備ができました"というような大きなステップはひとつもありません．むしろそれは，たくさんの中級のステップを通じて，時間をかけ経験を積んで徐々に達成していくものなのです．

❖ 騎手が知るべきこと

マックレー，メダルおよび USET クラス

　マックレーおよびメダルクラスがハンターシート馬術の最終ステップと考えられるのに対して，USET クラスはオープンジャンパー競技に向けての最初のステップで登竜門であると言った方が良いでしょう．全ての 3 つのクラスは，複雑な障害コースを実施しています．一方，フラットワークおよび上級者向けの特別なテストも必須となっていますが．若い騎手たちは，その騎手が完全に，これらに先立つ全ての他のクラス，例えばノービス，リミット（3 から 6 つのリボン），エージ・グループ，オープンなどにおいて，彼の強さと安全に騎乗する能力を完全に証明しない限り，こうしたクラスに入ることを許されるべきではないといくら言っても言い尽くせません．いかなるショートカットも，リスキーでとてもお勧めすることはできません．また，こうした競技に出る馬もそうした難しい競技に出るのに十分な能力をそなえていなくてはなりません．

　マックレー・クラスは，おそらく最初にトライすべきものでしょう．なぜなら，そのコースはメダルクラスで使われるものよりは，ややシンプルかもしれないからです．それは，通常，8 つの障害のコースです．ハンター競技でもジャンパー競技でも 3 フィート 6 インチ（約 106cm）を超えることはありません．そのクラスは，ASPCA (The American Society for the Prevention of Cruelty to Animals) がスポンサーとなっており，思いやりのあるホースマンを育成するという，その基本的な考え方が確かに機能しています．教育され，知的な騎手だけが，思いやりのあるライダーになることができます．あとは，その性格と道徳観次第でしょう．無知な騎手がいかに情け深くても，その騎手が馬に対してベストなことを行なうことは望めませんし，そうした騎手は通常，自分で気が付いていなくても馬に対して冷酷な行ないをしています．マックレーの大会ほど，他のいかなる馬術競技とも異なる審査の仕方をしているものはありません．その騎手の馬に対する感情，スムーズなコントロール，そしてリラックスした姿勢が考慮に入れられるのです．マックレー・クラス特有の最も異なる点は，コースを上手に回った者の大多数も，戻ってフラットワークをすることを要求されるところです．その結果，その騎手のフラットワークが障害

❖ 競技会に行く

における熟練度と釣り合っていればよいですし，そうでない者はツキがないということになります．障害が全体の競技の一部となっているクラスでは，フラットワークでマルタンガールを使うことが許されており，これは，衡受け(はみ)が悪い馬に乗っている騎手にとってはいくらか助けになります．もし，フラットワークに呼び戻されたら，そこで"へま"をしてはいません．なぜなら，この部分が評価の50％分を占めるからです．追って，このクラスと他のエクイテーションクラスにおいて要求されるかもしれないフラットワークについて，詳細に説明したいと思います．マックレー・ファイナル（決勝戦）は，毎年，マジソン・スクエア・ガーデンで行なわれるナショナル・ホース・ショーにおいて実施されます．このイベントに出る資格を得るためには，国中の異なる地域において，いくつものブルーリボンを獲らなくてはなりません．そしてもし，その資格を得たとしたら，それはすばらしいハプニングと言えます．

AHSAハンターシート・メダル・クラスでは，マックレーよりも，より難しい障害のコースを準備する場合があります．少なくとも，最低上位4人の競技者は，何らかの八の字パターンの障害コースを回り，2つもしくはそれ以上の公認テスト（この章の次のセクションで説明します）を行なうことが要求されます．こうしたテストでは，馬を変えたり，速歩で障害を飛んだり，あぶみなしで障害を飛んだりなど，しばしば初級者の選手向けでないものが含まれています．ゆえにもう一度言いますが，メダルクラスに挑戦する時は，十分準備しておかなくてはなりません．概して，メダルクラスではフラットワークはテストとして用いられません．この特定のイベントのファイナルは，毎年秋にいくつかの主要なホースショーにおいて実施されます．ファイナルに出る資格を獲得するための方式はマックレーにおけるものに似ており，それがリボンを獲ったり勝ったりすることができなくとも，ファイナルに出られるというだけで，途方もなくすばらしいことです．

今，論じている3つのクラスの中で，USETは間違いなく最も洗練されたクラスと言えます．ほとんど例外なく，私は選手達に，このイベントに挑戦する前にメダルおよびマックレーにおいて良い成績を出すことを要求しています．このクラスの最初の段階は，その大会の運営者の違いにより，フラットワークであったり，障害であったりします．そのフラットワークには，（普通常歩，

❖ 騎手が知るべきこと

速歩，駈歩を除くと）正反動での普通速歩，歩度を伸ばした軽速歩，歩度を伸ばした駈歩，そして反対駈歩が含まれます。ところで，歩度を伸ばした駈歩の間は，必ず鞍に座っていることを覚えておいてください。ギャロップでの姿勢を想定してはいけません。あなた自身とあなたの馬を最も良く見せるために，あなたが最もうまくやっている良い部分を審判が見るように努力しなさい。例えば，あなたの馬がすばらしく歩度の伸びる伸長速歩を演じるのならば，蹄跡においてそれを隠してはいけません。もしくは，向きを変えるよう号令がかかったら，単に方向を変えるのではなく，前肢旋回や後肢旋回を行ないましょう。これにより，優れた，教育され熟練した騎手だと思わせることができます。

USETクラスの障害の部における難しいコースで乗るために，しっかりと準備をしておかなくてはなりません。このコースは，他のいかなるエクイテーションクラスよりも少し高いばかりでなく（最大で約114cm），様々な幅の広い障害や，コンビネーションや，方向転換などが通常あります。このクラスが設立されたのは，オープンジャンパー選手として上手に乗る選手を育成するためであり，その障害のコースはそうした選手を見つけることを期待して作られたものなのです。他のあらゆるエクイテーションクラスと比べて，このクラスに対する騎手のアプローチ方法において他のクラスと明らかな違いはありませんが，追加的な範囲と追加的なテストをこなすために，より熟練と経験が必要とされるのです。もう一度繰り返しますが，この特定の競技は，能力の低い馬や初級者の騎手のためのものではありません。そしてそれが，マックレーやメダルよりもエントリー数が少ない理由なのです。

一度，騎手がこれらの3つのイベントにおいて，首尾よく戦うことができるレベルに到達したら，その騎手はハンターシートエクイテーション部門において，本当に"完成した"と言えます。私にとって最も楽しいことは，もちろん，選手達をこのレベルまで磨き上げることであり，彼らのコントロールとコース分析を完成させ，こうした若い騎手たちが，後に彼らの馬をハンターやジャンパーとして成功裏に試合に送り出す基礎を固めることです。私の経験から言うと，エクイテーションクラスで乗ることは，選手が経験することができる最も教育的なステップであり，準備段階であるという意味において，それ自体が究極の目標となるものです。選手が馬乗りであることをやめてしまった時に初め

129. "巧妙な" 騎乗　マーク・レオンは，コースで騎乗する際に，ほとんど全ての見られるべきではない点をカモフラージュして巧妙にやってのけます．彼はフットボールプレーヤーのような体型にもかかわらず，とても軽快に騎乗します．彼は，頼れるブリッジルームに騎乗して，メダルファイナルに勝つために，全ての障害を駆け抜けました．Photo by Mary Susan Coleman

130. ギャロップでの馬術 シャーフェンバーガーのペース感覚と"距離を見る目"は，見ていて美しいものです．ここで彼女はこのパーフェクトに飛び越えた障害のことはすでに忘れて，次の障害を探しています．馬と騎手の両方がなんと素晴らしい姿勢であることでしょう！ ジョアンは，国際世界グランプリのトップに立つために，ハンターシート馬術を使ったこの本に出てくる多くの人々のうちの一人です．
Photo by Budd

131. "恐れ"知らず メダルおよびマックレー・ファイナルの両方で勝っているものの，ローラ・ティドボールの表情を見れば彼女がわずかに恐怖心を抱いているのがわかるでしょう．彼女の視線と上半身は素晴らしいですが，私は彼女のあぶみを短くし，足の親指の付け根の太い部分で踏むようにさせました．これが，翻って，彼女のかかとを下げさせ，膝の角度を閉じさせ，そして彼女を鞍の近くに位置させることになりました．ローラは今，カナダのトップオリンピックライダーとなっています． Photo by Freudy

132. 馬に"フィット"すること　サンディー・ニールセンは，真に馬に随伴しています．彼女は，我々があらゆる選手にあって欲しいと思う神様からの授かり物をたくさんもっています．彼女の騎乗は職人のようでありながらエレガントかつソフトです．馬も彼女の苦もなくやってのける優雅さと安定した姿勢が好きなようです！ Photo by Pennington

133. 仕事をやり遂げる　少し足が短く胴が長いですが，ローラ・オコーナーは馬上では格好良く見えます．さらに重要なことに，彼女は仕事をやり遂げます．1980年代の特徴として，"クレスト（馬の首筋）"リリースは，"馬の首筋よりも高めの位置の"リリースとなりました．彼女の拳が馬の首の上あたりにある点を注意して見てください．このテクニックにより，馬の口から拳にかけての手綱がだらりと緩められます． Photo by Judith Buck

134. 勝利！ 勝利が全てではありませんが、それは間違いなく人生における重要な部分です。フランチェスカ・マゼラは、メダルおよびマックレー・ファイナルの両方に同じ年に勝った数少ない選手のうちの一人として、それ（勝利）を全てもっています。彼女は馬に乗っていても乗っていなくても素晴らしく美しい女性です。そして彼女の騎乗は、単に優雅であるばかりでなく、非常に正確です。Photo by Waintrob-Budd

135. 美しい写真 ジェノ・トッピングは美しい姿勢をもった美しい女性です。彼女の脚、騎座、上半身そして目はテキストブックのように完璧で、彼女のすばらしい馬のチャージ・アカウントも同様です。私が唯一願うのは、彼女の拳をもう少し低くし、肘―拳―口のよりきれいなラインを作ることです。そうすればこの写真は非の打ちどころがなくなるでしょう。
Photo by Pennington

136. やわらかくて滑らか　ミア・ウッドと伝説のチャージ・アカウントが、この巨大なオクサーを飛びながら、やわらかさとリラックスについて、我々にレッスンしてくれています。馬は常に騎手を反映するものです。そして、馬がミアを乗せてリラックスして幸せそうな優しい表情をしているのがわかるでしょう。ミアは姿勢の良い職人のような選手です。私は、彼女のやわらかく手綱を保ちながら前傾姿勢で乗る能力を決して忘れないでしょう。Photo by Pennington

137. 小柄で完璧　ハンターシート馬術の観点から見ると、これは全てを物語っています。ここではカレン・ニールセンが彼女の大きな馬フレンチ・リーブに騎乗して、ハンターにおいてどのように乗るかを見せてくれています。彼女はしっかりと馬と一体となっており、彼女の拳の動きを誰も"気にも止めて"いません。それがあるべき姿なのです。

138. 万能さ 良いホースマンあるいはホースウーマンは，何でもできなくてはなりません．"調教された"馬に乗ったり，若い馬に乗ったり，ハンター競技，ジャンパー競技，狐狩り，そしてレース馬でギャロップなど何でもです．ここでは馬場馬術のチャンピオンであるシェリル・ニールセンが，ほぼ完璧なフォームで広い水濠を飛ぶ能力を見せてくれています．馬場馬術のスター選手は，強い騎手でもなければならないのです！ Photo by James Leslie Parker

139. 決断力 ゲイリー・ヤングとアイボリー・コーストは，勝つことを決めているように見えます．そしてその重要な日に，実際に彼らは勝つのです．私の知っている全ての偉大な選手と勝利者は，チャンピオンシップの日に彼らの最高の演技をすることができます．ゲイリーのほとんど完璧な姿勢を見てください．私は特に彼の拳が好きです．それらは低くて，出しゃばらず，騎手の肘から馬の口にかけてほぼ直線を作っています．

140. スターとしての資質　リサ・カステルッチは，馬上において上手でスタイリッシュであるばかりでなく，さらに重要なことに，彼女はスターなのです．彼女が競技場に一歩入るや否や，彼女は舞台の中央に登り，間違いなく倒さなければならない相手となるのです．小さなリサは大きな力の強い馬に乗っていますが，彼女の姿勢のすばらしさと，とても見事なショーマンシップは，打ち負かすのが困難です．

141. アスリート　彼の美しい騎乗姿勢の唯一の欠点は，馬の口から肘にかけての真っ直ぐでないラインです．ピーター・ワイルドは，強さ，決断力，そして運動能力を見せてくれます．乗馬はスポーツであり，他の多くのスポーツと同様に，総合的な運動能力が要求されます．ピーターは，馬場馬術における"スター"であるばかりでなく，オープンジャンパー競技においても美しい姿勢で乗っています．この魅力的な芦毛の馬ネイティブ・サーフは，私が調教してナショナル・グリーン・ハンター・チャンピオンにした馬です．Photo by Waintrob-Budd

142. 手際よさ リンダ・コシックが、単にきれいで古典的なフォームばかりでなく、私が選手に期待する手際の良い職人のような資質を見せてくれています。リンダは派手ではなく、効率的で保守的、かつきちんと仕事をこなすのです。リンダは、マックレー・ファイナルに勝ったその日にグランプリ・ジャンパーに出場できるのです。Photo by Pennington

143. 小ぎれいさ 小ぎれいさは、優秀さの特徴です。そして、ステッフェン・ハインケは、その両方をそなえています。彼と彼の馬は、完璧な脚の位置とすばらしい姿勢を伴いながら、このクラスのために共にきれいに着飾っています。拳はもう少し下げた方が良いでしょう。なぜなら、馬の口から肘にかけてのラインは、曲がっているよりも真っ直ぐの方が良いからです。
Photo by Pennington

144. 完璧な適合　スコット・ホフスッターとアイボリー・コーストが補完し合っている様子です．馬の大きなお腹が騎手の脚を受け入れて，完璧な脚の位置を作り出しています．一方，馬のスムーズな飛越が，スコットの騎座と上半身を一定の位置に保つことを許してくれています．理想的な姿勢としては，彼の拳はより低く，馬の口と軽いコンタクトを保つべきでしょう．写真のものはどちらかと言うと，ハンター・ライディングにも適用できる，緩んだ手綱でのロング・リリースと呼ばれるものです．
Photo by Judith Buck

145. チャンピオン　私はステーシア・クラインが実際に勝つ9年前に，彼女はマックレー・チャンピオンになるだろうと予測していました．ここでは，馬を包み込む彼女の長い脚，エレガントな上半身，そして馬の動きと完璧に調和したやわらかな手を見て取ることができます．これは，デボンでのチャンピオンシップでの騎乗です！
Photo by Pennington

146. 職人のような　"職人のような"は、騎手を教え、評価する際の重要な言葉です。それは、ナショナル・ホース・ショーにおいて、クリスティー・コナードが行なっているように、単にきれいであるばかりでなく、きちんと仕事をするということです。彼女がショート・リリースと完璧なボディー・コントロールで、馬の高い頭の位置にいかに対応しているかを注意して見てください。彼女は空中で馬の動きに遅れていません。Photo by Judith Buck

147. ワールドカップ 1979　ケイティー・モナハン・プルーデントとジョーンズ・ボーイは、ワールドカップにおいて、同点でのジャンプ・オフで、ヒューゴ・サイモンに敗れました。これは、タンパ・グランプリでの、彼らのこのペアでの最後の勝利の写真です。トレーニングの成果と模範的な騎乗の何と素晴らしい例でしょうか！馬と騎手が素晴らしい姿勢で勝利したばかりでなく、彼らは完全に水勒のみでマルタンガールを使用していません。Photo by J. J. Walsh

148. ワールドカップ1980　この写真はアーヘンで撮られたものですが，1980年のワールドカップ・チャンピオンシップのコンラッド・ホムフェルドとバルブコの典型的な姿です．この馬は大きなジャンプをしますが，"特別な"気質，口，そして駈歩の歩幅をもっていました．彼は，騎座と脚と拳とのデリケートな調整を要求されました．前方の自由と後方からのサポートが見事に実演されています．
Photo by Hugo Czerny

149. ワールドカップ1981　マイケル・マッツとジェット・ランは，伝説的なペアでした．これは，非常に大きなコンビネーションを飛んで，ワールドカップ・ファイナルに勝利したところです．馬と騎手の両方の表情に，冷静さと同時に，力強さと決断力が見られます．マイケル・マッツは，あらゆるコースにおいて"Mr. スムージー（洗練された男）"であり，彼の馬は全て静かにコースを回っていました．ホースマンにこれ以上何を要求できるでしょうか？ Photo by Findlay Davidson

150. ワールドカップ1982　トレーナーの視点から見ると，カリプソに騎乗したメラニー・スミスがワールドカップ・ファイナルに勝利した時ほどスリルを味わったことはありません．馬と騎手は，常に私のお気に入りでしたが，この写真を見ればその理由がわかるでしょう．彼らはファイターであり，同時に勝利者なのです．メラニーは，障害に肢が触れることさえ怖がって耳を後ろ向きに伏せているこの小さな馬に完全なサポートを提供しています． Photo by Katey Barrett

151. ワールドカップ 1983 ノーマン・デロ・ジョイオと有名なフランスの種馬アイ・ラブ・ユーは、お互いを助け合っています。これは、彼らがワールドカップ・ファイナルに勝つところで、人馬ともに完全に自信をもっており、幸せそうで、リラックスしています。アイ・ラブ・ユーは、常にポジティブ、しかし思いやりのある騎乗を求めており、ノーマンは見事にそれを提供していました。彼が乗る馬たちは、彼が要求することを100%信頼していました。Photo by Tish Quirk

152. ワールドカップ 1985 コンラッド・ホムフェルドが、今度はトラケーネン種の種馬アブダラに騎乗して、このチャンピオンシップにまた勝利しました。この美しい写真における人馬のスタイルは、ほとんど非の打ちどころがありません。この写真をコンラッドがマックレー・ファイナルに勝利した際の写真（これもこの本に掲載されています）を比べることは、私を楽しませてくれます。それらは、ほとんど完全に同じです。——親指と口に至るまでです！なんというライダーでしょう！Photo by Tish Quirk

153. ワールドカップ 1986 レスリー・バーリーマンほどに激しく、また同時にリラックスしている選手はいません。彼女がここで笑っているのには理由があります。これは、ワールドカップ・ファイナルの最後の障害で、彼女はこれをクリアし、彼女がチャンピオンシップを獲得したことを知ったからです。レスリーは常に馬を前に出し、かつ自由に走らせて乗っていました。一旦、彼らがこのアプローチに順応すると、タイム勝負で彼らを負かすのは困難です。Photo by Tish Quirk

154. ワールドカップ1987 キャサリン・バードソールとミリオンダラーホースのザ・ナチュラルが、パリのワールドカップ・ファイナルに勝利するところです。この本の初めの方で、キャサリンが、マックレー・ファイナルに勝った際に、もっと小さなオクサーをほとんど同様のフォームで飛んでいるのを見ることができます。彼女は滑らかな騎乗で知られているばかりでなく、必要な際に攻撃的な騎乗ができる能力、プレッシャーがかかっている際の冷静さ、をもっていることでも知られています。彼女があぶみを爪先で踏んでいるのを注意して見てください。これはエキスパートだけに許されるものです。足の親指の付け根の太い部分であぶみを踏む方がもっと安全です。Photo by Tish Quirk

155. ワールドカップ1988と1989 私は、イアン・ミラーが騎乗している際の、ポジティブで、決断力があり、しかしリラックスしている表情を見て楽しんでいます。そしてこれは、彼がビッグ・ベンに乗って、ワールドカップ・ファイナルに勝利するところです。イアンは、ホースビジネスにおいて、知性および感性において必要なものの全てをもっています。彼は、問題に真正面から向き合い、そしてシンプルで実用的な方法でそれを解決します。私は、彼の挙および腕と馬の口との関係が大好きです。力強くかつソフトなものです。Photo by Tish Quirk

156. パンアメリカンでのゴールドメダル　これは，アン・カーシンスキーと彼女の信頼するリビアスが，とても歴史のあるショージャンピング競技のひとつであるローマのグランプリに勝利するところです．この人馬は，1983年にカラカスで行なわれたパンアメリカンの個人のゴールドメダル（そしてチームのゴールドメダル）も獲得しました．アンは彼女の美しいフォームと基本となるフラットワークで知られているばかりでなく，常に仕事をやり遂げる能力でも知られています．Photo by Mariani

157. ロサンゼルス 1984　これは，真のゴールドメダルチームです．それぞれの人馬があらゆる世界中のグランプリに勝利することができたでしょう．ジョー・ファーガス（タッチ・オブ・クラス）は偉大なライダーかつ真のホースマンであったばかりでなく，経験のある国際的なベテラン選手でした．レスリー・バー・リーマン（アルバニー）は，彼女の"怖いもの知らず"の気質と"当たって砕けろ"的な態度が，常に彼女を勝利に導きました．コンラッド・ホムフェルド（アブダラ）は，天才的かつ美しい姿勢をもった選手であり，過去のそうした選手たちと肩を並べて歴史の本に刻まれたほどです．そして，メラニー・スミス（カリプソ）は，チャンピオンシップ競技に対して攻撃的なアプローチを行なっていたため，常に偉大な女性のショージャンピング競技者として評価されていました．我々が，オリンピックゲームにおいて，これ以上のチームをもつことはもうないでしょう．

158. アーヘン 1986　アーヘンで行なわれた1986年のワールド・チャンピオンシップでの我々の勝利は，世界に我々のホースマンシップと馬術のシステムによって生み出された並外れた深遠さを証明しました．成功したハンター・ライダーであり，マックレー・チャンピオンであり，6度オリンピックに出場したベテランのフランク・チャポットが，この強力なチームを勝利に導きました．また，我々はここに我々のシステムのもうひとつの強さを見ることができます．——チームが2人の女性と2人の男性であるということです．ケイティー・モナハン・プルーデント（アマディア）は，おそらく歴史上，最も強く，滑らかな騎乗をする女性の障害選手でしょう．キャサリン・バードソール（ザ・ナチュラル）は，冷静で，偉大な才能をもっており，これが彼女の初めての海外試合でした．マイケル・マッツ（シェフ）は，ベテランの国際的な競技者で，ワールドカップおよびパンアメリカン・チャンピオンであるばかりでなく，彼はアーヘンのコースをハンター競技と全く同じように騎乗します．滑らかでテキストのお手本のようにです．そしてまた，唯一のロサンゼルスに引き続いて出場した選手が，伝説のコンラッド・ホムフェルド（アブダラ）です．

159. ソウル 1988　フランク・チャポットは，再度，我々の馬術のシステムが生み出せるものを誇りに思うことができたかもしれません．女性が男性と同様に（あるいはより上手く！）乗ることができるばかりでなく，海外経験の少ないあるいは全くない若い選手が，世界の他の選手達と伍して戦うことができるのです．ジョー・ファーガス（ミル・パール）は，この若いチームを率いた信頼のおける，経験のあるロサンゼルスにおけるダブルゴールドメダリストです．リサ・ジャクウィン（フォー・ザ・モーメント）は，ルーキー・オブ・ザ・イヤーの獲得者で，国際経験のないことも，乗馬の堅固なシステムによって乗り越えることができることを見せてくれました．グレッグ・ベスト（ジェム・ツイスト）は，もう一人の最近のルーキー・オブ・ザ・イヤーの獲得者で，彼の乗馬の個性とガッツで頑張ってくれました．そして，アン・カーシンスキー（スター・マン）は，ロサンゼルスの際の控え選手で，本当にソウルにおいて世界に乗馬レッスンを提供してくれました．マルタンガールなしでD字型の街の水勒を使用し，彼女はコースをハンター競技のように騎乗しました．ここでの銀メダルはたいへん素晴らしい成果だと思います．Photo by Tish Quirk

160. オリンピックでのゴールドメダル これは，ジョー・ファーガスとタッチ・オブ・クラスが1984年のロサンゼルス・オリンピックにおいてゴールドメダルを獲得した際の美しい写真です．ジェーン・マーシャル・ディロン，ブラドミール・リタウアー，フランセス・ロワベ，そしてベルタラン・ド・ネメシーの継承者として，ジョーは，彼のホースマンシップにおいて，古い伝統的なフォワード・シート・スクールに頑固なまでに固執しました．彼は，障害に向かってギャロップで走る選手であり，行き過ぎた馬場馬術である収縮や，人為的な仕掛けにとらわれませんでした．私は，タッチ・オブ・クラスのような小さな牝馬が2つのゴールドメダルを獲得できたのは，この馬が生涯，このように自由で，前向きの，自然な流儀で騎乗され，調教されてきたからだと強く信じています．それが，実は，"ハンターシート馬術"なのです．Photo by Tish Quirk

161. オリンピックでのシルバーメダル 馬と騎手がこの巨大なトリプル障害を楽しげに飛んでいるなんて美しい写真でしょう！グレッグ・ベストとジェム・ツイストの両方は，最初からフランク・チャポットの指導のもとで，アメリカンドリームを満喫しました．フランクは，馬を繁殖させ，育て，そして調教し，そしてグレッグにエクイテーション，ジュニア・ハンター，そしてジャンパー部門への階段を登らせました．──これら全てはオリンピックへの道なのです．小手先の技を嫌い，フランクは馬をギャロップで前に出し，自分自身の"目"を少しだけ使うやり方を信じていました．これは，本当にアメリカン・スタイルの代表的なものです．
Photo by Tish Quirk

て，それは目標ではなく，単に終わりということになると思うのです．子供が上級馬術そして試合に出るための基礎を学ぶのにあたって，世界中の公的な団体組織によって運営されている部門で，これ以上に馬術の発展に貢献しているものはありません．およそ80％以上の騎手の技術的なバックグラウンドは，こうしたクラスで競うためのトレーニングによって学ぶことができますし，学ぶべきものなのです．この特定の部門のトップに行くことは，究極のゴールであり，すばらしい業績です．なのに，なぜそれ以上，上を目指そうとしない人達は，それを究極の目標と考えないのでしょうか？ より上を目指す人達にとっては，エクイテーションでの試合は，より大きな目標となるでしょう．いずれにせよ，ハンターシートエクイテーション部門において強みをもち，良いトレーニングを行なっている人達は，ほとんど例外なく，あらゆる段階の大人の大会において勝つ選手となるということを覚えておいてください．

AHSA ハンターシートテスト

アメリカン・ホースショー・アソシエーション（AHSA）ハンターシート委員会は，ホースショーの審判員に，彼らが1人もしくは数人を選ばなければならない時に，そのクラスで競技者に対して追加的な運動を要求したい場合用の，18種類の特別テストを用意しています．もちろん，特定のテストの難易度ごとに，特定の競技においてそのテストを使用できるかどうかが定められており，そのテストはAHSAのルールブックにおいて1番から18番まで難易度の順番でリスト化されています．例えば，メイデンクラス（認定されたホースショーのエクイテーション競技においてブルーリボンを獲ったことがない者のためのクラス）では，審判員は1番のテスト──停止（4〜6秒）および／もしくは後退──のみ行なうことができます．一方，ノービスライダー（まだ3つのブルーリボンを獲っていない者のためのクラス）では，停止，ハンドギャロップ，速歩および／もしくは駈歩での八の字乗り，収縮での常歩，速歩および／もしくは駈歩，歩度を落として障害と障害の間で停止，もしくは八の字のコースを飛ぶことすら要求することができます．さらに続いて完全なものを目指すため

❖ 騎手が知るべきこと

に，メダルクラスの選手は，すでに述べたテストに加えて，あぶみなしで乗ること，あるいはあぶみを外して再度履くこと，低い障害を飛ぶこと（高さと幅が最大で3フィート（約91cm）），下馬と乗馬，前肢旋回，駈歩での八の字乗り，正しい手前で速歩および／あるいは駈歩で蛇乗りを行なうこと，単純踏歩変換もしくは踏歩変換で手前を変えること，馬を変えること，反対駈歩，後肢旋回，約1分間のデモンストレーションでの騎乗などの準備をしなくてはなりません．

このテストリストがいかにわかりやすいかが見て取れるでしょう．しかしながら，それは競技者に対し彼らが行なうことを要求されるかもしれないことを説明し，審判員に対して不可能なことを要求しないよう事前に警告してくれるものです．誰しもが（観客でさえも）試合を理解できるように，テストは前もってスピーカーで公然と発表されなくてはなりません．リストを詳細に見直して，それぞれがどのようなものかをしっかりと見ておきましょう．

テスト1．停止（4～6秒）および／もしくは後退

馬の停止の際に重要なことは，完全なコントロールを見せることです．騎手と馬は停止し，不動で，一定の時間（4～6秒間）の間，全く動いてはいけません．この停止の状態からのあらゆる逸脱，例えば前に動いたり，（特に）後ろに下がったり，馬が右や左を見て曲がってしまうことを許したり，腰を揺り動かしたり，といったことはペナルティーが課せられなくてはなりません．競技会で常歩，速歩，そして駈歩までを行なう選手は，後退の方法も教わっておくべきでしょう．通常このテストは，列になった後に，個人で，あるいはグループで行なうよう要求されます．騎手は次のように馬を後退させるべきでしょう．まず，わずかにき甲の前に正しく置かれた拳によって馬の口の感触を感じ取ります．次に馬が前に動くのを妨ぐために手綱を引き締めます．そして，脚を使って馬を銜に向かわせ，後ろに下がるよう指示します．後退をしている間は，騎手は真っ直ぐ前を見て，真っ直ぐ後ろに下がるように注意します．その際に馬を見てはいけません．滑らかさ，機敏さ，そして正確さが審査され，しばしば審判員は特定の歩数馬を後退させることを要求するでしょう．この運動

❖ 競技会に行く

の調教をする時には，馬を後退させるために，拳ではなく，推進扶助を強めることを覚えておいてください．馬を下げるのに脚を締めるだけでは不十分な場合は，脚の扶助を強めるために，小さな舌鼓もしくは鞭を使い，銜を巻き込む癖を付けさせないように，すぐに前に進むことを要求します．

テスト2．ハンドギャロップおよび停止

メイデンクラスの選手は，危険を冒してギャロップを行なうべきではないですが，ノービスクラスの選手はこのペースを間違いなく教えられるべきでしょう．ギャロップから馬を止めるために使う手綱扶助には2つの可能性があります．直接手綱と滑車手綱です．しかし，エクイテーションの競技では直接手綱だけを使うようにしましょう．なぜなら，何人かの審判員は，滑車手綱は乱暴すぎ厳しすぎると感じるからです．ほとんど例外なく，審判員は特定の地点で停止することを要求します．そして騎手は正確にその地点で停止するよう努力することが最も重要です．もし騎手が列から出されて，ギャロップと停止を行なうことを要求されたら，騎手は，ギャロップのペースに速めて，停止を見せることができるよう，早めに駈歩を出すようにします．このテストについては，急ぐ必要は全くありません．騎手が駈歩からハンドギャロップに移行する際には，騎手は2ポイントのギャロップ姿勢をとるようにして，その馬のペースを必ず14～16マイル毎時（時速22.5km～25.7km）に保つようにします．停止位置が近付いてきたら，直接手綱扶助で拳を閉め，ヒップ・アングルを開くことにより騎手の体重を後ろに移動し，わずかに大きすぎない声で"オーラ"と声をかけても構いません．言うまでもなく，停止は，早すぎず遅すぎず，ちょうど良いタイミングで止まるために十分早く開始しなくてはなりません．これは，本当に馬の敏感さのみにかかっています．停止した後は，少しの間，一定の姿勢で静かに立っているのがベストです．

テスト3．速歩での八の字乗り，軽速歩で手前を変える

もし短蹄跡でこのテストを要求された場合の方策は次の通りです．最初に騎

❖ 騎手が知るべきこと

手は八の字のクロスする点から短蹄跡の一点に向けて走る中央のラインを見つけます。次に騎手はゆっくりとした正反動の速歩でこの想像上のラインに向かって乗り、クロスする点の少し手前から軽速歩を始めます。左手前の軽速歩を始めるとすれば、八の字は右方向への輪乗りで始まります。騎手が再度クロスする点を通り、手前を変えると、今度は左方向への輪乗りとなります。八の字乗りは最初に設定した短蹄跡の一点に向かって馬を止めることにより締めくくります。停止は滑らかで、正確で、真っ直ぐでなければならず、それは正確にクロスする点の上で行なわれなくてはなりません。この手順により、このよく行なわれるテストを正確に実施することができます。馬場のどの場所で八の字乗りを要求されても、短蹄跡の一点を定めることにより八の字がクロスする点を設定するのは騎手次第だということを覚えておいてください。

テスト4. 正しい手前での八の字乗り
　　　　　手前の単純踏歩変換

駈歩で八の字乗りを行なう方法は、全く速歩の場合と同じです。騎手は、馬場の中央に向かって、軽速歩ではなく、常歩またはゆっくりとした正反動の速歩で乗ります。八の字が交わる点に近づいた時に、騎手は右手前の駈歩発進の準備のために馬を収縮させます。右手前の輪乗りが終わる頃に、常歩またはゆっくりした正反動の速歩に戻します。そして、八の字が交わる点で、左手前への単純踏歩変換を行ない、左手前の輪乗りを行ないます（正しい単純踏歩変換というものは、数歩の常歩またはゆっくりとした速歩を挟むということを覚えておいてください）。速歩での八の字乗りと同様に、騎手は八の字を、八の字が交わる点上で滑らかに止まることにより締めくくります。全ての横運動と同様に、一定のペースを保つことと、輪乗り上で馬に正しい湾曲をさせることに厳重に注意を払わなくてはいけません。これらのテストでは、急ぎすぎたり遅すぎたりするペースや、輪を端折ったり膨らませたりすることは、審査において厳しくペナルティーが課せられます。

テスト5. 常歩、速歩、駈歩をひとまとめに行なう

❖ 競技会に行く

　ここで求められていることは，騎手が上手に障害のコースを回った後に，その騎手が総合的な乗馬能力を維持することができ，馬場に戻ってきてフラットワークで上手に乗ることができるかどうかを見ることです．この着想と審査は良いことだと思います．我々が求めているのは良い騎手であって，単に良い"障害の騎手"ではないのです．騎手は，試合におけるこのテストでは，フラットワークにおける姿勢と滑らかな扶助の使用，そして中でも，ショーマンシップを見せることに特に注意を払うべきでしょう．

　テスト 6. コンビネーション以外の障害間で手綱を引いて停止（4～6秒）

　障害を飛んだ後に馬を止めなくてはならない時は，できるだけその障害を収縮した状態で飛ぶのが賢いでしょう．飛越が速く，"大きく"なるほど，着地した後，馬を停止させるのに時間がかかります．もうひとつの覚えておくべき小さなトリックは，馬が次の障害に向かって真っ直ぐ向かないように，障害をわずかに斜めに飛ぶことです．これは単に騎手により多くの時間を与えてくれるだけでなく，それにより，馬に次の障害を予期させ続けることもできます．一旦，馬が着地したら，いかに滑らかに，すばやく止められるかどうかは，騎手次第です．これら両方の要素は非常に重要です．騎手が直接手綱，体重，そして声を使うのは許されますが，滑車手綱を使うのはよほど必要に迫られた状況においてのみとするべきでしょう．この特別な手綱扶助は，多くのエクイテーションの審判員によりタブーと考えられています．そして馬を停止させた後，約4秒間の停止を見せると有利となるでしょう．

　テスト 7. 八の字状の障害のコースを飛ぶ

　時々，審判員は，何人かの気に入った競技者を呼び戻して，彼らに八の字状のパターンの障害コースを飛ぶことを要求します．通常，これには試合場の真ん中で回転を行なうために，少しばかり馬を収縮させることと，コントロールすることが要求されます．上級者の騎手にとっては取り立てて難しいことはないですが，まだ14歳以下，ノービス，もしくはリミットクラスの騎手にとっ

ては，かなりチャレンジングなものでしょう．このコースを乗るにあたって，唯一私がお勧めすることは，わずかにゆっくり目のペースにすることと，騎手については鋭く視線のコントロールを行なうことです．

テスト8．あぶみなしで乗るまたはあぶみを外してあぶみを履く

私の生徒たちにとっては，あぶみなしで乗ることはテストとは言えません．なぜなら彼らはホームとなる馬場であまりにそれをしょっちゅう行なっているためですが，何人かの人達にとっては，それは慣れない体験かもしれません．審判員が見ているのは，あぶみなしで障害を飛ぶ場合でもフラットワークを行なう場合でも，騎座と脚の両方の，堅固さと独立性です．脚は，あぶみを履いている時と全く同じようにつま先を上げた姿勢であるべきだということを覚えておいてください．あぶみを外して，またあぶみを履くという追加的なテストは良いテストだと思います．なぜならそれは，フラットで乗っているとき障害を飛んでいるとき両方において，あぶみが外れてそれを履き直さなければならないという，全ての騎手が直面する実際的な問題だからです．あぶみを探すために下を見てはいけません．それは大罪です．いつもの姿勢通りつま先を上げた状態で固定し，あぶみを元通り履けるまでつま先で感じながら探します．それを行なっている間，馬を興奮させすぎないように注意しましょう．

テスト9．駈歩でやるのと同様に常歩または速歩で低い障害を飛ぶ

（常歩で飛ぶ障害の最大の高さは3フィート（約91cm），速歩で飛ぶ障害の最大の高さと幅は3フィート（約91cm）です）このテストで重要視している点は，もちろん，馬が飛ぶまでの間，常歩もしくは速歩を維持するということです．常歩での飛越では，馬は，障害を飛び越える手前で，できるだけ長く常歩を続けなくてはなりません．私は，本当に最後の瞬間まで常歩を保って，次に間違いなく馬が飛ぶように小さな舌鼓を使うことをお勧めします．この扶助は，一般的に馬が拒止する可能性を低くし，適切なタイミングで馬に騎手の意思を知らせることができます．

速歩で障害を飛ぶことは，少しペースが速いので，常歩よりも馬と騎手両方にとって心理的に少し楽なものです．しかしながら，馬が"離陸"するまで速歩を維持するのには，訓練と練習を必要とします．しばしば，1，2歩の駈歩が入り込んで，そのクラスにおける選手の成功の機会を台無しにしてしまいます．軽速歩もしくは正反動の，ややゆっくりな速歩をすることにより，通常，最後の数歩で駈歩になることを防ぐことができます．そして，これは離陸まで維持しなくてはなりません．もし騎手が軽速歩で障害に向かうのであれば，馬より先に飛んでしまわないように，飛ぶ1歩手前から鞍に腰を付けることをお勧めします．一旦，馬が加重された体重が騎手の脚を強めるのを感じると，そんなに"欺いたり"（もう一歩の短いストライドを入れたり），拒止したりしなくなります．

テスト10．下馬と乗馬

このテストは，若い選手にとってはわかりやすいものですが，もし彼らが大きな馬に乗る場合は，そんなに簡単なものでもありません．それが年長のグループに対してのみ，このテストが要求される理由です．このテストを正しく実施するために，CHAPTER 1の乗馬と下馬のセクションを読んでください．下馬した後と，乗馬する前には馬の頭のところに行って，手綱をつかみ，試合場の中央に向かって前を向くことを忘れないでください．これによって，テストの2つの部分を区分し，一息つくことができます．

テスト11．前肢旋回

このテストは審判員に要求されるかもしれませんし，あるいは単にフラットワークのクラスにおいて方向変換するための基本的な手段として用いられることもあります．どちらのケースにおいても，それは収縮常歩もしくは停止の際に行なうのが正しいです．馬は，その前肢はとてもとても小さな円を保つべきであり，そして後肢は，大きな円を描き，馬が180度方向転換するまで一方から他方に向けて動きます．この動きにおける馬の湾曲は，その馬が"湾曲す

ぎ"でない限り，全く重要ではありません．これは馬の肢を交差させるタイプの運動であり，よって，馬は回転を行なっている間，頭から尾まで，できるだけ真っ直ぐであるべきです．重要なことは，馬が，手の作用を支援する外方の脚によって腰を譲って動かすことです．また，両方の脚を使うことにより，馬が後退してしまうこと，肩から内側に入ってしまうこと，軸になる場所から前に出てしまうことを絶対に防ぐ必要があります．

テスト12．正しい手前で八の字乗りをし，踏歩変換をする

このテストには，他の八の字乗りの場合と同様の実施方法が用いられます．審判員が最初に左手前の輪乗りを要求しない限り，私は自分の生徒には右手前で始めるようアドバイスしています．それは，習慣的なパターンを身に付けさせるためだけの理由です．馬が右手前の輪乗りの3／4を終えた後，騎手は外方の圧迫手綱と脚で馬を真っ直ぐにすることにより，踏歩変換に備えて準備し始めます．これにより，馬の左側面にかかる体重をいくらか取り除くことができます．この左側面は，新しい手前（左手前）にするために軽くしなくてはなりません．一旦，左側面が真っ直ぐになったら，騎手は新しい外方の脚（右脚）を使うことにより馬に新しい手前に変えることを要求します．ほとんどの馬は，これが踏歩変換のための合図だということを学ぶまでは，そのペースを速めて，この脚の動作から逃れようとします．もうひとつの通常経験する逃避行動は，馬がその前肢で輪乗りの内側に切れ込んで来ようとするものです．これは外方の開き手綱で容易に防ぐことができます．2つ目の輪乗りが終わったら，騎手は八の字がクロスする点で滑らかに停止し，列に戻ります．

テスト13．速歩および／または駈歩で正しい手前で蛇乗りをする，単純踏歩変換または踏歩変換を行なう

蛇乗りは，想像上の線の中心を境にして行なわれる左および右への半輪乗りの繰り返しです．ルールとして，この図形は馬場のひとつの短蹄跡の中央から始まり，もう一方の側の馬場の中央で終わります．それぞれの半輪乗りの馬場

❖ 競技会に行く

の中央線からの半径は全く同じでなければなりません．速歩で蛇乗りを行なう場合は，騎手は中央線をまたぐ際に手前を変えます．同様に，駈歩の場合も，中央線をまたぐ際に単純踏歩変換または踏歩変換を行ないます．私は，騎手が馬場の最初の短蹄跡の中央に差しかかるその瞬間に要求された歩様をスタートさせる方が好きです．言い換えると，騎手が常歩または正反動の速歩でこれから蹄跡から離れる際には，蛇乗りの開始点までは軽速歩もしくは駈歩にしてはいけないということです．他の全てのテストと同様に，私は正確なフィニッシュがとても好きです．また，蛇乗りの終点で正しく停止すると，その騎手はコントロールができていると感じます．

テスト14．直線上で手前を変える，単純踏歩変換または踏歩変換で手前を変える

このテストは，通常，馬場の中央に向かう直線，もしくは長蹄跡上で行なわれます．最近の審判員は，（そうあるべきですが）単純踏歩変換の数を指定します．審判員が馬場の中央線上で3回の単純踏歩変換を要求したとしましょう．これは駈歩で4つの手前を行なうということを覚えておいてください．さて，ここで馬が馬場の長蹄跡に並んでおり，テストを同時に行なわなくてはならないとしましょう．そうしたら列を出て，馬場の端に向かって常歩で歩き，次に中央線に向かって歩くのがベストです．その線上で真っ直ぐになるまで，駈歩を始めてはいけません．こうしたやり方で，よりコントロールできることを見せ，審判員を感嘆させる方が，中央線への回転の前に最初の手前で駈歩を発進させるという簡単な道を選ぶことよりも大変なことです．もし3回の踏歩変換を見せるのであれば，競技場の長さを4つに分割しなくてはなりません．回転の後，できるだけ早く駈歩発進を行ない，すばやく単純踏歩変換を行ないます．競技場のスペースから出てしまい，まだ行なわなくてはならない踏歩変換が残っていることほど最低なことはありません．正しい単純踏歩変換は，新しい手前の駈歩を発進する前に，数歩の常歩またはゆっくりとした速歩を行なうべきです．あらゆる直線でのテストにおいて，そのテストに骨組みを与えるため，またきれいなフィニッシュを見せるために，上手な真っ直ぐの停止を行なうべ

❖ 騎手が知るべきこと

きでしょう.
　踏歩変換でこのテストを行なう場合も，そのパターンは全く同じです．騎手は，最初の手前で駈歩を出す前に，目でラインを想像しておきます．そして停止に至るまで，変換を行なっている間，積極的に直線を維持します．変換の瞬間は，馬は真っ直ぐな収縮駈歩で，騎手は，手前の変換を指示するため，シンプルにその外方の脚を後ろに動かします．騎手は，次のような最も明白な逃避行動に注意しなくてはなりません．馬が脚の指示を無視して，反対駈歩をしてしまうこと，ペースを崩して速歩になってしまうことや速くなりすぎてしまうこと，変換を行なっている間，ジグザグに進み，曲がってしまうことなどです．このテストを正しく行なうために，騎手は最初に，回転や，八の字乗りや，蛇乗りで，踏歩変換を馬によく調教しておかなくてはなりません．

テスト15．馬を変える（注：このテストは2つのテストにあたる）

　オープンのエクイテーションイベントに参加するあらゆる選手は，誰か他の選手の馬に乗るための準備をしておかなくてはなりません．このテストは，あまり他の馬に乗った経験がない者にとっては，心理的に最もうろたえさせられるものです．当然，強い競争相手やコーチは，競技場の他の馬の多くに親しんでおり，その馬をどのように乗るべきか手がかりをもっていることでしょう．もちろん，騎手とコーチにとって，お互いにそれぞれの馬について話すのは"クリケットをするようなもの"です．これをしない者は，たちまち，主要な人々から仲間はずれにされてしまうでしょう．一旦，交換する馬が決まったら，その馬と，その馬が異なる扶助，特に拳と脚に対してどのように反応するかを評価するのは，騎手本人です．私は通常，私の生徒にその馬の持ち主の選手が使用していたのと同様の鞭や拍車などの人工的な扶助を使わせるようにしています．そして，馬の交換の際には，めったにそれらの扶助に新たに付け加えたり，それらのうちの扶助のひとつを止めさせたりすることはありません．時々，審判員は競技者に新しい馬の感覚をつかませるために数分を与えます．もちろん，これによりテストはやりやすくなります．しかしながら，その他の場合では，冷たくもテストがすぐ行なわれたり，コースに入らされたりします．これ

は，それほど簡単ではなく，経験と感覚を必要とします．

テスト16. 反対の手前で駈歩（注：このテストは2つのテストにあたる）

このテストで鍵となるのは，周りの競技者によって邪魔されないようにすることです．いかにあなたの馬がよく調教されていようとも，他の馬にぶつかったり，横切られたりすれば，手前を変えてしまいがちです．ですから，手前が変わってしまわないようじっと我慢しつつ，周りの競争相手に注意しましょう．次に考慮しておくべき点は，真っ直ぐさです．長い真っ直ぐの蹄跡上で，馬の腰を外側に押しやるのは簡単ですが，短蹄跡側で曲がった状況でこれを行なうのは，そんなに簡単ではありません．したがって，もしあなたが回転している際に反対駈歩を要求された場合には，それを始める前に馬をできるだけ真っ直ぐにすることです．反対駈歩での騎乗に関して言えば，フラットワークについて記載した章の中で十分にカバーしています．

テスト17. 後肢旋回

前肢旋回と同様に，このテストは収縮常歩もしくは停止のいずれかの状態から要求される可能性があります．しかしながら，古典的に正しいのは，常歩から行なう方です．私は，一般的なフラットエクイテーションクラスの方向転換の方法として，中級者以上向けの他の全ての方法よりもこれを好んでいます．それは，メイデン，ノービス，アベレージリミットクラスの選手にとっては，少しレベルが高すぎます．メイデンクラスを審査して，ちびっ子たちのグループが後肢旋回をやろうとするのを見ることほど馬鹿馬鹿しいことはありません．彼らは，自分たちが何をやっているのかもわからず，何も正しいことを行なわないまま終わってしまいます！もしあなたが，この運動を正しくできるのであれば，方向転換のときにそれを審判員に見せるように努めなさい．この本でその扶助については完全にカバーしましたので，後はそれを実践してあなたの得意技にしましょう．

❖ 騎手が知るべきこと

テスト 18. 約 1 分間のデモンストレーション

　騎手は，見せようと計画している騎乗について前もって審判員に通知しなくてはなりません．これは，ハンターシートエクイテーション部門に組み込まれた本当にすばらしい追加テストです．これにより騎手は合理的な方法で，彼が知っていることを審判員に見せることが許されます．このテストで乗る際の第一に重要なことは，このテストに備えて前もって練習しておくことです．それを即興でやる必要は全くないのですから．実際のところ，頭の切れるエクイテーションの選手は，常に好きに使える 3 つ 4 つのパターンをもっています．2 番目に，そのパターンはわかりやすく，しかも短くなくてはなりません．言い換えると，それはおそらく 6 つから 8 つの異なる調教運動を組み合わせたものであるべきであり，その中のひとつをだらだらと行なってはいけませんし，また不自然にそれらを組み合わせてせわしく行なうのも良くありません．3 つ目に，これが最も重要な要素なのですが，このテストで行なうことは，その人馬が，目立ったミスなく行なうことができる最も難易度の高いものでなければならないということです．例えば，未熟な人馬にとっては，肩を内へ，伸長軽速歩，そして短い反対駈歩といった運動を行なうのは単に危険なだけかもしれません．一方，とてもよく調教された人馬であれば，二蹄跡運動や，反対手前での蛇乗り，そして中央線に入ってからの踏歩変換といったことを問題なく試みることができるでしょう．ポイントは，その騎手がフラットワークにおいて彼の馬と一緒に，とても短い時間の中で，彼の知識，能力，そして想像力を証明することです．言うまでもなく，このテストは，オープンカテゴリーの選手だけに限定されています．

　まとめると，ハンターシートエクイテーションにおいて勝者を決めるために審判員が選択しなければならないテストというものは，単に，自分の馬場で全ての新馬や若い馬を調教する際に，全ての騎手によって行なわれている広範囲の運動のリストでしかありません．選手に要求されるあらゆることに関しては，"引っ掛け"や不自然なことは何もあってはなりません．しかし，むしろ，その馬の調教状況に対して直接的または間接的に価値を置くべきものです．エク

❖ 競技会に行く

イテーションの選手を，将来，ホースマンやトレーナーにするために教えているのならば，これらのテストのいかなるものも，あまりに難しすぎたり，皆が試合場でびっくりしてしまうようなものであってはなりません．審判員は，しばしば，少しルールをくつがえして，これらのテストをより精密なものにしたり拡大したりすることがあります．しかしながら，それが特に伝統的なハンター調教が要求していることと異なるようなものでなければ，異議の申し立てはほとんどありません．審判員が上記に述べたテストに制限されない唯一のクラスが，USETクラスです．そのクラスはどちらかというと，ジャンパー競技のための準備をしている選手のためのクラスであるため，多くの審判員は，360度の後肢旋回，肩を内へ，二蹄跡運動などのように，より高度な馬場馬術的なテストを要求します．時々，このクラスでの障害競技では，時間で競うジャンプ・オフを想定した鋭い回転を含む決勝戦が行なわれます．

　結局のところ，ある騎手が多くの馬術スポーツにおいて完璧で包括的な経験を積んでおり，そしてその騎手の馬への接し方が，自然で"ホースマスターシップ"という言葉通りのものであったならば，その騎手はエクイテーション部門での数年間が，来るべき将来のための最もすばらしいトレーニング場であるということを理解するでしょう．ここ数年，アメリカの競技会への参加者は，それが優れた馬術を生み出すためにデザインされた競技部門であるという信念の下にこの競技部門をサポートしてきており，その結果として全体のレベルが向上してきました．これは本当にすばらしい功績です．世界中のどこの国でも，我々のように完璧なまでに訓練された馬と騎手を誇ることはできません．これは単にオリンピックコーチの偉大なトレーニングのシステムによって成し得たものではなく，かなりの割合で，アメリカの全ての選手たちがエクイテーション競技でジュニア時代に経験を積んできたという事実によるものなのです．エクイテーションなどの競技部門は，それらの部門のもつ価値について自分自身で語っているようです．そしてそれらの部門は，それらが競技会の一部として維持される限り，その価値を維持し続けるでしょう．そして，それらの部門のスタンダードは，古典的な馬術の重要性を無視する者たちによって，決して妥協されたり水準を下げられたりすることはないでしょう．

PART V

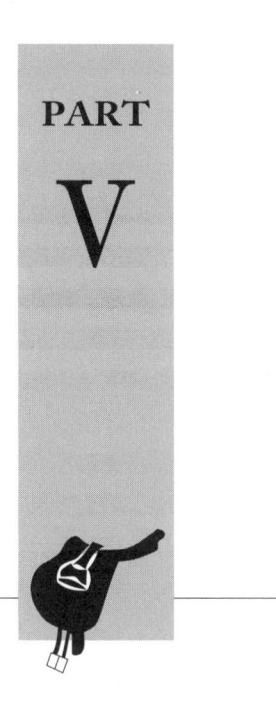

乗馬を教える際のいくつかの提案

CHAPTER 11

乗馬を教える人達へ

自信

　教えること（教育）は，一般に認められている芸術です．不幸なことに，乗馬においてそれは，他のほとんどのスポーツでの試みほどに，受け入れられてはいません．もし，良い結果を出し，事故が発生する確率を低くし，生徒の成長率を高めることに執着するのであれば，それには特定の基本的な原則が存在します．これらの原則は，建設的な順番で，かつ，わかりやすく単純でありながら幅広い馬術における応用技術をカバーする標準的な専門用語を用いて教えられるべきです．明確に定義された用語の，首尾一貫し，かつ明瞭な使用を通じてのみ，教える者と生徒との間に適切で規律的なコミュニケーションの関係が生まれます．この関係は何よりも重要であり，才能を伸ばし，態度を成熟させ，自信を築く基礎となるものです．

　自信は適切な教育において絶対に必要なことです．自信にはいくつかの種類があります．騎手自身および馬を安全にコントロールができる能力に対する自信．その騎手を教える教師への信頼性およびその教師がもっている何が生徒に

❖ 乗馬を教える人達へ

とってベストなのかという知識に基づく自信．そしておそらく，全ての自信の中で最も重要なのは，騎手が，自分が身体的もしくは精神的に受け入れられる以上のことを要求されることはないと知っていることです．ケガをさせられたり，自尊心を傷つけられたりすることは，生徒の成長にとって破壊的なことです．この課題をインストラクターの視点から見ると，最初の質問は，その生徒が要求されたことを身体的にできるかどうかということです．もし，少しでも疑いがあるのであれば，その状況は難しすぎ，事故につながりそうだということです．このケースでは，騎手に不確かな限界に向かって挑戦させるよりも，騎手に要求することを変更しなくてはなりません．もし，"No"という小さな警告を聞いたら，第六感とその本能的な提案に従うべきです．インストラクターが，騎手が難しい問題に対して身体的には立ち向かうことができるが，精神的に不安を抱えていることを感じた場合には，インストラクターはその不安に立ち向かい，その状況は打破できるということを生徒に如才なく納得させなくてはなりません．これは完全にそれぞれの個人のやり方次第であり，型にはめることのできないものです．強固な目的意識の強さと心からの前向きな信念，そして繊細な理解が常に最高のレシピとなります．専制的で，逆上型の激昂は，めったに効果を生むことはありません．しかし，稀なケースにおいては，それらは愉快で，大げさで，素晴らしい効果を生むこともあります．

恐れには2通りのものがあります．身体的なものと精神的なものです．もし誰かがケガをすることを恐れているならば，その騎手は身体的な恐れを抱いていると言えます．もし誰かが間違いを犯すことを恐れているならば，その騎手は精神的な恐れを抱いています．ほとんど例外なく，度合いは違いますが，騎手はこれらのいずれか，時にはその両方を抱えています．したがって，生徒ひとりひとりを理解し，彼らがもつ特定の恐れに照らして彼らを理解する責任は，インストラクターのみにのしかかるものです．一般的に，恐れについて生徒と議論すべきではありません．それについて話すことはまさにそれを強調することです．もしあなたが誰かにリラックスするようにと言うと，言われた方は緊張するのに一生懸命になってしまうことは自明の理なのです．

時々，人は無頓着で不注意な自信過剰なライダーになってしまうことがあります．天才というものは，"細部に至るまでの無限の受容力"をもつ者と定義

づけられていますので，非凡な乗馬教師が教える生徒はこのように変わるべきではありません！しかしながら，いかに天才的な才能をもっていようとも，無限の受容力をもっているような人はいません．したがって，軽視されたインストラクターは，その自信過剰な生徒の自我を少しだけ揺さぶるくらいまでその生徒を指導し，自信過剰に対処しなくてはなりません．自信というものは，とらえどころのない性質のものであり，厳格に守られなくてはなりません．今日はあるが，明日はない．そのように揺さぶられた自信は，オリンピックレベルにおいてでさえ，悲惨な結果をもたらすことがあります．たくさんの洗練された乗馬における問題の根底において，自信をなくすことは，通常の水準通りの実力を発揮できないあらゆる事態の原因として考慮に入れておかなければなりません．

乗りこなせない馬に乗せること

　おそらく最も一般的な，良い騎乗，早い進歩，そして安全なレッスンの妨げになるのは，乗りこなせない馬に乗せること（overmounting），もしくは騎手を簡単にコントロールできない馬に乗せることでしょう．私が"簡単に"と言うのは，乗りこなせない馬に乗るということは，必ずしもやんちゃな馬や，逃げ出す馬や，少し調教を誤ってしまった馬に乗ることに限らないということを意味しています．単に少し強すぎる馬やしょっちゅう急に止まってしまうような馬も，普通の騎手には手に余りすぎて馬術を学ぶのに適しません．
　乗りこなせない馬に乗せることは，慎重を要することであり，初級から中級レベルの騎手についてはどんな努力を払っても避けるべきことです．上級の騎手は，どんなことにでも対処できるべきであり，したがって，彼らにはこの行動原理は適用されません．当然のことながら，見たところ適切な気質の馬がいないような時と場合もあります．こうした悩ましい時には，手段を用いて馬を適切な状態にしなくてはなりません．穀物を減らして，ハードフィード（人工の餌）を与えないようにすると，荒い気質の馬に驚くべき効果があります．もちろん，ヘイ麦や，ふすまなど，柔らかい餌を増量して栄養を補完しなくては

❖ 乗馬を教える人達へ

なりません．また，馬をリラックスさせ，決めた量の運動をさせることにより馬の気質が変わることも，驚くべき結果です．怠惰で放牧地の柵の近くで立ち止まってしまう馬は，もし運動が必要であれば，追って走らせます．調馬索は，よりコントロールされた形式の運動であり，もし正しく効率的に行なわれれば，補完的なトレーニングとして二重の利点があります．馬をおとなしくして，広い範囲のレベルの生徒を乗せるための，最も徹底した手段のひとつは，より経験のある騎手によって最初に下乗りさせることです．馬は，比較的上手な騎手に挑戦と調教の機会を与え，馬はそれによって従順にもなり，経験や実績のない騎手にとっても乗りやすくなります．

　乗りこなせない馬に乗せることは，恐れと自信喪失を生み出すばかりでなく，騎手を全体的に注意散漫にしてしまいます．初級者の騎手はこうした状況下では，手に余る馬をコントロールしようとして，完全に心を奪われてしまいます．しかし，反対に，彼は自分自身と，自分の身体的な問題点にだけ完全に集中できる状態であるべきなのです．人間の心にとって，2つ以上のことに集中することは不可能なのです．生徒が馬が勝手に止まったり，跳ねたりすることを心配していたとしたら，どうしたら彼は自分のかかとや，視線や，挙に集中することができるでしょうか？　最終的には，セルフコントロールを通じてのみ，騎手は馬のコントロールに向けて思考とエネルギーを差し向けることができるのです．乗りこなせない馬に乗せる状況を注意深く避け，どちらかというと簡単な馬に乗せることにより，騎手の進歩は早く，安全で，幸せに達成することができます．

一度にひとつのことを

　おそらく，インストラクターにとって，生徒を早く進歩させる最も重要な要因は，一度にひとつのことだけを教えるということでしょう．事実，人の心は，一度にひとつのことしか考えることができず，その人の集中力はその方向に向けてのみ差し向けられるはずなのです．ひとつのことだけに集中し，特定の強調点を教えられたならば，習慣というものはすばやくそして簡単に身に付くで

しょう．心が取り散らかって，同時にたくさんのことをやろうとした場合，身体はばらばらになってしまい，進歩は著しく遅くなるでしょう．ひとつのことを反復することは退屈で遅く感じるものですが，それが成功するための最も確かな方法なのです．したがって，生徒は，ゆっくりとした，進歩的な取り組みを理解し，楽しむように促されなくてはならないのです．

ひとつのことだけに集中することは，教師も生徒も同様に初めは難しいものですが，乗馬の初めの方のステージにおいて，これは特に重要です．もっとも，これは最上級レベルの技術を学んでいるときにも保持すべきものではありますが．実際の練習では，その練習時に間違っているかもしれない他の全てに目をつぶることを決断しなければならないところに難しさがあります．インストラクターにとって，視線のコントロールの練習をすることを取り決めていたときに，騎手のかかとが上がっていたら，これを無視するのは簡単ではありません．この場合，視線について重要なことは，いくらかの進歩が見られるまでは，それを集中すべき中心的な課題に据えておくということです．かかとを矯正する時間は後回しにして，別途行なえばよいのです．特定のことに集中するうえで，最も大きな障害は，もちろん，馬そのものです．これが，生徒が乗りこなせない馬には乗せないようにすること，そして馬を単に乗馬を学ぶための乗り物として考えることがとても重要な理由なのです．いかなるものも，騎手に同時に２つ以上のことに集中させることによって，騎手がリラックスすることと自信をもつことを決して妨害してはいけません．

説明─実践─観察

乗馬の教師にとって生徒とコミュニケーションをとるために３つの基本的な方法があります．教師がやって欲しいことやって欲しくないことを言葉で説明する方法，正しいこと間違ったことを実践する方法，生徒に他の者を観察させる方法，の３つです．これら３つの全てが，騎手が新しいテクニックを理解するのを，知的な面から助けるものです．もちろん，それらは実際の感覚を覚える手前の最初の段階に違いありません．私は，もしもこれらの情報伝達の手段

❖ 乗馬を教える人達へ

のうちのひとつでも欠けていたならば，その生徒は間違いなく不利であると固く信じています．

それでは，「説明」から始めましょう．明らかにこれは，個人またはグループを教える際の第一の方法です．教師の視点もしくは生徒の視点から見たときに最初に必要なことは，言われたことに対して注意深く耳を傾けるということです．その時々の特定の状況に応じて騎手に話しかけるのには複数の方法があります．もし私が，姿勢の矯正や調教運動の改善などの既知の要素に関して短い命令やちょっとした批評を行ないたいときは，私は騎手が運動し続けている状態で要点について述べます．しかしながら，もし私が新たな要素を紹介したい場合や，非常に長い説明を伴う大きな矯正を行ないたい場合は，私は生徒達を停止させるか，もしくは生徒達を中央に集めます．インストラクターは，生徒に対して適切な指導を行なうために，単にその課題となる事柄についてちょっとした知識をもっているだけではなく，平均以上にわかりやすい口頭での指導によって生徒に理解させることができなくてはなりません．この指導では，ポイントを明示し，適切な言葉を使用し，そして意味のある順序立てで説明しなくてはなりません．教師の人格や信頼性というものは，通常その人が話すのを聞けばわかるものです．

よく言われる"彼は乗ることはできないが，教えることはできる"という言葉があります．これは，一定のレベルまでは正しいかもしれませんが，私の考えでは，それはいずれ引き返すことができない危険地点に間違いなく到達してしまうものだと思います．2人のインストラクターがいたとして，1人は上手に乗ることができ，1人は上手に乗ることができなかったとします．私は迷うことなく前者を選ぶでしょう．これにはいくつかのとても明確な理由があります．第一に，自分が教えようとしているレベルで上手に乗れない（もしくは乗ったことのない）騎手は，彼が人に理解させようとしている感覚を自分で経験したことがないのです．この感覚がないと，彼の説明の幅は制限されてしまうのです．第二に，上手に乗ることのできない人は，2つ目のコミュニケーション手段である「実践」をすることが不可能なことです．乗馬のレッスンにおいて，"百聞は一見にしかず"という言葉は，それ以上真実を表わす言葉がありません．多くの場合において，インストラクターと生徒の間の全ての言葉によ

❖ 乗馬を教える際のいくつかの提案

る会話は，1回のシンプルで些細な実践に及びません．インストラクターは，単に馬に飛び乗ってそれをどのように行なうべきかを見せることができるだけでなく，上手に生徒の誤りを真似してその生徒にどのようにしてはいけないかを見せられなくてはなりません．良い乗馬の教師は，また，いつでも馬の持ち主の生徒がうまくできないときには，その馬に乗って自分が要求しているいかなることもやって見せられなくてはなりません．したがって，実践が他の人々に対するインストラクターの信頼性を形作る必須のパートではないかもしれませんが，私は無視することができない重要な部分だと考えています．もちろん，かつては素晴らしい選手であり，彼が教えようとしていることの全ての感覚を経験したことがあるが，今は体力的に実践することが難しいような例外的なケースもあります．こうした状況においては，インストラクターは，一定程度，実践がもつ価値が欠けていることは諦めて，正当な根拠のある，そして願わくば卓越した説明によって過去にできたことを生徒に理解させることに集中すべきでしょう．

　競技会や，ハンティング場や，画像などを通じて，他人の良い点と悪い点を観察することは，軽視されていますが見過ごすことのできない教授法です．選手と教師が一緒に，今どのようなことが起きているかを分析し，建設的に批評をすることは，間違いなく最も教育的なものです．もちろん，この場合，説明と実践の両方を意識して，インストラクターは，生徒が理解したことと，その時に観察されたことの間の翻訳者とならなくてはなりません．この理由から，私は私の生徒たちが馬乗りとして発展途上の始めたばかりの時期に，どのようなものを見るかについてこだわりがあります．そしていつでも可能な限り，あらゆる公共の馬術行事に彼らを連れて行くのが好きです．教育的でない観察はとても危険で，有害なものであり，多くの若い選手が正しくない翻訳によって著しく成長を遅らせられてきました．あらゆる機会をとらえて，生徒にコンスタントに良い例と悪い例を実際に見せ，それらを指摘するのは，インストラクターの責任です．

❖ 乗馬を教える人達へ

反復

　用いられる反復的な手順が習慣的に正しいものであれば，報酬を保証するものとして，反復は騎手の自信を強固なものにしてくれます．基本的な原則を何回も繰り返し行なう，こうした類のゆっくりとした練習は，洗練された乗馬における進んだ手早くできるあらゆる考え方よりも重要なものです．基本的な身体のコントロールを学ぶための練習は，騎手に，安全・コントロール・姿勢を統合した強固な基盤を約束してくれるでしょう．鞍の上で正しいテクニックの基本的なステップを繰り返し行なうことに多くの時間が割かれたならば，完全なコントロールに伴う，目に見えない滑らかな扶助，調和とバランスは，あらゆる教育された騎手がこのスポーツに取り組む中で確実なものとすることができます．

　奇妙なことに，しかし馬の視点から見れば幸せなことに，ゆっくりとした反復練習の重要性はこのスポーツの究極的な局面に至るまで変わりません．この原則は，有用な身体的な機能を強化してくれるだけでなく，より重要なことに，進歩のプロセスを早めてくれる触媒の役目を果たしてくれます．馬と騎手のほとんど最低限のレベルの才能と潜在能力を用いて，根本的かつ必要な基礎を練習することにより，習慣による"強さ"と"リラックスした状態"が作り出されます．最後に述べたこの２つの要素が才能と組み合わさって，危機的な状況において役に立つことがあるでしょう．準備とトレーニングにおいては，荒れた地形で困難な障害物をギャロップで全力で走って飛ぶようなことはめったにありません．それよりも，ゆっくりと走って筋力を付け，低い障害物をゆっくりとしたペースでランダムに飛びます．また，グランプリ馬場馬術競技における馬の収縮の究極的なテストであるピアッフェ，もしくはパッサージュのために何％の時間が割かれているでしょうか？それは，停止や，収縮速歩や，肩を内へに比べれば本当にわずかなものです．競馬馬も，障害馬も，トレーニングの間は最大限度の基準を要求されるようなことはありません．それよりもむしろ，表面の下に潜む一瞬の気付きを積み重ねていく，エキサイティングなものなのです．10個の障害の完全なコースよりも，クロス障害や複数の連続障

❖ 乗馬を教える際のいくつかの提案

害の方が馬と騎手にどのように飛ぶべきかを教えてくれるのです．

習慣

　乗馬を学ぶためのキーワードは"習慣"です．最初は何事も大変なものですが，次第に徐々に簡単になっていきます．そして習慣化して，初めて美しくそれを行なうチャンスが与えられるのです．何かを自動的に行なうということは，それを習慣的に行なうということです．そして第一のゴールは，全ての基礎をそのように習得し，それらを自動化してしまうことなのです．そうして，その騎手の集中力は，技を磨くことに集中できます．騎手の身体的な器官が，無視できるほどに規律正しくなって初めて，全ての精神的なエネルギーを，馬とその馬の逃避，そしていかに合理的にそれらを矯正するかに捧げることができるのです．

　習慣は反復を通じて発達します．それが，姿勢の矯正であろうと，扶助の順序，あるいは一貫したタイミングであろうと，日常の練習を通じてのみ，自動的な反応を徐々に発達させることができます．ここで，かかとをうまく下げることができない騎手を例にとりましょう．馬に乗る時間のほんの5分間，ツーポイント・コンタクトであぶみの上に立ち上がり，かかとに向けて体重を押し下げれば，その騎手は正しい脚の位置を身に付けることができるでしょう．一方，その騎手が"むら"のある間隔で散発的に30分間かかとの矯正に取り組んだ場合には，決して身に付きません．同じことが，正反動の速歩と駈歩において，馬の脊椎のゆったりとした振動を伴う馬の動きに合わせて鞍に密着する強い騎座を作る際にも言えます．この強い騎座も，馬に乗る時間の一部を割くこと，おそらくはほんの5分間から10分間あぶみなしで乗ることによってのみ発達させることができます．そこでは，日課にすることこそが重要であり，時々の度の過ぎた練習をすることではありません．良い習慣というものは，正しく練習されれば簡単に身に付くものです．それは，しばしば，そして通常は集中した期間に全て同時に身に付くものではありません．精神と肉体は，エネルギーを何か完全に新しいものに対して向かわせなくてはならない間だけ，集

中力を保つことができます．例えば，私は決して姿勢の練習を2つ続けて行なうことはなく，それよりも，最初の5分間，身体のコントロールの練習を行ない，そして次の5分間で異なる身体の部分の作用に関する練習を行ないます．理想的な順番としては，この次に新たな調教運動の練習あるいは導入を行なうのが良いでしょう．具体的な例としては，最初の5分間，ツーポイントにおける脚の位置の対比について練習し，次の5分間は速歩でペースを速くしたり遅くしたりする際に拳がどのように作用するかについての練習を行ない，そして最後の5分間はその騎手が未だかつて聞いたこともない山型乗りの調教運動を教えることに捧げます．この15分間のセッションは，広い範囲をカバーしています．単に直前に行なった練習の振り返りと強化が行なわれるだけでなく，騎手はさらに何かしらの新しいものを紹介されて知識と技術を広げ，騎手が飽きてしまうことを防ぎます．同じことを30分にもわたって説教し続けるインストラクターほど退屈で想像力に欠ける者はいません．ひとつのセッションの中で何かが技術にまで統合されることは滅多にありません．要点が紹介され，運動が繰り返し練習されても，新たな要素を取り込んでそれを自分のものにするためには，さらに長い時間がかかります．意味深く，適切な障害飛越の慣習も同様の方法で取り扱われなくてはなりません．もし可能であればより明確なやり方で．

　要約すると，これは乗馬を教える際の訓練のシステムです．訓練というものは，説明，実践そして観察を通じて，理論が明快に確立されて初めて機能するものです．単純な順序としては次のように機能します．理論の説明，適用，修正，実践あるいは観察（心の映像），適用，修正，よい慣習を形成するための反復（反復による強化）．教師が良ければ良いほど，訓練が騎手にとってより良く機能します．生徒に与える問題点の分析と関連する矯正のための訓練がともに正確なのです．競技というものは（実はそれ自体が訓練なのですが），練習を教える方法が上達したかどうかの証拠となるものです．概して，それがフラットワークであろうと障害であろうと，試合ではどちらかというと訓練のことは忘れて，特定のクラスの課題に取り組むべきでしょう．よくある教える側の誤りは，試合において選手に単にテストの課題に取り組ませるよりも，弱点について心配させてしまうことです．訓練はおそらく，その騎手が課題をこな

し，自分自身とその馬の一番良い所を見せることに集中するのに十分な技術を与えてくれる，無意識に機能する乗馬の基礎を作り上げているはずです．

無駄な動きを避ける

　良いホースマンシップと良い乗馬教育の基本的な原則のひとつは，"無駄な動き"を排除することです．減らすことができるあらゆる扶助や，より巧妙で効果的なものに置き換えることができるあらゆる機能は，無駄な動き，あるいは言い換えれば大げさな乗り方の部類に入ります．スムーズさと受動性は，貴重な特性ですが，それらはその期間の長短にかかわらず大げさに乗ることを習慣にしてしまった期間の後では実現することが難しいでしょう．
　我々はこの理論を，大げさに乗る騎手の無駄な動きと，それに対応する代わりとなるものの例を挙げることにより，より明快に説明することができます．最初で最も露骨な実例は，発進する際と停止する際に起こる，馬を蹴飛ばすことと手綱を引っ張ることです．経験のない騎手は，馬を何度も蹴飛ばして速歩にします．そして停止させるのに手綱を大きく引っ張ります．正しい扶助とそれらの強さの順序に固執することによって，これらの大げさな乗馬における表現は不要となります．要は，騎手は粗野な手段に頼る代わりに，頭を使って考えなくてはならないのです．脚を絞って舌鼓と鞭を使うという順序は，蹴飛ばすことに置き換えることができます．そしてそれはより滑らかで効果的なのです．また，馬は軽い扶助に反応するように条件づけられます．従わなかった場合にはより強い扶助が来ることを知るからです．手綱を引っ張ることについてはより練習を要します．なぜなら，その代替物は，体重移動としっかりと発達した騎座のコントロールだからです．拳を閉じて，鞍にしっかりと沈み込み，上半身を真っ直ぐにするという流れは，最も粗野で最も使い物にならない死に物狂いで手綱を引っ張る方法よりも，間違いなく効果的な馬を遅くするプロセスです．まとめると，より激しく鋭い扶助を用いることによって，馬はよりすばやく明確に反応する傾向があります．これにより騎手は計り知れないほどにその仕事を軽減することができます．要は，最小限の努力で最大限の効果を得

ることができるということです．結果は結果です．そしてそれは達成されなくてはなりません．それをいかに洗練させ目に見えないように達成するかが評価の分かれ目なのです．障害を飛ぶ際のダッキングと上体を前に投げ出す動作は，明らかにそれらに反する行為の例です．これは，飛越の間，馬に上半身を預けて前傾するのに比べて，騎手の無駄な動きが馬の飛越を邪魔してしまいます．乗馬における間違いのない金言は，"馬に仕事をさせろ"です．

仕事を終える

規律と業績は手に手をたずさえていくものです．馬にとっての規律とは仕事を終えることを意味します．その他のスポーツなどと異なり，乗馬は生き物を取り扱うものであり，その生き物は，良きにつけ悪しきにつけ，弛みと習慣を経て成長していくものなのです．このことが規律の問題に輪をかけて，馬と騎手が同様に仕事を終えることをさらに重要にさせているのです．何か未完成のものは馬と騎手両方の心に残るので，より大きな障壁であればあるほど，より長く心に残ってしまうのです．

初心者の頃に学んだ乗馬における規律正しい習慣は，決して忘れられることはありません．生徒は，自分自身の姿勢の問題と，馬のコントロールに関連する問題について，どんどん緻密に対処するようにならなくてはなりません．毎日，(1時間の範囲の中でほんの一瞬でも進歩的な) 小さなゴールを取り決めて，それに取り組み，それを達成すべきです．あまり大きな課題に一度に取り組んでしまうと，どんな意思の強い騎手でもやる気を失ってしまうでしょう．例を挙げれば，生徒はレッスンの中で脚のコントロールに進む前に，視線のコントロールについて明白な進歩を成し遂げるべきでしょう．彼は，馬を滑らかに停止させ，しばらく停止させた状態の後に，すぐさま速歩に戻さなくてはなりません．生徒とインストラクターが満足するまで，あらゆるディテールについて取り組まれるべきであり，そしてこのディテールは，その時までに成し遂げた進歩の度合いに対応しているべきでしょう．馬もしくは騎手のトレーニングが終わるまでは，トイレに行くことも期待してはいけません．規律および仕

事を終えることに関して優れた評価の基準になるものに，障害を飛んだ後の直線での停止があります．障害を飛び終わった後の直線で，騎手は正確な位置で馬を完全に停止させます．この仕事を完遂するために用心深く注意を払わなくてはなりません．そして，訓練におけるいかなる怠慢な行動も修正しなくてはなりません．一旦，仕事を完全に終えたら，新たに取り組むべき仕事が明確になるのです．

騎手の感情

騎手の感情が，乗馬のセッションに入ってくることはほとんどないか，あったとしてもわずかでしょう．それよりもむしろ，騎手は知性，教育そして理解に頼るべきでしょう．感情というものは，あまりに強くトレーニングを特徴づけてしまうのです．あまりにポジティブすぎたり慈愛的すぎたりすると，規律のない，怠慢な調教となってしまいますし，一方，ネガティブで怒りに満ちたアプローチは，馬を緊張させ，恐れさせてしまいます．トレーニングにおいては，感情の代わりに"常識"を指針として用いた，冷静で，科学的なやり方でのアプローチがベストです．瞬間的な本能に頼るのではなく，常に先のことを考え，自分の現在の馬に対する態度の結果を予想できる人は，甘やかされていたり，不従順であったり，人をからかったり，逃げようとしたりする馬ではなく，安定して，予測できる馬を調教することができるでしょう．

教育を受けたうえでの罰と報酬に対する理解と，騎手によるそれらの様々な程度の応用が，移り気な感情に頼ることに取って代わるべきです．誤った行動の例は，障害を飛ぶことを拒否した馬を愛撫する子供や，逃避する馬をむやみに叩き続ける騎手などです．不従順に対して褒められたりしたら，拒止した馬はより一層拒止しがちになるでしょう．また逃避する馬が叩かれたりしたら，よりペースを上げてしまい，おそらくまた逃避するでしょう．これら両方の不従順に対する反応は，適切な理由ではなく，感情によって導かれたものであり，良かれと思ってやっているかもしれませんが有害なものです．馬を取り扱うときには，気性や大げさな感傷的行為は常に制限されなくてはなりません．進歩

❖ 乗馬を教える人達へ

的なトレーニングを行ないたいのであれば，この格言は厳に守られなくてはならず，インストラクターによって生徒に守らせなくてはなりません．科学的な反応と，首尾一貫した，客観的な推論から脱線しない騎手は，我々の望む結果を生み出すことができるでしょう．

　感情に頼る騎手と同様なのが，大げさな表情をしたり，つぶやいたりする人です．これらの人は，意識的にせよ，無意識にせよ，彼らの信念や，他の者やインストラクター，そして，さらには独りで乗っている際の自分自身に対する劣等感や優越感とコミュニケートしているのです．このタイプの人は，自分の演技や馬の演技に対して表情を作ったりコメントを言ったりしますが，通常それらは自分の失敗に対する言い訳です．もちろん，こうした行動は騎手にとって集中を妨げるもので，改善方法に集中する代わりに，気が散って事態はより悪くなるでしょう．一般的なルールとして，トラブルが起きたときは，外的な要因に集中するのは止めておきましょう．騎手と馬は，自分達の仕事について十分にたくさんの考えるべきことがあるのですから．

　私が教えるセッションでは，口頭や表情でのコメントのわずかなサインでも，問答無用で直ちに止めさせます．それは，常識の問題というだけでなく，さらには規律の問題なのです．規律以上に成功を約束するものはありません．そして，規律正しい行為や真剣な意図をもったアプローチに反するいかなるものも，初期のうちに潰してしまわなくてはなりません．生徒の一瞥やまゆを上げることも許しません．笑顔は，トレーニングに集中している際，さらに悪いのは審判の前で試合場にいる際の，もうひとつの私の忌み嫌うものです．私は，入場の際の最後の命令として，"ペースコントロールに集中して"や，"脚の位置を忘れないで"や，おそらく"空中であと少しリリースするよう心がけて"といったものではなく，"笑顔を忘れないで"と言うのを数知れないほど聞きました．笑顔は馬に乗っていないときにはとても効果的で，人間関係や，（驚いたことに）時には同じく人である審判にも驚くべき効果を発揮することがありますが，しかし不幸なことに，明るい笑顔は正確な演技や良い騎乗とは関係ありません．よって，目的とする技術からは，それを削除してしまいましょう．

❖ 乗馬を教える際のいくつかの提案

低い飛越

　障害飛越は，とても特殊な形態の乗馬であり，たとえそれがフラットワークにおいて発達させたバランスとコントロールに頼っているとはいえ，それ自体が独立した存在です．実際に，フラットワークでの乗馬によって，障害の能力は高めることができるかもしれませんが，それは決して代替物にはなり得ません．不幸なことに，ある乗馬学校では，とても本質的な障害における問題点とそれらの矯正方法を避けて，その代わりに馬場馬術における慣習に魅入られています．障害馬術と馬場馬術は関連しています．そしてもし，障害が標準的な水準に満たない場合は，しばしばそれは誤った馬場馬術もしくはその乱用によるものです．私は，フラットワークによってよく調教された馬を，とても信頼しています．それは，従順という観点だけから見れば最高に重要なものです．しかしながら，もし障害を飛ぶ際に何かうまくいかないことがあったならば，その問題は障害を飛ぶことによって改善しなければなりません．そしてその矯正は，おそらくフラットワークでの乗馬技術に直接的に関連していることでしょう．どんなに騎手がフラットワークにおいて脚を形成し安定させたとしても，その騎手が障害を飛ぶ際の良い脚を作ろうと思うならば，それは障害を飛ぶ際の脚のコントロールに集中することによってのみ成し得ることができます．また，騎手がいかに素晴らしい基礎的な馬場馬術の技術をもっていようとも，障害に向かう際にペースが速くなってしまう馬は，飛んで矯正することによってのみ，障害へのアプローチを統制することができるのです．障害には，直接的かつ首尾一貫して取り組まなくてはなりません．馬場馬術があらゆる障害馬術において成すべきことの代替となるという考え方は，希望的観測に過ぎません．あらゆるフラットワークは，いかにそれ自体が優れたものであろうと，もしそれが障害のパフォーマンスを危うくするのであれば，取り除かなくてはなりません．他の何を差し置いても，実際的に機能し，競争に耐えるパフォーマンスがなされなくてはならないのです．そして，この決断において最大の強みを見せる騎手（必ずしも障害を飛ぶのがそんなに上手ではない古典主義者とは限りません）がいたら，その騎手のフラットワークでの騎乗をよく見てみなさい．

❖ 乗馬を教える人達へ

　基本馬術における全ての教義と基準は，それらがそれら自体の最終的な結果のためのものとして用いられるのであれば問題ないのですが，ハンターおよびジャンパーの馬を調教する手段として用いるには危険なものとなってしまいます．多くの馬と騎手が森を見て木を見ないがために駄目にされてしまうのは不幸なことです．

　障害を飛ぶ際の馬と騎手のための終わりのない練習を実施している間，低い障害あるいは2フィート6インチ（約76cm）を超えない程度の障害の練習をすることが最も重要です．本当の初心者の場合は，地上木もしくはクロス障害が望ましいでしょう．低い障害に取り組むことを通じて，騎手は姿勢とコントロールに集中することができます．低い障害によってできた習慣は，障害が高くなっても残ります．定期的な間隔で低めの高さでの反復練習を行なうという条件つきで．

　この章でこれまでに述べた3つのゴール，自信，良い習慣，そして集中力は，低めの障害を飛ぶことによってのみ得ることができます．自信について言えば，低い障害であるならば問題になりません．自信に関するあらゆる問題は，取るに足らない高さを練習することによって取り組むべきでしょう．馬の身体への負担の観点だけから見れば，技術を得るために必須のステップである反復練習を，高い障害については期待してはいけません．一般的な馬は，毎日，1時間に100回のクロス障害，50回の2フィート（約51cm）の障害，25回の3フィート（約76cm）の障害，そして10回の3フィート6インチ（約91cm）の障害を飛ぶことを要求することができます．反復練習は，飛ぶ高さではなく飛ぶ回数に頼るものです．100回の6インチ（約15cm）の飛越での練習は，わずかな回数の高い障害での練習よりも我々が求めているものです．この自信という授かり物と，たくさんの数の低い障害を飛ぶことを通じて得られる反復を通じて，習慣がすばやく形成され，続くようになります．こうした種類の運動の秘密は，障害を飛ぶことについて騎手が決して恐怖心をもつことがないという事実なのです．飛ぶ障害が低ければ，その騎手は自由に技術的な問題に集中することができるのです．

❖ 乗馬を教える際のいくつかの提案

まとめ

　あらゆる分野の有能な教師というものは，その人が受けた技術的教育，コミュニケーション能力，そして性格を中心とした似たような特質によって特徴づけられています．これらの３つのうちのいずれかが減じることは，その教師の能力を著しく低めてしまいます．そして，これらの完全なコンビネーションをもっている人は滅多にいません．もちろん，インストラクターの過去の経験とトレーニングが，最も重要なものです．インストラクター自身の能力が高ければ高いほど，彼が提供できる翻訳は完全なものになります．優しく，魅力的な物腰と結びついた力強く，誠実で，共感的な態度が，理想的な人物のイメージを形作ります．それは，インストラクターに対する信頼と自信を喚起することを約束するものです．概して，私は教師と生徒との人間関係があまりに緊密でだらしないものとなることを好みません．しばしば，良い友達に対して命令し，服従させるのはつらいものですが，これは本当にその個人と状況によって異なります．インストラクターには良いコミュニケーションが重要であり，その実際の特性とは，強い発声，わかりやすい用語，説明と実演に対する誠実な関心，そして物事へのアプローチにおけるシンプルさです．効果的な発声，正確な文法，そして正しい言葉遣いはそれぞれが独立した存在です．そして，その指導技術を改善したいと思っている明敏で熱心なインストラクターは，その細部に至るまでの全ての発声を改善するためにあらゆる努力をします．

CHAPTER
12
ティーチングプログラム

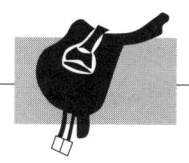

インストラクターとアシスタント

　あらゆるグループを教えるプロジェクトにおいて最も重要な要素は，<u>システム</u>を貫くことです．そのシステムは，教える者と教えられる者によって設定され，理解され，信用され，何によっても揺らぐことがあってはいけません．私の言っていることを誤解しないでいただきたいのですが，私は良い新しいアイディアや，アイディアにおける基調が古いものに取って代わってはならないと言っているわけではありません．しかし，システムそれ自体は揺らいではならないのです．ほとんどのあらゆる方法論は，全く何も方法論がない，もしくは方法論のごちゃ混ぜよりは良いということを常に覚えておいてください．当然のことながら，いくつかのやり方はその他のやり方よりも良く機能しますので，あらゆるシステムは，新たな考え方と可能性の流入によってコンスタントに改善されるべきでしょう．

　生徒の数がとても少ない場合を除いて，乗馬のヘッドインストラクターは，1人もしくはそれ以上のティーチングアシスタントが必要です．私の場合は，

❖ ティーチングプログラム

　かつて生徒だった私と一緒に働いてきたアシスタントたちに恵まれてきました．彼らは，専門用語に精通しており，方法論に従って騎乗し，そして概してかつての師匠のやり方を快く支持しています．しばしば，騎手としては最も呑み込みの早くなかった者が，最も有能な教師となることがあります．これは，呑み込みの早い者よりもより多くの問題に取り組んできたため，その生徒の問題と間違いについて明快に理解し，わかりやすく説明することができるため，自然なことなのです．

　私の経験を振り返ってみると，初心者と中級者は，女性に練習を見させた方がよく，より上級者は男性に練習を見させた方が良いでしょう．もちろん，これは間違いないルールとは言えませんが，ただひとつ私が固く信じていることは，ほとんどの少年はできるだけ早く男性に練習を見させるべきです．女性インストラクターは，初心者と気の小さなタイプにとって，ソフトで厳しすぎない一方で，男性インストラクターはより多くのチャレンジを提供し，一般的な少年を熱中させ続けるために必要な，いくらかの緊張感やスリルを提供してくれます．インストラクターそれぞれの性格を考慮に入れるべきであり，異なるタイプの生徒に異なるタイプのインストラクターを配置できるのはすばらしいことだと言えます．それぞれのインストラクターが覚えておかなくてはならない最も重要なことは，彼はその特定の学校において教えられているシステムの枠組みの中で働き，適当な指導技術に従わなくてはならない一方で，どんな状況であっても自分自身の個性を失ってはならないということです．猿真似や"オウム"のようなものほどやっかいでひどいものはありません．それぞれのアシスタントは，その上司と一緒に働き，上司を見て，コンスタントに新たなインスピレーションを受けなくてはなりません．しかし，やがて，それらは初めて語られる際の新鮮味をもって自分の言葉で語られなくてはなりません．

　私の発見した部下と働く際の2つの大いなる危険は，彼らを怖がらせて圧倒すること，もしくは私を排除しようと思わせてしまうことです．もしこれらの状況のどちらかとなった場合，彼らはもはやアシスタントインストラクターとして使い物になりません．それは彼らを追い出すべき時でしょう．あまりに不安定すぎてどうしようもない者や，過度に競争的な者は何もできないうえに，緊張と混乱をもたらしてしまいます．これらのタイプの者に全てのスタッフや

顧客に毒を撒き散らすチャンスを与えてはいけません．そして，それは通常起こることなのです．彼らは追い出さなくてはなりません！しかし，概して，しっかりと目を光らせていれば，調和のある状態は見つけられますし，続けることができます．そして，異なるレベルの異なるレッスンが同時進行して，それぞれが生徒の選んだシステムの中で次のステップに進むために準備を行なっているのを知ることほど，乗馬クラブにおいてエキサイティングなことはありません．

スクールホース

　レッスン内容とまともな施設に加えて，スクールホースが乗馬クラブのランクと成功を決める大きな要素となります．あらゆるレベルの騎手を乗せる資格のある馬がいないと，インストラクターは，いかに優秀であろうと制限されてしまいます．もちろん，その規模が大きいほど，より豊富な種類の馬を手に入れる必要があります．馬の多様さについて考える際に，私はスクールホースを，それらが初心者，中級者，あるいはより上級の騎乗能力のある者を乗せられるかどうかという視点とともに，それらの気質に応じて区分するのが好きです．不安な初心者を完全に安心して乗せることができる稀な宝石たちは，純金と同様の価値があります．なぜなら，それらは見つけることが難しく，全てのスクールが欲しがるからです．通常，私は本当に良質な初心者向けの馬は初心者のためにとっておいて，上級者のために無駄に使わず，檻の中に入れておきます．それらは十分なゆっくりとした運動をさせ，もし何か悪癖が出た場合には，私はいつも，矯正するために1, 2鞍，上級者を乗せます．これは私が，あまり上級でない馬について改善や矯正が必要な場合にいつも使う方策です．単に，上手い生徒を何鞍か乗せるだけです．
　中級の馬は簡単に手に入ります．それはビギナーホースのように天使のような，従属的な気質をもっている必要はありませんし，上級の運動を行なうために要求される才能をもっていなくても構いません．それに必要なのは，気質において適切で，才能において妥当なことです．大きなスクールでは，気質と身

❖ ティーチングプログラム

体つきにおいて，このカテゴリーの馬が多いかもしれません．これはなるべくしてそのようになっているのです．なぜなら，ほとんどのスクールにおいて最も大きなグループは常に中級者だからです．スクールホースが健康でなければいけないということを忘れてはいけません．彼らはたくさん働き，試合馬のように甘やかされないからです．

　本当に上級の運動用の馬は，通常偶然現われるものであり，仕事をさせるために調教する必要はありません．しばしばそれらは，試合用ではない馬や，才能ある中級の馬で気質の難しいものであったりします．この場合における"才能のある"とは，3フィート6インチ（約91cm）以上の障害のコースを簡単に飛べる馬のことを言っています．学校にこうした力量の馬をたくさんもつ必要がないばかりでなく，それは一般的に儲からない馬となる傾向があります．まず，大きな障害を飛ぶ必要のあるステージに実際に到達する人は多くありませんし，もし到達したとしても，彼らは試合に出るために彼ら自身の馬を持つべきでしょう．私は，すでに述べたように，低い障害以外のものを教えることは滅多にありません．そして，私がより高い障害物に取り組むときは，ホースショーに行くための準備をしている人馬に対してのみです．したがって，本当に上級の運動は，プライベートの馬でのプライベートのレッスンのみに限定しましょう．そうした馬をスクールホースにするのは危険が多いですし，必要ありません．

　多くの人が私に，子供のレッスンのためにポニーを買うことについてどう思うかと聞いてきます．私はそれについて複雑な感じを覚えます．ポニーは通常，小さな騎手に対して2つのものを与えます．適切なサイズと悪質な気質です．この気質は，私が嫌っているものです．なぜなら，1時間の騎乗で，賢い小悪魔と格闘して，良い騎乗の習慣を作ることは難しいからです．もちろん，小さなポニーからの落馬は，大きな馬からよりも精神的ショックが少ないので，精神的な面においてそれは大きなプラスです．購入する場合には，必ず馬を直接見るようにしましょう．良いポニーと同様に悪いポニーもいます．そして静かな理想的なポニーはどこの乗馬クラブでも欲しがるものです．よって，もしあなたがこうした種類のものに偶然出くわしたら，買ったらよいでしょう．でも，そうした状態で保つためには，かなり定期的に，より上手く，大きな子供を乗

❖ 乗馬を教える際のいくつかの提案

せる必要があることを知って驚かないようにしてください．

　サイズと気質以外で，スクールホースを取り扱うのにあたって覚えておかなくてはならない最も重要なことは，それらはできるだけ制御可能な馬でなければならないということです．この仕事をするために使うあらゆる馬について常になされていなくてはならないことがいくつかあります．最初に，その馬がよく維持管理されている一方で，運動量と比較して食べさせられ過ぎていてはいけません．私は太りすぎているスクールホースをほとんど信用していません．二番目に，これらの馬は外での運動，調馬索，十分なレッスン，あるいはレッスンの前に"下乗り"だけするなど，十分に運動していなくてはなりません．言い換えると，初心者や初級者に近い中級者の手に余るようではいけません．上級者はほとんど何でも対応できるべきでしょうが，初心者や初級者に近い中級者は，決して乗りこなせないような馬に乗せるべきではありません．同様の考え方で，スクールホースには，止められないリスクを取るよりは，強めの銜を付けた方が良いでしょう．私の優秀な教え子の場合は，どんな馬でも水勒（すいろく）で乗ることを期待されていますが，多くのスクールホースについては，ダブルねじり銜あるいはペラム銜を付けています．より強い銜が必要な場合は，私の場合は常にこれらを使います．大勒（たいろく）（double bridles）は素人には洗練され過ぎています．キンバーウィック銜（kimberwickes）は，私が発見したところでは，馬が頭を振るようになってしまいます．ギャグ銜（gags）など，その他のあらゆる伝統的ではない銜は，危険かもしれません．最後に，私は全てのレベルのスクールホースについて定期的に上手な騎手を乗せることが絶対良いと信じています．これによって馬を乗りやすく柔軟にすることができるので，初心者にとって，正しいことを学び，感じることを容易にすることができます．

　この話題を終える前に，スクールを始めて間もないあらゆるインストラクターに対して，我々すべての者に共通する問題について，前もって注意したいと思います．それは生徒が1頭の馬だけを気に入って乗るようになることです．この生徒が例外的に臆病でない限り，私はこれを許しません．それは単に，生徒たちが"ペット"と一緒にいると，スケジュールをこなすのに邪魔なばかりでなく，私は，初心者であっても騎手たちに色々な馬に乗ることを強く主張しているからです．それ自体が教育的であり，また自信を付けることにもなりま

す．したがって，できるだけたくさんの馬に乗るのにつれて，騎手が上手くなっていくのを見守るようにしましょう．そして決して，生徒にこの馬に乗ろう，もしくは乗らないようにしようと決めさせないようにしましょう．

プログラムのバラエティー

経験の幅が広い騎手は，少ない経験しかない騎手よりも，常に個人の馬術競技において，良い成績を出す傾向があります．馬術における全ての異なる経験を積むことを，過小評価することはできません．そして，この理由から，私達は乗馬クラブを経営する際に，できるだけ多様なプログラムを提供することに最も気を配ります．いかに幅広い範囲を提供したとしても，ポロや，競馬や，フォックスハンティングなど，家から遠く離れるようなものについては，しばしば限界があります．ハンターシート馬術において，騎手が，障害を飛び，馬場馬術のテストを受け，2歳馬を調教し，レース場をギャロップで走り，すばらしいハンティングエリアで1週間を過ごすのは，膨大な経験という他ありません．こうした乗馬のいくつか，もしくは全ての機会があれば，すぐさま飛びついて体験すべきでしょう．

一般的な乗馬クラブの運営について言えば，最低限，生徒にフラットワークで自由に運動でき，馬場で障害を飛び，馬場といくつかの野外のコースで障害を飛ぶことができるスペースを与えることです．十分な土地があれば，フォックスハンティングをやろうとやるまいと，自然なクロスカントリーを体感できるのが望ましいでしょう．あまり馬が多すぎるとぶつかってしまう傾向がありますので，あらゆる騎手と馬が自由に動けることはとても重要です．私は，1週間の中で，基本的な馬場馬術の練習と，ハンター競技の練習と，ジャンパー競技の練習と，野外での練習との間で，できるだけバランスをとるようにしています．

私達は，単に競技会でリボンを獲得することができる者ではなく，ホースマンを育てようとしているということを，決して忘れてはいけません．それらには大きな違いがあります．そして，ホースマンと呼べる人たちは，彼らがジュ

❖ 乗馬を教える際のいくつかの提案

ニアの頃から長く乗馬を続けていますが，それ以外の者たちは 18 歳の誕生日で馬に乗ることを止めてしまうのは，興味深いことです．乗馬クラブなどにおける多様な乗馬の教育は，生徒にとって単により面白いというだけではなく，その面白さというものは，どれがどのような馬術の種類であろうとも，結局は同じ"馬"によってもたらされているのだということを生徒が後に気づく良い機会を与えるものです．誰しもが自分の"才能"をもっており，これは最初から大事に育てるべきでしょう．初級者から，長年をかけて偉大なホースマンになれるのです．これが，あるべき姿であり，我々がそうありたいと願う姿なのです．

まとめ

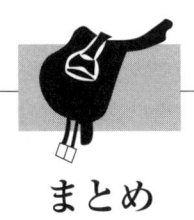

　結論として，私は読者にいくつかのことについて思い出していただきたいと思います．最初に，成功した馬術選手になるということの背後にある目的，あるいはこの本の目指すべきものは，単に簡単に馬術競技に勝てるようになるということとはかけ離れています．私はライダーになって欲しいのです！ それは，馬に乗った際に出会うあらゆる問題に技術的に対処することができるホースマンを指します．それは，ほとんどの場合において，スムーズな騎乗と間違いなく一致すると確信しています．この馬術という分野においては，他の分野と同様に，多くの非効率で無駄な動きが見られ，それは完全に不要なものです．馬術に対する科学的なアプローチによって，時間とお金を節約することができ，また，馬を無駄に疲れさせず，改善することができます．知的に考えることによって，小さな努力で全ての私達が望むものを手に入れることができるのです．

　ホースマンが彼らの将来を考える際，彼はできるだけたくさんの弓を射るための弦を欲しいと思うでしょう．制約と狭い考え方は，馬の世界では本当に悲劇的なものです．それは，不運なプロフェッショナルについてばかりでなく，熱心なアマチュアについても同様です．ハンター競技に出ることと同様にジャンパー競技に出ることは単に障害のコースの練習をすることよりも2倍楽しいものです．馬場馬術運動はスリリングで，障害を飛ぶべきではない年齢に達した者でも続けることができます．乗ることと同様に教えることができるプロフェッショナルは，このゲームの先端を行くキャリアです．良い姿勢で乗ることは，悪い姿勢で乗るのと同じくらい，あなたの子供にとって真似することが簡単なものです．私は，なぜ良いハンターシート馬術の基礎を作ることがそんなにも重要なのかということを示す例をいくつでも引用することができます．良いハイスクールでの教育は，悪いものよりも良く，悪いものは全くないよりは

❖ まとめ

ましなものです．

　個人的に私にとって充実感を得られることは，私自身が乗ったりあるいは私の生徒が競技会に出た際に，試合で勝とうが負けようが，私の知的な馬術に対する理解の範囲内で，私がいかにパフォーマンスを達成できたか評価することを何度も何度も繰り返すことです．技術的な"なぜ"や"何のために"といったことは全て重要です．そして馬術からこうした部分を取り去ることは本当に悲しいことです．私は細部にこだわるのが好きで，それらは全て最も微細な範囲のものです．私がハンターもしくはジャンパー競技を見てきた経験において，避けられない不運が起きてリボンのチャンスを失ってしまったが，その試合に完全に満足したことはたくさんあります．一方，ぶざまなタイミングでの動きや，ボディー・コントロールを失ってしまったのにもかかわらず試合に勝ち，何時間も落ち込んだことが何度もあります．実際に，乗馬および競技において，私の中の勝利と満足感との関連性は本当に少ないのです．例えば，私にとって，正反動の速歩で，輪乗り上で馬が適切に湾曲し，銜を受けていることほど報われるものはありません．"A"グレードの競技会での優勝なんて比ではありません．

　簡単に言うと，私はこの本が，十分に発達した騎座で乗ることを学ぶことに興味がある人達にとってのテキストとなることを希望しています．おそらく，実用的な情報は理想的な解決方法に勝るでしょう．もしくはその逆でしょうか？　私にはわかりません．これまでも，多くのホースマンにとって価値があり，助けとなった乗馬マニュアルがたくさんありました．もしこの本がその役割の一部を果たし，そして馬術がこれからの10年間において，過去の20年間に進歩してきたのと同様に進歩することができたならば，私の努力は価値があったと言えるでしょう．そして最後に，読者のみなさんが最後までがまんしてくれたことに感謝します．

訳者あとがき

　このたび，ジョージ・H・モリス氏のハンターシート馬術（原題：Hunter Seat Equitation）を翻訳出版できたことを，心より嬉しく思います．

　私がこの本に出会ったのは，遥か20年前の大学3年生の時で，当時，学習院馬術部の技術顧問であった故 富沢宏介氏に「これを読んでみるといいよ」と渡されたのが，原書の初版でした．富沢氏（1962年生）は，若年の頃より渡米し，著者であるモリス氏に師事しておりました．その後，1990年にストックホルムで行なわれた障害馬術の世界選手権大会で個人8位に入賞，1992年のバルセロナオリンピックの障害馬術日本チームの代表選手に選ばれるなど超一流の選手でした．我々が富沢氏から受けた指導は，極めて合理的なもので，誰もがそのハイレベルな技術・理論に驚嘆いたしました．富沢氏の技術は，モリス氏の流れを汲むものであり，富沢氏も，アメリカを拠点としながらも，自分の技術や経験を若い世代に伝え，日本の馬術界の発展に寄与することを強く願っておられましたが，残念ながら1999年に37歳の若さで病気により他界されてしまいました．

　私が，この本を翻訳・出版したいと考えた理由は，富沢氏，そして技術顧問をお引き受けいただいていた当時，学生の我々を大変可愛がってくださった氏のお母様であり，こよなく馬術を愛されていた故 富沢香代子さんへのご恩返しのため，氏が獲得した技術・理論の一部を彼に代わって日本に紹介したいと考えたからです．本来であれば，私のような平凡なライダーが，本書のような偉大な馬術家の著書を翻訳するのはおこがましい限りでありますが，純粋にそうした思いで翻訳したものでありますため，何卒ご容赦をいただきたくお願い申し上げます．

　さて，モリス氏の提唱するハンターシート馬術とは，一種の馬術体系であり，イギリスのフォックス・ハンティングにおける騎乗方法を起源にもつものです．この騎乗スタイルは，馬の動きを妨げないための前傾姿勢，やわらかく受動的な拳，踏み下げたかかと，行き先を見つめる視線などを特徴とし，"馬を自由自在に動かすこと"を究極かつシンプルな目標としている馬術であると理解し

❖ 訳者あとがき

ております。この本の中でも紹介されておりますが、アメリカでは、この馬術体系がそのまま競技体系に組み込まれており、全米のジュニアたちが、協会が定めた共通の課題に取り組み、毎年マジソン・スクエア・ガーデンで行なわれるマックレー（Maclay）などの全米ハンターシート馬術大会の決勝戦に出場することを目指して切磋琢磨しています。ハンターシートの競技会で活躍したジュニアたちが、後にアメリカの代表選手として国際競技で活躍する事例も数多く見られることが、このシステムが騎手の基礎を作るうえで有効であることを証明しているといえます。

モリス氏は、現在、アメリカ障害馬術ナショナルチームの監督を務めており、2008年の北京オリンピックではアメリカチームを団体優勝に導きました。また各地で障害馬術のクリニックを開くなど、現在もご活躍されています。

本書は、乗馬・下馬の方法から始まり、騎手の姿勢、扶助の使い方、各種の基礎的なフラットワークの方法などを説明し、障害飛越の導入からコース飛越に至るまでを網羅しています。何が正しい技術なのかがわからず悩み始めている中級者や、より自分の技術を確かなものにしたいと思っている上級者、生徒への指導を行なっている立場の方などにお勧めしたい一冊です。初級者の方にはやや難しいかもしれませんが、自分の取り組んでいる課題の部分を参照するだけでも、進歩の助けにはなると思います。また、往年の名選手達の数多くの写真は眺めているだけで楽しいものです（モリス氏のコメントも注意して読んでみてください！）。

最後に、今回の翻訳を快諾いただいたジョージ・H・モリス氏、この本の翻訳出版の企画にご賛同いただき出版の機会を与えていただいた、また校正にあたって多大なるご尽力をいただいた恒星社厚生閣の片岡代表取締役、私と富沢宏介氏を引き逢わせていただいた明石元紹 元学習院馬術部監督、高校生のころ調馬索でバランスが大事だと教えてくれた齋藤公男先輩、私に馬術指導と実践の機会を与えてくださった井上博昭 現学習院馬術部監督、翻訳の膨大な作業を陰ながら応援してくれた妻、そしてその他すべての関係者の方々に心よりお礼申し上げます。

2010年10月

訳者　髙木伸二

索　引

[ア行]

圧迫手綱（→押し手綱）
あぶみなしでの乗馬　19-21, 190
あぶみの長さ　5-7
一度にひとつのことを　204-205
インストラクターとアシスタント　219-221
運動の順序　107-108
AHSA ハンターシートテスト　185-197
エデュケーテッド・グリップ　9
エデュケーテッド・ハンド　33
追い鞭　21
押し手綱　35-36
"オーラ"という声　41
折り返し手綱　24, 173

[カ行]

（騎手の）かかと　116
駈歩の手前　50
駈歩の発進　73-75
肩を内へ　29
滑車手綱　36
間接手綱　34-35
間歩の分析　145-146
騎座　9
　　――の矯正　11-13
騎手の感情　213-214
騎手の上半身　9-10
騎手の目　29-30, 115-116
基本姿勢　7-13
脚　7-9, 31-32, 116-117
競技会　159
（障害までの）距離を見ること　146-147
規律　212-213
隅角　83-84
鞍　172

軽速歩の手前　48-50
後肢旋回　99-101, 195
コース（経路）　134-136
後退　71-73, 186-187
腰を内へ　29
拳　10, 32-33
コンビネーション　131-133

[サ行]

サイドレーン　21-22, 173-174
座骨　14, 16
（騎手の）自信　201-203
習慣　209-211
収縮速歩　51
収縮常歩　51
収縮駈歩　52
重心（馬と騎手の）　16-18
シャンボン　24
障害飛越の5要素　154-155
上半身の角度　15-19
乗馬と下馬　3-5, 191
伸長常歩　51
伸長速歩　51
伸長駈歩　52
推進扶助　25, 125
スクールホース　221-224
ストロングキャンター　79
ストロングトロット　77-78
舌鼓（ぜっこ）　40-41, 125-127
説明―実践―観察　205-207
前傾　15, 113
前肢旋回　96-97, 191-192
側面扶助と対角扶助　28-29

231

❖ 索　引

［タ行］

手綱による扶助　34-37
手綱の握り方　11
単純踏歩変換　80-81, 188, 193
（拳の）弾力性　10
調馬索　21-22
直接手綱　34
2ポイントコンタクトおよび3ポイントコンタクト　13-15, 118-121, 143-144
停止　69-71, 186-187, 189
適切な馬　163-167
踏歩変換　101-104, 192-194

［ナ行］

内方と外方　27-28
斜めに飛ぶ飛越　133-134
乗りこなせない馬に乗せること　203-204

［ハ行］

拍車　38-39
馬具　170-174
八の字乗り　86-88, 187-188, 192
罰と報酬　52-54
鼻革　171
銜　170-171
反対駈歩　104-107, 195
ハンドギャロップ　52, 187
反復　208
半巻と反対半巻　93-96
低い（障害の）飛越　215-216

開き手綱　35
ピルーエット　101
不従順に対する罰　54-62
扶助　23-42
　——の調整　26-27
　——としての体重　37-38
普通常歩　51
普通速歩　51-52
普通駈歩　52
ペースコントロール　66-69
蛇乗り　89-91, 192-193

［マ行］

巻乗り　88-89
マルタンガール　24, 172-173
鞭　24, 39-40, 127-129

［ヤ行］

山型乗り　91-93
誘導手綱　35
抑制扶助　25

［ラ行］

ラインとターン　129-131
リリース　114-115, 123-124, 139-141
レーシングギャロップ　52

［ワ行］

輪乗り　84-85
輪乗り中の手前変換　101

訳者紹介

髙木　伸二（たかぎ・しんじ）

1969年東京生まれ．学習院高等科入学から学習院大学卒業までの7年間馬術部に所属．最終年次に主将を務める．2003年に英国Bradford大学大学院にて経営学修士号取得．現在は，損害保険会社に勤務し，学習院馬術部のコーチとして，週末に学生の指導にあたっている．

ハンターシート馬術

2010年11月25日　初版第1刷発行

著　者　　ジョージ・H・モリス
訳　者　　髙木伸二
発行者　　片岡一成
発行所　　株式会社 恒星社厚生閣
　　　　　〒160-0008　東京都新宿区三栄町8番地
　　　　　TEL：03(3359)7371　FAX：03(3359)7375
　　　　　http://www.kouseisha.com/
印刷製本　（株）シナノ

ISBN 978-4-7699-1233-0　C0075

定価はカバーに表示

恒星社厚生閣馬術叢書

乗馬教本
Ⅰ.「騎手の教育」　Ⅳ.「人馬教育の向上演習」
Ⅱ.「馬の調教」　　Ⅴ.「馬具及び馬装」
Ⅲ.「課業」

ミューゼラー著／南大路謙一訳
A5判／204頁／上製／定価2,625円
初版：1965年、第5刷：1996年

5ヵ国語で翻訳され好評を博している、騎手の教育・馬の調教・馬具および馬装等に関する世界的な乗馬入門書。

実用馬術
Ⅰ.「騎手の訓練」　　Ⅲ.「馬の調教」
Ⅱ.「解説並に基本概念」Ⅳ.「競技騎乗」

ザイフェルト著／南大路謙一訳
A5判／284頁／上製／定価3,150円
初版：1982年、第3刷：1999年

馬術競技の要求に対する人馬訓練の指導書。初心者、教官、調教者、さらに競技観覧者のための解説書。

ドレッサージュの基礎
―馬と共に成長したい騎手のためのガイドライン

ジーグナー著／椎名穣訳
A5判／296頁／上製／定価5,145円
初版：2007年

国内唯一のドイツ式馬術教本『乗馬教本』を補い、系統立てて実践的にまとめた中級者向けの馬術教則本。

フィリス氏の馬術　増補改訂版
第1編「総説」
第2編「普通馬術」
第3編「高等馬術」

フィリス著／遊佐幸平註／荒木雄豪編訳
A5判／278頁／上製／定価3,360円
初版：1993年、増補改訂版：1998年

古今の名馬術書の一つとされる原著に訳者が彼一流の解説と註を付して訳した戦前版を現代的記述に改めたもの。

国際馬事辞典　増補改訂版
Ⅰ.「馬」　　　　Ⅳ.「索引（日・英・仏・独）」
Ⅱ.「馬と騎手」　〔付〕「馬術家と馬術関係書」
Ⅲ.「施設と馬具」

バラノフスキー著／荒木雄豪編訳
A5判／300頁／上製／定価5,040円
初版：1995年、増補改訂版：1999年、
増補三訂版（非売品）：2001年

馬術関連用語2500語以上を収録した英・仏・独の馬術用語の対訳に日本語訳を付け、4カ国語の検索が可能。

クセノポーンの馬術
第Ⅰ部「クセノポーンの馬術」
第Ⅱ部「ヨーロッパ馬術小史」
〔付〕「馬術家と馬術関係書」

クセノポーン原著／田中秀央・吉田一次訳／
ポダイスキー著／南大路謙一訳／荒木雄豪編註
A5判／230頁／上製／定価3,150円
初版：1995年

原著は紀元前400年頃の世界最古の馬術書。その原理は現代でも不変であり多くの馬術書に引用されている。

サンファール大尉の馬術
第Ⅰ部「乗馬の調教と御法」
第Ⅱ部「サンファール大尉の修練馬術と相馬」

サンファール原著／遊佐幸平著／荒木雄豪編訳
A5判／292頁／上製／定価3,990円
初版：1997年

フィリスと並ぶ名馬術家サンファールの普通馬術から高等馬術までの理論の詳細と、遊佐氏による著者の紹介。

馬場馬術
―競技への道

ハミルトン著／中山照子訳
A5判／210頁／上製／定価3,675円
初版：1997年、再版：2004年

英国馬術協会屈指の女性指導者である著者が、その豊かな経験と知識により著した最高のガイドブック。

シュテンスベック氏の馬術
―ドイツ式馬場馬術
第Ⅰ部「シュテンスベック氏の馬術」
第Ⅱ部「ドイツ式馬場馬術」

シュテンスベック原著／遊佐幸平著／ハイデブレック著
南大路謙一訳／荒木雄豪・高津彦太郎・槇本彰編訳
A5判／276頁／上製／定価3,360円
初版：1998年

芸術性を追及したこの書は、フィリス、サンファール両氏の著書と共に馬術家必読三書の一つ。

遊佐馬術
第1講「フィリス氏とポヴェロー氏の経歴」
　～第25講「修行」
〔付〕「東西の馬術家と主な著書」

遊佐幸平著／荒木雄豪・高津彦太郎編
A5判／336頁／上製／定価4,410円
初版：1998年

日本近代馬術の創始者遊佐氏の貴重な講演録。フィリスのポヴェロー調教日誌を元にした氏の豊富な体験記録。

ボーシェー氏の馬術
第Ⅰ部「新原則に基く馬術の方式」
第Ⅱ部「ボーシェーと彼の馬術」
第Ⅲ部「ボーシェーと彼の方式」より
第Ⅳ部「ボーシェー紹介」より

ボーシェー原著／Ⅱ.デカルパントリー著／遊佐幸平訳
Ⅲ.ネルソン著／Ⅳ.ラシネ著／
荒木雄豪・高津彦太郎・槇本彰・椎名穣・石島直編訳
A5判／412頁／上製／定価5,355円
初版：2000年

19世紀中頃、一大論争を巻き起こし、近年欧米で再評価の動きが高まっているボーシェーの馬術理論を紹介。

乗馬の愉しみ
―フランス伝統馬術

パディラック著、ソバ画／吉川晶造訳
A4変判／96頁／上製／定価4,095円
初版：2001年

「馬術は芸術なり」の思想のもと、馬の運動の美しさを探求し続けたパディラックが説く人と馬との理想的な関係。

馬術教範抄
第1編「初級教育」　　第4編「中級教育」
第2編「新馬調教」　　〔付〕馬事提要抜粋
第3編「特殊調教」

荒木雄豪・槇本彰編
B6判／192頁／並製／定価2,363円
初版：2001年

中級までの馬術教育と新馬調教をほぼ網羅している旧陸軍発刊の『馬術教範』を現代語に改めた手軽な馬術入門書。

ボルト氏の馬術
Ⅰ.「馬場馬術の歴史」　Ⅱ.「馬場馬術スポーツ用乗馬の評価」
Ⅲ.「Mクラスからグランプリまでの馬場馬術の調教」
Ⅳ.「1978年世界選手権大会馬場馬術競技リポート」
〔付〕「オリンピック大会（1912～2000）馬術競技入賞記録」

ボルト著／澤田孝明訳
高津彦太郎・井上正樹編訳／荒木雄豪監修
A4変版／352頁／上製／定価24,150円
初版：2003年

東京とモントリオールの両オリンピックで共に団体優勝と個人2位を獲得した著者の馬術理論を豊富な連続写真と共に。

馬術への誘い
京大馬術部事始―もっと馬術を理解するために―
第1編「馬の科学編」
第2編「馬の技術編」

京都大学馬術部編
A5判／273頁／並製／定価2,100円
初版：2003年、再版：2004年

馬の生理生態を科学的に詳述した科学編と馬術競技の規定やトレーニングを解説する技術編からなる入門書。

乗馬の歴史
―起源と馬術論の変遷

E・ソレル著／吉川晶造・鎌田博夫訳
A5判／480頁／上製／定価4,515円
初版：2005年

馬具改良の歴史、調教法の発達史、戦争での活用法変遷、スポーツ馬術確立までの歴史を俯瞰。

掲載の定価は2010年10月現在の税込価格です